CATHERINE VECCHI

ANOSMIA

DE UMA LUTA INDIVIDUAL PARA UMA VITÓRIA COLETIVA

Bônus: guia com sugestões do novo modal de empregos e serviços para pessoas com e sem deficiência

Literare Books
INTERNATIONAL
BRASIL · EUROPA · USA · JAPÃO

Presidente do conselho:
Maurício Sita

Presidente:
Alessandra Ksenhuck

Vice-presidente:
Julyana Rosa

Diretor de negócios:
Jorge Takeda

Diretora de projetos:
Gleide Santos

Gerente editorial:
Anselmo Vasconcelos

Editor:
Helder Novaes

Assistente editorial:
Emerson Xavier

Capa:
Catherine Vecchi

Foto da orelha:
Eduardo Pimenta

Projeto gráfico e diagramação:
Gabriel Uchima

Ilustrações:
Gabriel Nunes (GNZ)

Revisão:
Paola Sabbag Caputo e Vinicius Mendes

Impressão:
Printi

Dados Internacionais de Catalogação na Publicação (CIP)
(Câmara Brasileira do Livro, SP, Brasil)

Vecchi, Catherine
Anosmia : de uma luta individual para uma vitória coletiva / Catherine Vecchi. -- São Paulo: Literare Books International, 2025.

ISBN 978-85-9455-435-2

1. Distúrbios do olfato 2. Olfato 3. Pessoas com deficiência - Condições sociais 4. Pessoas com deficiência - Direitos 5. Relatos pessoais I. Título.

25-280505 CDD-612.86092

Índices para catálogo sistemático:

1. Anosmia : Olfato : Distúrbios : Tratamento : Relatos pessoais : Ciências médicas 612.86092

Eliete Marques da Silva - Bibliotecária - CRB-8/9380

Literare Books International.
Alameda dos Guatás, 102 – Saúde – São Paulo, SP.
CEP: 04053-040
Fone: +55 (0**11) 2659-0968
site: www.literarebooks.com.br
e-mail: literare@literarebooks.com.br

MISTO
Papel | Apoiando o manejo florestal responsável
FSC® C196274

CATHERINE VECCHI

ANOSMIA

DE UMA LUTA INDIVIDUAL PARA UMA VITÓRIA COLETIVA

Literare Books
INTERNATIONAL
BRASIL · EUROPA · USA · JAPÃO

PREFÁCIO

Esta obra representa uma contribuição significativa para o debate sobre deficiência sensorial, inclusão social e desenvolvimento de políticas públicas voltadas à promoção dos direitos das pessoas com deficiência. A partir de uma experiência pessoal com anosmia congênita, a autora, Catherine Vecchi, articula uma análise que transcende o relato biográfico, incorporando fundamentos técnicos, jurídicos e sociais.

O livro documenta de forma criteriosa os impactos da anosmia no cotidiano, evidenciando não apenas os riscos associados à ausência do olfato, mas também os desafios estruturais enfrentados pela população com deficiências. Ao abordar temas como acessibilidade, segurança, saúde pública, educação e cidadania, a obra amplia a compreensão sobre a necessidade de reconhecimento formal e de adaptações institucionais específicas.

De forma objetiva, a autora descreve o percurso que resultou na formulação do Projeto de Lei nº 2.473/2022, que propõe a criação da Carteira de Identidade Nacional da Pessoa com Deficiência. Esse instrumento normativo busca assegurar maior efetividade na garantia de direitos, na redução de barreiras atitudinais e na ampliação do acesso aos serviços e benefícios previstos pela legislação brasileira.

Ao integrar elementos técnicos, análise legislativa e reflexão social, o presente trabalho oferece subsídios relevantes para pesquisadores, profissionais, legisladores, gestores públicos e demais agentes comprometidos com a construção de uma sociedade mais equânime e inclusiva.

Que esta leitura contribua para fortalecer a compreensão das deficiências sensoriais e para fomentar a formulação de políticas públicas que assegurem, de forma plena e efetiva, os direitos das pessoas com deficiência no Brasil.

www.anosmiaaracaju.com.br

Prof. Dr. Ronaldo Carvalho

Doutor em Otorrinolaringologia pela Universidade de São Paulo (USP)

Pesquisador e Professor Associado Nível IV de Otorrinolaringologia da Faculdade de Medicina da Universidade Federal de Sergipe (UFS)

Chefe do Serviço de Otorrinolaringologia do Hospital Universitário da Universidade Federal de Sergipe (HU-UFS)

Pioneiro no Brasil e no exterior na linha de pesquisa sobre Neurotização do Neuroepitélio Olfatório na Anosmia

“O vento trazia consigo uma mensagem importante...
As pessoas sentiam e interpretavam os cheiros.
Eu tentava imaginar isso tudo.”

Todos nós nascemos com uma missão de vida, e desvendar as pistas mais secretas desta missão, muitas vezes, acontece de forma inesperada. Foi como aconteceu comigo. Quando era uma criancinha, sempre que alguém me falava do cheiro que estava sentindo, eu concordava com aquela pessoa, porque estava conhecendo a vida, aprendendo sobre certas concepções e, da forma como relatavam um cheiro, acreditava que ele fosse como uma cor, por exemplo, um molde, ou qualquer outra coisa que aprendemos quando os outros nos ensinam. Lembro-me de nunca conseguir formular a pergunta certa para obter a resposta exata.

Minha imaginação dava conta de criar fantasias mirabolantes do cheiro sentido pelas pessoas que conviviam comigo e até mesmo com as quais eu convivia esporadicamente. Nunca havia pedido uma explicação e nunca questionei “como se formava o cheiro”, “de onde o cheiro vem” ou, ainda, “como me conectar com aquele aroma”. Era como alguém ensinando que a cor azul é azul, que a vasilha de vidro é de vidro e que a vasilha de plástico é de plástico, sem sequer explicar que, por trás de toda afirmação, existe um conceito da química, da física, da matemática ou dos cinco sentidos humanos que são “natos”. Talvez nem mesmo os adultos carregavam consigo tamanha curiosidade por desvendar essas informações objetivas e, quando tinham essa curiosidade, muitas vezes não ensinavam às crianças por acreditarem que, “pela idade, elas não entenderiam mesmo”.

Eu desconhecia o cheiro do próprio cheiro, aquele que provém das moléculas odoríferas.[1] Para mim, o cheiro era algo muito complexo de se entender, pois não existia nenhum parâmetro ou escala com elementos suficientes para que eu formasse algum conceito ou possuísse qualquer ferramenta para dar início a um debate em torno desse tal do cheiro, apesar de todas as pessoas ao meu redor falarem sobre esses cheiros. Eu também tinha contato com esse termo "cheiro" por meio de revistas, da televisão, das músicas, dos filmes, dos comerciais e, mesmo assim, era algo muito sem sentido, literalmente, para mim. Sabia apenas que o cheiro aparecia e desaparecia, de repente, no ambiente.

O cerne de "como era" e o "como eu faço para sentir" não fazia parte do meu conhecimento genético, tampouco conseguia perceber a gravidade da falta do olfato, mas estava constantemente rodeada da proteção olfativa alheia. Em certas ocasiões, as pessoas não conseguiam descrever o invisível cheirinho e apenas gozavam do seu efeito. Em outras circunstâncias, no momento em que o cheiro aparecia no ambiente, seja na roupa, oriundo da pele ou do hálito das pessoas, as reações eram as mais diversas possíveis, algumas delas, de desaprovação e cujos efeitos poderiam ser devastadores em quem podia senti-los, como sintomas instantâneos de dores de cabeça, náuseas, enjoos, tonturas, desfalecimento e mudanças bruscas de humor; algumas dessas pessoas até chegavam a atacar verbalmente outras por causa da irritabilidade de que o cheiro evocava nelas e descontavam em alguém ou até mesmo em mim, que nada tinha a ver com aquilo tudo.

---

1 As moléculas odoríferas, ou moléculas de odores, permitem que o sistema olfativo as diferencie. Elas estão localizadas numa região atrás do nariz, chamada de epitélio olfativo, e possibilitam sentir o cheiro de tudo que é volátil, como flores, carnes, perfumes; já as moléculas não voláteis não têm cheiro, como vidro, ferro e metal.

Ficava perdida em todos esses momentos, porque não conseguia "enxergar" o tal do cheirinho bom ou ruim. Como as crianças aprendem por repetição, continuava repetindo o padrão para me igualar ao comunicador ou à massa e concordava com o tal cheiro que circulava ao redor. Eu, sem sentir, juntava-me ao grupo e seguia o que eles estivessem julgando ser um cheiro bom ou ruim; se todo mundo estava falando, pensava em falar também, porque desconhecia minha real condição sensorial e ainda não tinha a percepção de que era diferente das pessoas, até das mais próximas a mim. Relatar o cheiro era um efeito osmose, a imitação "barata" para não ser zombada e tratada como o "patinho feio".

Tinha consciência desse padrão de repetição e, no meu subconsciente, indagava:

- "¿O que significam esses cheiros, então?"
- "¿Por que eu não consigo identificar primeiro do que eles, quando um cheiro aparece?"
- "¿O que eles inalam tanto assim no invisível?"
- "¿Que invisível é esse?"

Pensando bem, não conseguia traduzir minhas dúvidas e externar o medo do desconhecido amigo cheiro e da desaprovação alheia quando o cheiro não era tão bom assim. Por não sentir cheiros, sabia que algum problema sério eu tinha, isso era fato. Tinha pavor da possibilidade de me isolarem e, segui adiante e, como sempre estava na companhia de alguém, não sofria na prática por não sentir cheiros de coisas que poderiam ser muito perigosas, porque sempre tinha um "nariz" alheio me orientando. Assim era como eu pensava até o dia do "Despertar do Urso" (Capítulo 11).

A CEREJA DO BOLO

A minha cereja do bolo foi conquistada no dia 26 de fevereiro de 2025, exatamente um dia antes do dia INTERNACIONAL DA ANOSMIA, que é comemorado todo dia 27 de fevereiro. Anosmia é a perda permanente do olfato. Essa conquista pessoal foi uma luta interna, em primeiro lugar, portanto, iniciada por HONRA e aprovada a partir de uma das minhas teses.

Em segundo lugar, foi por causa dessa conquista, motivada pela minha honra, que consegui uma vitória coletiva para todas as pessoas com deficiência na República Federativa do Brasil, junto ao meu porta-voz no parlamento brasileiro, o Deputado Federal Otto Alencar Filho (PSD): a aprovação na 1ª etapa da chancela governamental para todas as pessoas com deficiência terem assegurada de forma gratuita a Carteira de Identidade Nacional (CIN) da Pessoa com Deficiência.

Pode ser requerido também um crachá descritivo no qual a pessoa com deficiência divulga informações de necessidades específicas, como: medicamentos; alergias; indicação de doação de órgãos; telefone de contato para emergência; grupo sanguíneo, entre outras que considerar importantes e relevantes.

Óbvio que não precisa usar o crachá descritivo como penduricalho. É recomendado que leve consigo dentro da bolsa, da carteira, de uma pasta ou em uma pochete, se preferir. A CIN é um documento físico ou digital que substituirá o RG até 2032, processo iniciado já no ano de 2024.

Cada tipo de deficiência terá o pictograma[2] correspondente no canto superior direito da Carteira de Identidade Nacional. Será utilizado o símbolo universal da acessibilidade, na ausência de um pictograma para a deficiência, como no caso da ANOSMIA. Já as deficiências sensoriais da audição e da visão possuem pictogramas específicos, como o formato de orelha, indicando a surdez, ou o formato de olho, indicando a cegueira. Temos também o formato de quebra-cabeça colorido em forma de laço, indicando o Transtorno do Espectro do Autismo (TEA).

A posse do documento oficial trará maior segurança, independência e proteção a nós, pessoas com deficiência em qualquer situação, como utilizar a fila de prioridade prevista em lei, em uma abordagem policial, em um sinistro, ou até mesmo ao apresentar o documento para pagar meia-entrada em eventos, shows, entre outros recintos em que a lei de meia-entrada esteja em vigor.

A cereja do bolo chegou no momento perfeito e sincronizado com a publicação deste meu primeiro livro, porque eu coloquei em prática minhas inteligências cognitiva e comportamental, minha vivência empírica, de logística e metodologias recicladas de outras mentes brilhantes, e consegui aprimorar, negociar, colocar cada ideia no papel e transformá-la em tese. Dessa forma, pude apresentá-las às pessoas do alto escalão, como o Deputado Federal Otto Alencar Filho, do PSD, que apadrinhou a causa e foi meu coautor no Projeto de Lei nº 2.473/2022. Depois de dois anos e cinco meses desse projeto de lei protocolado nas comissões temáticas, tivemos a felicidade da aprovação pela Câmara dos Deputados.

---

2 Pictograma é um símbolo visual (uma imagem) que representa um objeto, conceito ou ação por semelhança, utilizando as suas características mais marcantes, tendo por objetivo criar uma conexão muito evidente entre imagem e ideia.

Essa vitória é justamente a cereja do bolo que cito. Conseguimos a aprovação da Carteira de Identidade Nacional da Pessoa com Deficiência (CIN/PcD), que agora segue para o Senado Federal e, depois de aprovada, segue para a sanção presidencial, para que o Presidente da República que estiver em exercício do mandato sancione como lei federal.

Depois de todos os meus esforços, o resultado não poderia ser diferente daquilo que profetizei para algumas das necessidades específicas dentro do art. 2º da Lei nº 13.146/2015, intitulada Lei Brasileira de Inclusão (Estatuto da Pessoa com Deficiência) e, em algum momento, os benefícios dedicados às pessoas com deficiência serão reverberados diretamente para a população em geral.

Foi muito emocionante quando recebi uma mensagem do deputado federal, no Dia Internacional da Anosmia, dizendo que, no dia anterior, a Câmara dos Deputados havia aprovado a criação da Carteira de Identidade Nacional da Pessoa com Deficiência, batizada como **"Lei Catherine Vecchi".**[3]

E, para saber mais a fundo o que aconteceu, e como aconteceu, desde quando decidi escrever essa tese para o projeto de lei ser protocolado até a chegada da aprovação da primeira etapa, você precisará antes me conhecer melhor. É aqui que a nossa jornada juntos começa: eu lhe conto quem sou e você vai conseguir compreender, para depois sentir, porque a minha luta é coletiva, humanitária, política, diplomática, diligente e individual.

Vou contar segredos que raríssimos escritores têm a coragem de revelar aos leitores. Pouquíssimos escritores contam de verdade sua trajetória no âmago. Pouquíssimos escritores pensam em esmiuçar propostas reais

3 https://lfnews.com.br/camara-dos-deputados-aprova-criacao-da-carteira-nacional-de-identificacao-da-pessoa-com-deficiencia/

de como melhorar o sistema em um país, em estruturar tudo isso para que as implementações ocorram desde a teoria até a prática.

Queria um livro que eu tivesse orgulho de ter escrito e orgulho de as pessoas lerem. Quero ajudar a melhorar a nossa identidade cultural e aperfeiçoar de forma coletiva a infraestrutura da nossa nação, não somente dos espaços demarcados daquilo que o dinheiro pode comprar para determos a posse individual.

Trago diálogos. Trago os meus questionamentos. Trago as minhas necessidades individuais e coletivas para remodelar a logística de um país na forma de leis federais que já estão reverberando oficialmente dentro do cenário político. Trago as minhas dores e, também, todas as minhas vitórias e, é claro, em qual dia e como eu senti a profecia do assunto da anosmia no Mundo e escrevi o poema "Eis o meu segredo" (Capítulo 22).

Que fique bem claro aqui: eu não misturo misticismo, fanatismo ou intolerância, quer seja no tocante à política, religião ou quaisquer outras vertentes ou pessoas. Trabalho com os fatos, com pensamentos críticos e lógicos. Trabalho na forma de promoção dos direitos universais e não tão básicos assim, porém, direitos que eu julgo corretos. Trabalho com energia vital na forma de ação e pensamento. Trabalho criando rede de apoio com pessoas que aspiram às coisas do alto, que possuem extrema qualidade de pensamento, diligência, competência, bom humor, bom gosto e etiqueta social. Trabalho com o senso de justiça pessoal e coletivo, e para que eu mesma consiga circular de forma livre, justa e diplomática. E essa luta deve ser seguida, ao menos, pela maioria dos civis. E se nós brasileiros quisermos sair do escopo de país em desenvolvimento para alçar posições de país desenvolvido, teremos que ouvir alguns sermões duros, aprender a engolir o ego da ignorância e mudar para melhor. Para isso, a abertura intelectual é necessária, além da etiqueta social aguçada, que deverá começar a ser implementada para abolir por completo pequenezas que não levam ninguém a lugar nenhum e só geram rusgas pessoais/coletivas desnecessárias. Da mesma maneira, devemos aceitar o que já vem funcionando, manter e cocriar ainda mais oportunidades oriundas dessas implementações para serem estendidas e realizadas na prática. Eu estou fazendo a minha parte, muitos estão fazendo a deles, e quero ter certeza de que você está fazendo a sua. Por isso, a gente precisa de uma fusão de alta qualidade em todas as searas abordadas no livro. Cada vez ¡crescendo mais como indivíduos e em sociedade!

Certa estou de que a população brasileira vai mostrar para si mesma e para o mundo porque nós, o Brasil, construímos a maior frota aérea do mundo. Somos nós, o Brasil da Mata Atlântica, da Amazônia com a maior bacia hidrográfica de água doce do mundo, das cataratas de Foz do Iguaçu, da abundância de recursos naturais, da abundância geográfica... Somos nós, o Brasil, que queremos superar as dificuldades e terminar de forma pacífica e diplomática a guerra civil em que nos encontramos há anos. ¡Precisamos assinar juntos esse acordo! Para isso, uma das sugestões é que, além de ler o livro, você interaja e exerça o que precisa ser exercido. Ao longo do discurso, compreenderá e poderá sentir como isso pode, sim, funcionar e como vai ser muito, muito, muito legal fazermos isso juntos. Todos vamos sair ganhando: mais dinheiro, mais qualidade de vida, mais gente feliz, mais lugares bonitos, mais gente de fora vindo fazer turismo, e nós poderemos também viajar mais vezes, tanto com a nossa gente quanto com pessoas de outras identidades culturais.

Boa leitura. Com todo o meu afeto,

Catherine Dyendre Carradore Vecchi

APRESENTAÇÃO

Este livro nasceu durante o final do período do meu tempo sabático de quase 12 meses, no ano de 2017. Foi no silêncio comigo mesma que a mensagem foi colocada no meu coração e a missão me foi revelada:

Autonomear-me* PORTA-VOZ DA ANOSMIA *no Brasil

A pausa só ocorreu após viver um verdadeiro MILAGRE: sobrevivi a um acidente doméstico sem qualquer sequela, após inalar muita fumaça tóxica proveniente de uma pelúcia que queimava enquanto eu dormia numa fria madrugada de outubro de 2016.

Depois do meu recomeço, passei a me dedicar cada dia com mais ânimo e mais afinco, correndo de um lado para o outro, buscando me tornar mais sábia e sempre desejando encontrar pessoas devotadas às ajudas mútuas. Continuei insistindo que a vida é preciosa e que viver significa reciclar pensamentos, ações e convivências em prol de um presente e um futuro cada vez mais dignos. Além do mais, também se faz necessário provar na prática as nossas teorias e teses, para que daí, sim, o tempo dedicado a criar novas metodologias e reinventar as logísticas preexistentes faça sentido. Este livro é toda a prova do que juntei, reciclei, informei, devolvi e profetizei. Consegui ajudar a mim mesma com meu autoconhecimento e, ao me debruçar em alguns dos direitos das pessoas com deficiência, estou conseguindo ajudar de forma direta uma parcela de quase 10% da população brasileira, que representa aproximadamente 18,6 milhões de pessoas acometidas com alguma doença rara ou deficiência, isso tudo no auge dos meus 30 e poucos anos...

Iniciei uma jornada mais intensa da minha Usina de Ideiàs e da minha licença poética.

A comunicação é a primeira regra do jogo em qualquer país do mundo. Sem comunicação, precisamos ajustar as mímicas para sermos compreendidos e, para isso, um esforço abissal será necessário, e uma imaginação fértil também. Além de ser fundamental a capacidade de passar a ideia adiante para que a outra pessoa consiga ao menos nos entender.

Existem formas distintas de se comunicar, sejam elas verbais, de forma oralizada, ou escrita, não verbais e visuais. Há a seguinte regra de ouro na comunicação: quanto mais simples, melhor. Vale lembrar que simplicidade está longe de contaminar qualquer comunicação com gírias ou dialetos que quase ninguém entenderá e, em vez de se fazer compreender, os interlocutores se afastarão de você, o(a) emissor(a) da comunicabilidade. A simplicidade, aliás, requer requinte, porque quanto mais objetiva, coesa e pragmática, melhor a mensagem será levada adiante, e todos os nossos conhecimentos serão compreendidos. Para isso, ela é pensada durante muitas horas, dias, meses ou anos. O desenvolvimento da comunicação precisa ser neutro, ou seja, se a mensagem precisar ser traduzida a outros idiomas, a comunicação precisa ter a mesma eficácia e peso daquela produzida em nossa língua materna e produzir os mesmos efeitos.

Foi justamente por esse motivo que escolhi seguir a carreira como escritora, para que as minhas ideias, opiniões, visão de mundo e oportunidades que criei fossem esmiuçadas, lidas e realizadas. Tudo o que escrevi coexiste em um elo com algo já existente, o que eu proponho são mudanças para vivenciar uma realidade por outras perspectivas, como as que eu vivo. Para mim, a visão é extremamente importante, assim como um ambiente extremamente limpo e um lugar com tecnologia assistiva. O que mais prezo e rogo é que nós, brasileiros, comecemos de uma vez por todas a sermos menos políticos e, sim, mais humanos. Para que isso seja possível, é necessária uma contrapartida dos dois lados.

Ouço e vejo muitas pessoas que leem mal e interpretam pior ainda, porque não praticam a leitura em voz alta. Observo desde a minha infância, quando aprendi a ler e entender a gramática, e me apaixonei ainda mais pela minha língua materna, que muitas pessoas possuem dificuldades de leitura quando, no texto, uma pergunta está próxima a ser formada. Porque simplesmente vão lendo as palavras na superficialidade, e daí não conseguem absorver o tema. Uma das minhas sugestões como poliglota é de que poderíamos acrescentar à norma culta da língua portuguesa o uso dos sinais de INTERROGAÇÃO INVERTIDA (¿) e de EXCLAMAÇÃO INVERTIDA (¡), assim como ocorre na língua espanhola, facilitando e instruindo ao(à) leitor(a) a real compreensão do que está por vir no texto, podendo utilizar a entonação correta exigida na comunicação passada adiante. Como pôde notar, desde o início do livro, o uso dos sinais invertidos já esteve presente, portanto, reafirmo: o uso da interrogação invertida e o uso da exclamação invertida continuarão presentes no texto, porque gostaria de utilizar o meu livro para realizar um experimento social, e se o uso das sinalizações invertidas (¿ e ¡) funcionarem, as pessoas vão conseguir aperfeiçoar a compreensão textual sem a necessidade de ficar retornando ao texto devido a frases interrogativas ou afirmativas que não estavam previamente sinalizadas e lidas conforme interpretações textuais próprias, que podem ser divergentes das pretendidas pelo(a) emissor(a) da comunicabilidade. Assim, iniciei as inserções de sinalizações pela minha licença poética.

Um livro nada mais é do que a opinião do(a) autor(a). Minha opinião é de vivência empírica, acompanhada dos assuntos técnicos dentro da literatura acadêmica e científica. E foi assim que consegui fundamentar e estruturar tudo o que eu precisava conhecer para que os meus argumentos fossem provados na prática.

Também faço um paralelo na visão macro de como a escrita despretensiosa de um diário me trouxe aqui no dia de hoje, e convido você a escrever seu diário, assim como eu fiz. Ao menos para que consiga escrever sua própria história e amplificar de fato o que vivenciou, o que está vivenciando e o que quer vivenciar. Porque, às vezes, só pensando e não escrevendo, deixamos muitas pontas soltas por aí. Com um diário pronto da própria história, você poderá compartilhá-lo com seus familiares, amigos, sócios, clientes ou com o mundo, para que todos o(a) conheçam melhor.

Espero que este livro seja, a partir de hoje, a baliza necessária para que consigamos observar situações mais cedo em nossas vidas e, principalmente, refletir nos questionamentos do dia a dia para nos desprendermos das nossas dúvidas e conseguirmos compreender para sentir além do óbvio; que nos esforcemos a refletir a respeito de como melhorar nossa qualidade de vida (individual e coletiva) de forma equânime. Para que isso seja possível, é necessário que haja uma abertura intelectual para que, primeiro, boas leis sejam elaboradas, e que a comunidade possa se beneficiar seguindo o raciocínio de que devemos reescrevê-las, a partir da hermenêutica correta, quando estão contaminadas pela ambiguidade ou impedem o avanço social e econômico, usando do nosso direito constitucional, pautando sempre no interesse coletivo e não apenas no individual, e entender que "lei" é um ato de compor a solenidade moral, porque, na ausência, a barbárie reina.

Que possamos refletir com boas ideias sobre a importância de criar, desenvolver e realizar políticas públicas e privadas eficientes para o bem da nação, e que seja um programa liderado por pessoas com o espírito de irmandade, cooperatividade e ajudas mútuas. Lembremos que esperar somente que o(a) gestor(a) resolva sozinho(a) todos os problemas, sem nos inserirmos em cooperar também, de nada adiantará. Se não, realmente, ficaremos enxugando gelo ou tapando o sol com a peneira, o que somente gerará ineficiências.

Agora, quem quer se manter somente na gestão privada, sabe que deve se inteirar das questões legislativas, porque nenhum negócio funciona sem leis. Isso nada tem a ver com a condição financeira de alguém, nem mesmo se essa pessoa está em um cargo político, efetivo ou comissionado, porque todos nós, civis, temos direitos e deveres a cumprir na nação, com boas ideias encapsuladas no desenvolvimento de bons projetos que possuem desdobramentos estratégicos e uma equipe de liderança humanizada. Quando passamos a colaborar com o nosso entorno, criando uma comunidade eficiente, intelectual, serena e colaborativa, fica bem mais fácil e mais rápido o processo, desde a concepção à execução de qualquer introdução de ideia conceitual nova ou no processo de melhoramento daquilo que já existe.

Devemos ser receptivos aos novos modelos de negócios quando são mais assertivos do que os antigos. Que possamos aprender a investigar todos os pormenores individuais, algo de suma importância, mas que também assumamos a postura de contribuir com quem já está pavimentando o caminho.

Esta autobiografia é do gênero jornalístico e tomou um corpo muito amplo, porque só foi possível vislumbrar a proporção que o assunto tomaria ao longo dos anos, e não quando comecei a rascunhar o primeiro pedaço de papel, no final do ano de 2017. Aliás, eu não estava escrevendo este livro apenas para ser publicado e mantido em uma prateleira, estava escrevendo desde o início almejando que os conteúdos esmiuçados nele fossem postos em prática.

Dessa forma, foi quando comecei a pensar em escrever acerca do assunto da anosmia, quando, no silêncio, a missão me foi revelada e a obra se tornou impactante, sem destoar do assunto principal, OS CHEIROS NA SOCIEDADE. Somente com a presença dos cheiros é que posso interagir e entender melhor como as pessoas se comportam, o que compram e o que vendem.

É como nos lembrar que na Física não existe o frio, e sim a ausência do calor, porque o frio não é uma entidade própria. Da mesma forma, a perda do olfato só ocorre devido à ausência de ligantes que fazem o olfato operar, e, portanto, somente com os cheiros é que consigo de fato entender a minha condição da ausência deles.

Comecei desbravando o processo embrionário em meu âmago e depois que compreendi para além da matéria foi que iniciei o processo de mapeamento de estruturação estratégica de como as coisas poderiam começar a ser melhoradas e desenvolvidas. Somente depois disso foi que parti para a aventura de explorar o ambiente externo. Consegui elencar e esmiuçar todos os pontos que envolviam o sentido do olfato na sociedade, porém mantive algumas ligações temáticas mais pontuais para publicar neste livro.

Quando finalmente a publicação ocorreria, foi que o ímpeto de escrever esta nota na Apresentação me ocorreu. Novamente, tive uma certa dificuldade em apontar para um nicho específico. Obviamente, o primeiro público-alvo são as pessoas com deficiência e os agentes públicos, além, é claro, da Organização das Nações Unidas (ONU), da Organização Mundial da Saúde (OMS), do Ministério do Trabalho e Emprego (MTE), da Secretaria Nacional dos Direitos das Pessoas com Deficiência (SNDPD), do Cadastro Geral de Empregados e Desempregados (CAGED) e do Conselho Nacional dos Direitos das Pessoas com Deficiência (CONADE).

Logo, o outro público ao qual a leitura é direcionada são aqueles que convivem com as pessoas com deficiência, seja nos ambientes domésticos, corporativos ou em comunidades. Por fim, e não menos importante que os demais, o corpo acadêmico-científico, porque este livro envolve diretamente grupos da área da saúde, como médicos, enfermeiros, geneticistas; grupos da arquitetura, pois precisam desenhar projetos arquitetônicos para PcD que se adequem às normas da ABNT NBR 9050 nos assuntos da acessibilidade em edificações, mobiliário, espaços e equipamentos urbanos; grupos da advocacia, por questões legislativas, da jurisprudência, das normas, dos artigos, dos incisos, dos parágrafos, das alíneas, para ajudarem a promover a assessoria jurídica para as pessoas com deficiência e para as empresas com mais de 100 funcionários que precisam cumprir com a legislação da empregabilidade dentro da Lei de Cotas para Pessoas com Deficiência.

Em suma, a minha biografia foi escrita por mim mesma, o que tem um peso em isenção, autenticidade e ineditismo para ser uma revolução coletiva, consciente, pacífica e de bom tratamento no Brasil. E aqui assumo o compromisso de que tenho certeza de que os formadores de opinião mundiais vão querer aderir e espelhar os novos *modus operandi* que proponho, e serão aliados.

Primeiro, porque tivemos a primeira vitória na etapa da chancela governamental direcionada ao Projeto de Lei nº 2.473/2022, do qual fui idealizadora, mentora e coautora, junto ao Deputado Federal Otto Alencar Filho. Portanto, seremos, oficialmente, o primeiro país do mundo a reconhecer e ratificar a Carteira de Identidade Nacional para as pessoas com deficiência.

No Brasil, possuímos uma lei justa que aborda a questão das cotas para pessoas com deficiência, a Lei nº 8.213/1991, que vem sendo negligenciada há anos pelos poderes Executivo, Judiciário e Legislativo por pura falta de planejamento técnico de ideias eficientes, auditoria e gestão. Para torná-la mais eficiente, sugiro a reforma do art. 93 e proponho melhorias no eixo de contratações de PcD.

Com a chegada do vírus SARS-CoV-2 durante a Pandemia da Covid-19, cerca de 80% das pessoas contaminadas com a infecção viral adquiriram anosmia (perda do olfato), ageusia (diminuição do paladar) e outras disfunções olfativas de forma temporária ou permanente, tornando-se uma questão de saúde pública mundial, de acordo com o declarado pela OMS no ano de 2020, e estamos tendo muitos avanços para aliviar a dor dessas pessoas.

A Covid-19 trouxe de uma única vez uma séria reflexão acerca do estímulo de vida em que o mundo se encontrava, iniciando uma reciclagem nos moldes da severa necessidade e constância na manutenção em termos de assepsia, seja nas pessoas, nas coisas e no meio ambiente, incluindo um severo sermão que, infelizmente, custou a vida de milhões de pessoas no mundo. Por outro lado, de forma a nos aliviar um pouquinho, já que, como humanos, estávamos falando com muita propriedade e expertise desses temas e fazendo menos do que o necessário, foi a própria natureza que conseguiu limpar oceanos, mares, rios e córregos e limpou os céus que estavam poluídos por mais de duas décadas, e operou esse milagre em poucos meses.

Da mesma forma que a natureza se une, nós, como humanos, precisamos nos unir ainda mais para realmente valer a luta da inclusão social. Precisamos incluir na forma teórica e prática tal intenção, e, para isso ser feito, devemos rever erros primários, como definir e monopolizar o símbolo universal de todas as pessoas com deficiências, diversas entre si, a imagem de uma pessoa (boneco) que utiliza uma tecnologia assistiva como a cadeira de rodas. Corrigir esse erro e o símbolo proposto pela ONU é urgente, pois o efeito colateral é justamente o oposto, gerando rusgas, exclusão social e desigualdade. Por isso, a necessidade da reforma do símbolo universal da pessoa com deficiência, como proponho, é sem dúvida a melhor opção, e você vai entender melhor ao longo do texto.

Devemos saber diferenciar as deficiências sensoriais das físicas, das mentais, das intelectuais e das comportamentais. A Lei de Inclusão Brasileira, o Estatuto da Pessoa com Deficiência, art. 2º, afirma:

> Considera-se pessoa com deficiência aquela que tem impedimento de longo prazo de natureza física, mental, intelectual ou sensorial, o qual, em interação com uma ou mais barreiras, pode obstruir sua participação plena e efetiva na sociedade em igualdade de condições com as demais pessoas.

Somadas todas essas informações, devemos levar em conta que as deficiências comportamentais não são métricas de comparação para o debate, usando-as como eufemismo para tentar anular os sentimentos de pessoas com as demais deficiências, pois, mesmo essas pessoas, assim como aquelas com doenças raras ou comorbidades, também possuem suas próprias deficiências comportamentais em determinadas situações do dia a dia, bem como aquelas sem qualquer tipo de deficiência. Esclarecer todos esses pontos se torna fundamental para iniciar um diálogo produtivo e eficiente. Aqui, estou focando em como podemos manter o que já funciona, o que pode ser melhorado e como implementar isso no cotidiano das pessoas, e, daí sim, sugerir como melhorar hábitos que podem interferir no bom ou no mau comportamento individual ou coletivo, para que abrandemos ao máximo as deficiências comportamentais que caminham lado a lado, 24 horas por dia, com todas as pessoas, independentemente se a pessoa possui uma deficiência ou não.

A oitava maravilha do mundo acadêmico-científico vem com o protagonismo e pioneirismo do Dr. Ronaldo Carvalho, médico brasileiro, e sua equipe, que revolucionaram a medicina com a cirurgia dos nervos periféricos pelo Hospital Universitário da Universidade Federal de Sergipe (UFS), RECUPERANDO O OLFATO em pacientes anósmicos habilitados que, geralmente, foram acometidos pelo vírus SARS-CoV-2.

Visite o site para saber mais informações:

www.anosmiaaracaju.com.br

SUMÁRIO

CAPÍTULO 1

Campo Mourão, 11 de junho, 1986 - Brasil

¿QUEM É A CATHERINE?

Nasci em 1986, na cidade de Campo Mourão, no Paraná. Sou ítalo-brasileira, poliglota e filha caçula.

Amo lembrar da minha infância, do convívio familiar, dos meus avós (*in memoriam*), das freiras e dos colegas da escola onde estudei e de tantos bons momentos que já vivi em família.

Nossa casa era muito grande e tinha um jardim mágico, repleto de árvores frutíferas e muito calor humano. Passava boa parte do tempo na nossa minifloresta, no meu jardim secreto, no quintal de casa. Os pássaros cantavam e nos despertavam cedinho, e muitos animais nos visitavam. Nossa rua, Londrina, era cheia de crianças e brincávamos até a noite, muitas vezes depois que o dever de casa estava pronto e de ter ajudado minha mãe com as atividades domésticas. Andávamos de bicicleta, jogávamos gincanas de rua e até os adultos participavam. Vez ou outra tinha umas discussões sobre quem ganhou ou quem trapaceou, ¿mas é normal, né (risos)?

Em casa, ninguém infantilizava as crianças, por isso era tão legal. Além disso, os meus pais eram muito ativos e participavam tanto da nossa vida escolar quanto da vida em comunidade. Sempre ajudavam em tudo e nós também participávamos de tudo no bairro. Meus pais sempre me instruíram sobre a importância da natureza. Mas como nem tudo são flores, um momento da infância que me marcou e me deixou triste foi quando soube que teríamos que nos mudar de cidade e precisaríamos vender a casa. Minha vontade era que fosse possível transportar o terreno todo para o novo lugar, pois eu era muito apegada à casa e às vivências que tive lá, principalmente o jardim. Antes da mudança, muitas coisas aconteceram, e lá vivi os primeiros anos...

Fui alfabetizada no Colégio Vicentino Santa Cruz. Tenho boas recordações dessa escola. Lembro-me de quando meus pais disseram que faltavam poucos dias para minha iniciação na primeira série. Todos os dias arrumava os materiais escolares e ficava acariciando as roupas, os sapatinhos e as meinhas. Imaginava como seria bom viver tudo aquilo e, de fato, foi. As minhas professoras eram freiras e, talvez por isso, nos instruíam com muito amor, paciência e nos levavam para fazer os deveres escolares ao ar livre também, na escola e fora dela.

Muitas vezes as professoras nos inscreviam em concursos municipais e estaduais. Elas sempre foram atenciosas, amáveis e educadas comigo e com os demais alunos. Quando reconheciam talentos em alguma área específica, propunham competições e nos desafiavam. Tenho certeza de que esses desafios ajudaram e fizeram com que minha timidez ficasse em segundo plano, e aquilo que eu tivesse de melhor fosse evidenciado. Foram vários concursos de pintura, poesia e redação, e até de uma palestra em minha escola eu participei, e fui a primeira a levantar a mão para responder à seguinte pergunta:

— ¿Em qual dia a cidade de Campo Mourão comemora seu aniversário?

Respondi:

— Campo Mourão comemora o seu aniversário no dia 10 de outubro.

Como premiação simbólica, recebi um broche da bandeira mourãoense das mãos do Prefeito Rubens Bueno, que assumira no mesmo ano de 1993 a Prefeitura de Campo Mourão, após o meu primo paterno, Augustinho Vecchi, ex-prefeito da cidade em três mandatos, passar a faixa para ele. ¡Pensar que 29 anos mais tarde nossos destinos se cruzariam novamente, quando o Sr. Rubens Bueno protocolou um projeto de lei no tocante à instalação dos dispositivos de detectores de gás e fumaça, é fantástico (Capítulo 40)!

Era um colégio predominantemente frequentado por alunos de famílias católicas e por isso sempre gostei de estudar lá e nunca competi por notas com colegas, pois buscava ser atenciosa ao conteúdo, à socialização da convivência escolar e aos bons exemplos, e as notas seriam, por óbvio, a consequência do meu empenho e desempenho. Participava de peças teatrais, hasteava a bandeira no ato cívico e, assim como nos carnavais, lá estava eu, desfilando.

Foi nessa escola, Santa Cruz, que tive o primeiro contato com um coleguinha deficiente. Ele adquiriu uma paralisia cerebral e usava um equipamento de metal em suas pernas que o ajudava a se apoiar para caminhar. Mesmo com muita dificuldade, ele sempre levava consigo um sorriso no olhar e no rosto. Todos nós o ajudávamos, e ele era muito legal, apesar da dificuldade na fala. Tínhamos por volta dos nossos 6 aninhos.

E foi durante essa mesma idade que, de repente, tudo mudou em minha vida e na vida dos meus familiares.

CAPÍTULO 2

Campo Mourão, 1992 - Brasil

¿MÃE, VOCÊ É VIDENTE?

Tudo aconteceu no ano de 1992, no jardim e pomar da casa dos meus pais em Campo Mourão. Antes do horário do almoço, minha mãe havia deixado a massa de bolo descansando para manter a mistura fofa e corpulenta que ela preparava com suas mãos de anjo. Terminamos de almoçar e ajudamos na organização da cozinha, que durou cerca de 2 horas. Quando tudo estava devidamente em seu lugar, minha mãe decidiu que era o momento certo de colocar a massa preparada com tanta destreza para assar.

Até o momento tudo corria tranquilamente, como de costume. Saímos da cozinha e fomos em direção às cadeiras que estavam no gramado do jardim, entre conversas e muitas risadas. E, só para você entender, na casa de gente com sangue italiano reinam as vozes altas, as gargalhadas, as mãos que falam mais do que a boca, os ânimos se exaltam, tamanha empolgação. Pois bem, em meio a essas conversas, como todos ali falavam ao mesmo tempo, vez ou outra nem ouvíamos os comentários de quem estava um pouco mais afastado de nós.

Uma dessas vozes que se sobressaiu foi a da minha mãe que, com um tom desesperador e assustado, tentou nos passar uma mensagem. A voz estava rígida e ela foi imperativa ao falar, dirigindo seu corpo e falando para o além; seu olhar apontava em outra direção, voltado para a casa, o que causou uma estranheza no ar. As conversas se pausaram imediatamente e todos olhamos na direção dela quando, por um instante, ela voltou a gritar: "¡O BOLO ESTÁ QUEIMANDO!".

Meus familiares confirmaram com algumas frases e vozes preocupadas. Eventualmente, alguns se manifestaram:

— ¡Sim, está queimando!

— ¡Nossa, corre lá!

— ¿¡Caramba, como deixamos isso acontecer!?

Ao mesmo tempo que isso aconteceu, observei que todos tiveram reações semelhantes, um combo de emoções, como sustos e as mesmas afirmações. Mesmo que um não soubesse a opinião do outro, todos se levantaram apressados e aflitos e saíram correndo. Eu fiquei imóvel, pois não entendi nada (isso tudo aconteceu em menos de cinco segundos). Foram correndo em direção à cozinha e, por curiosidade, também corri para acompanhá-los e descobrir o que estava acontecendo. Confesso que, mesmo não entendendo absolutamente nada, senti que algo bem diferente havia despertado em mim naquele momento, um sentimento de algo preocupante e angustiante. ¡Estava convicta de que precisaria desvendar esse mistério por mim mesma! Fiquei preocupada, mas de uma forma diferente do restante da minha família. Percebi que meu incômodo era só meu e comecei a sentir aquilo bem mais forte dentro de mim. Mesmo assim, continuei acompanhando a situação.

Minha mãe, apressada, agarrou o pano de prato que estava em cima da pia da cozinha com a mão direita e, com a mão esquerda, abriu a tampa do forno, retirou a forma com o bolo que queimava e já estava em formato de fumaça cinza e preta, robusta, veloz em direção ao alto, buscando por um novo abrigo.

Eu era pequenina, tinha apenas seis anos quando isso aconteceu. Ainda espantada com a situação e observando aquela fumaça, não conseguia entender como a minha mãe poderia ter um poder sobrenatural e, ao que tudo indicava, toda minha família também. Só poderia ser um poder deles mesmo.

¿Quem conseguiria prever um bolo queimando sem nem ao menos estar presente no local?

Formatei em meu imaginário o que eles afirmavam e, comprovadamente, esse seria um poder deles. Depois de contido o desespero de todos, fiz uma pergunta séria:

— ¿Mãe, você é vidente?

E ela me questionou:

— ¿Como assim, Catherine, eu sou vidente? ¿Por que é que você está me perguntando isso?

Então, expliquei a ela o que estava pensando sobre o que havia acabado de acontecer e reformulei a pergunta de forma mais simples:

— De repente, quando estávamos no jardim, você falou que o bolo estava queimando e, quando chegamos à cozinha, antes mesmo de você entrar, abrir o forno e ver que havia fumaça escura, já sabia que aquela fumaça estava saindo do bolo. Todos confirmaram que o bolo estava queimando, não só pela aparência, mas pelo sabor, porque você acabou de jogar toda a massa no lixo. Então, quero saber como você descobriu, mesmo de longe, que esse bolo estava mesmo queimando.

Minha mãe franziu o cenho, olhou para mim e disse:

— Não sou vidente, Catherine. Não descobri. ¡Eu senti o cheiro!

Ainda achando que a resposta não era convincente, indaguei novamente, porque eu nem sabia o que significava direito a palavra "cheiro", e agora, estava obcecada pela compreensão:

— ¿Então todos sentiram o mesmo cheiro? Mesmo em longa distância, saímos correndo e aqui estamos nós, vendo esse bolo queimado e essa fumaça que sai do forno espalhada por todo ambiente e faz nossos olhos lacrimejarem. ¿Quer dizer que essa fumaça é o cheiro, mãe?

Ainda franzindo a testa, ela respondeu com a cabeça em movimentos afirmativos e soltou um sonoro sim, emendado na sua fala...

— Essa fumaça era o "alerta" do bolo, que estava tempo demais dentro do forno, porque seu pai, suas irmãs, você e eu nos esquecemos de contabilizar o tempo necessário para que ele ficasse saboroso e no ponto certo para consumir. Esquecer de conferir o tempo causou todo esse odor, pois o bolo assou demais e queimou, provocando uma combustão e, em consequência, aquela fumaça escura. ¿Entendeu, Catherine?

Muito pequenininha, pude notar que a forma de fumaça representava algo sensorialmente desconhecido para mim, o cheiro, mas aprendi o que aquilo representava agora. Muitas vezes, somente em meio ao caos surgem as soluções. Nesse caso, havia acabado de notar que não tinha o menor conhecimento e a noção do que aquele corpo desconhecido (moléculas odoríferas voláteis) representava para todos e nada representou para mim. Não era desinteligência, era algo além, era algo que eu não dominava por não possuir métricas de julgamentos genéticos.

Prontamente, minha mãe, demonstrando certa aflição pela nova situação, que até então era totalmente desconhecida por todos, pegou-me em seus braços, apoiou-me sentada no mármore da pia da cozinha e pediu que eu ficasse ali, pois ela iria pegar algumas coisas. Obedeci e aguardei, observava que ela se movia rapidamente em frente à geladeira aberta. Lembro como se fosse hoje, ela estava com uma saia longa e uma blusinha branca, cabelos soltos e um olhar preocupado. Em suas mãos, segurava alguns pequenos potes de plástico com tampas amarelas, os quais reconheci porque sabia que ali dentro ela guardava temperos, como algumas ervas finas, utilizados ao cozinhar nossos alimentos. Não entendi o motivo daquilo. Aproximando-se de mim, ela colocou os potes na bancada. Um a um, pediu que eu inalasse devagar e relatasse o que sentia. Para mim, todos os potes tinham o mesmo cheiro, cheiro de nada. Ela me olhou, pegou-me novamente em seus braços e, colocando-me no chão, disse:

— ¡Catherine, você não sente cheiro!

Moral da história: definitivamente, todas as minhas questões de me identificar diferente das demais pessoas se comprovaram. Eu tinha um diagnóstico. Eu não tinha o olfato que poderia me fazer identificar aqueles odores. Por sorte, minha mãe estava presente de corpo e alma, pois, se ela não tivesse refletido diante dos meus questionamentos, teriam sido apenas perguntas bobas e sem importância, feitas por uma criança, e seguiríamos – por não se sabe quanto tempo mais –, sem saber que, de fato, minhas perguntas tinham embasamento científico.

*

Acredito que o compartilhamento de algumas histórias de minha vida pessoal é de suma importância para embasar todo o meu histórico empírico, para que eu pudesse percorrer e analisar todas as nuances, os pormenores e refletir em cada momento para compreender e desenvolver todas as minhas teorias, e porque eu fiquei tão focada em transformar assuntos que já faziam parte do cotidiano em acesso a novas metodologias e conscientização.

Reciclei opiniões antigas para endossar melhorias, do meu jeitinho.

Foi por essas histórias que o meu diário começou.

Foi por essas histórias que eu comecei a buscar soluções.

Foi por essas histórias que consegui mobilizar tantas pessoas.

Foi por essas histórias que comecei a fazer novas histórias.

CAPÍTULO 3

Primavera do Leste, 1999 - Brasil

¡ABRE AS JANELAS, O GÁS ACABOU!

Morávamos em Primavera do Leste e, em meados de fevereiro de 1999, minha mãe e eu estávamos sozinhas em casa após o almoço e havíamos combinado de fazer algumas compras por volta das 15h. Uma hora antes, minha mãe decidiu que já era tempo de começarmos a nos organizar e, antes dela ir se arrumar, pediu que eu preparasse um café novo enquanto ia para o banho. Estava na pré-adolescência e, mesmo aos 13 anos, sempre fui muito autônoma e responsável, por isso minha mãe me delegava muitas funções, inclusive essas bem fáceis e comuns. Naquele mesmo instante, assim que ela fez esse pedido, coloquei a chaleira com a água para ferver, acendi a chama do fogão e aproveitei para fazer o dever da escola na sala de televisão, que ficava no cômodo ao lado. A chaleira possuía um mecanismo de alerta quando a água estava fervendo e soava um alarme ensurdecedor quando a água começava a borbulhar, que eu ouviria facilmente.

Passados alguns minutos de eu ter me sentado, senti um pouco de fome e fui até a cozinha. Inconscientemente, quando coloquei a mão no interruptor de luz, algo me paralisou. Olhei para a janela e pensei que, como ainda estava claro, não havia necessidade de acendê-la.

Caminhei até a porta do armário da cozinha, peguei algumas bolachas ou biscoitos, o que você preferir, dependendo da região onde mora, e retornei à sala. Nem dois minutos depois de me sentar e devorar as bolachas, já senti mais fome, voltei à cozinha e, num impulso, passou pela minha cabeça novamente a questão de não acender a luz. Repensei e, como ainda estava claro, não havia necessidade de acendê-la. Voltei a me dedicar às atividades escolares enquanto aguardava o assovio escandaloso que a chaleira faria. Não ouvi a chaleira, mas ouvi um barulho de porta se abrindo no andar de cima e minha mãe aos gritos.

Fiquei assustada, confesso, pois a voz dela ecoava, mas eu não compreendia o que ela dizia.

De repente, quando a vi descendo pelas escadas enrolada na toalha, toda ensopada e gotejando água por toda a casa, consegui compreender:

— ¡Catherine, abre as janelas, o gás acabou!

Naquele momento, saí correndo e, prestes a acender a luz no impulso do susto, ouvi outro grito de alerta da minha mãe:

— ¡Catherine, não acenda a luz! ¡Se você acender, a casa pode explodir! ¡Abre toda a casa, abre as portas, ventile a casa toda! O gás está vazando há algum tempo e senti o cheiro lá de cima. Minha filha, está um fedor insuportável de gás por toda a casa. ¿Você está bem?

Na mesma hora levei um choque de emoção e falei:

— Mãe, estive na cozinha duas vezes, parei em frente ao interruptor, pensei que ainda estava claro e que não havia necessidade de acender a luz. ¡Que medo! Minha intuição me avisou que algo estava fora do controle e eu não fazia a mínima ideia de que era o gás que estava escapando. Hoje, aprendi mais uma lição sobre como é perigoso não sentir cheiros. Descobri que tenho que me preocupar com cheiros invisíveis que podem ser letais e entendi que tinha um motivo a mais para me vigiar, pois achava que existia perigo apenas quando tivesse fumaça.

E minha mãe respondeu:

— Filha, estou tonta só com um minuto dentro deste ambiente. ¡Você tem resistência!

Então eu disse:

— Por isso que de repente eu comecei a ficar com muita fome e me sentindo um pouco cansada. ¡Na verdade, era meu corpo reagindo e pedindo energia para eu continuar a lutar pela minha sobrevivência!

Moral da história: independentemente de a pessoa sentir ou não cheiros, é preciso instalar a tecnologia assistiva e equipar com os dispositivos de detector de gás e fumaça nas residências, dormitórios, corredores, berçários, creches, escritórios, oficinas, fábricas e qualquer outro local onde pessoas circulam. O ideal, quando possível, é também instalar *sprinklers,* um componente que leva o nome de bulbo, cuja principal função é liberar água para combater um incêndio. Lembrando que nem sempre o dispositivo pode ser eficiente se o ambiente estiver aberto, pois o sinal sonoro não será ativado, mas vale lembrar que é uma forma extra de manter a segurança local. Para pessoas surdas, existe um dispositivo que, em vez de sinal sonoro, emite um sinal visual, uma luz branca.

*

Este é um dos pontos altos do livro: chamar a atenção da população para a importância desse dispositivo que, na maioria das vezes, pode salvar vidas e evitar incêndios residenciais. Além do mais, o gás de cozinha não tem cheiro e, por isso, os fabricantes adicionam uma substância chamada metilmercaptano, para que o nariz humano consiga detectar o eventual vazamento. Mas de nada adianta a adição desse composto químico se a pessoa, assim como eu, não tiver o sentido do olfato, por isso os dispositivos soarão um alarme muito alto para avisar.

Prevenir sempre será o melhor remédio. Existe o Projeto de Lei nº 4.120/2019, do ilustre Rubens Bueno, que propõe a instalação obrigatória de detectores de monóxido de carbono em imóveis residenciais que utilizem aparelhos aquecedores de água e calefatores a gás. Agora, minha opinião pessoal é de que, ao sabermos que uma simples vela pode provocar um acidente, é melhor prevenir com a instalação desses dispositivos, independentemente de existir lei ou não, e você acompanhará mais à frente a continuação desse ponto de intersecção.

CAPÍTULO 4

Primavera do Leste, 2000 a 2003 - Brasil

AMIGO-SECRETO, O TROTE E A SINA

Quando minha família e eu nos mudamos definitivamente para a pequena cidade de Primavera do Leste, em Mato Grosso, no ano de 1998, foi um grande desafio. Primeiro, porque a cidade ainda estava começando a ser modelada.

Em frente à nossa casa já havia asfalto, porque era avenida, e outras poucas avenidas e ruas principais já haviam sido pavimentadas. O restante das ruas laterais, ainda não. Eu vi a construção do saneamento básico e acompanhei como era o capeamento de um asfalto, por exemplo. Nossa família e outras poucas pessoas que já moravam na cidade foram praticamente as pioneiras.

A cidade era apelidada de PRIMAVELA (PRIMAVERA + VELA). Durante uns três anos, quando chegava por volta das 19h, a cidade toda era apagada, pois era caro ao município se autossustentar. Hospitais, hotéis, postos de gasolina e algumas poucas residências faziam o uso de gerador próprio para ter energia elétrica. Por outro lado, era divertido, porque estávamos em uma linda casa, mesmo que, quase diariamente, tinha de estudar sob a luz de velas durante as noites, principalmente quando era semana de provas, e daí o bicho pegava. Aproveitávamos as luzes das velas para os momentos em família, conversando sobre o dia e a vida. Vez ou outra, a luz voltava, mas eram raros os momentos. Algumas vezes, quando ia à casa das amigas fazer trabalho escolar e a luz acabava, parávamos tudo e começávamos a fazer roda para contar histórias. Creio que esses momentos de tremendos desafios me ajudaram a ter muita resiliência, e fui treinada desde pequena a me adaptar aos lugares com mais leveza e conseguir curtir momentos desafiadores como aqueles, com criatividade e sabendo que, mesmo sem luz, podíamos desfrutar de instantes alegres, sem tanto estresse.

Bom, iniciei meus estudos na Escola Luterana Concórdia, que não tinha qualquer imposição religiosa e utilizava o Sistema Positivo de ensino. A turma era muito legal e, em pouco tempo, já estava me acostumando com os colegas de classe e professores. Também estava me familiarizando com a cidade e com os novos amigos dos meus pais. Apesar de tantas mudanças, foi uma época muito bacana, pois nos adaptamos rapidamente. Nesse período, aos 10 anos, cursava a 6ª série do Ensino Fundamental e não havia sentido necessidade de comentar sobre a falta do meu sentido do olfato com meus novos colegas.

Mais tarde, já na 8ª série do Ensino Fundamental, mencionei minha condição sensorial com meus colegas, porque estava se aproximando o amigo-secreto do final de ano. Algumas pessoas exigiram certos presentes. Prontamente, falei que não queria perfume e todos me perguntaram o porquê. Revelei a verdade, mas alguns colegas não reagiram muito bem, fizeram piadas inadequadas e o assunto começou a circular pela escola. Entretanto, outros demonstraram interesse em descobrir uma nova Catherine; e outros ainda hesitavam e não perguntavam nada. Cerca de um mês antes da revelação do amigo-secreto, alguns meninos vieram até mim para falar que eu ganharia um perfume famoso e raro. Ingenuamente, queria saber o nome para perguntar aos meus familiares se seria um bom presente e, em caso afirmativo, aceitaria. Mas o que ouvi não foi agradável. Os meninos começaram a rir e disseram:

— Nós mesmos iremos fabricar um perfume especial chamado "Catherine". Vamos misturar as melhores fragrâncias, ¿sabia? Serão as gosmas de sapo, fezes de cachorro, algumas gotas de perfumes e colocar em um belíssimo frasco para você borrifar em sua pele. Nossa, vai ficar um cheiro delicioso, hein, Catherine. — Simplesmente ridículos, pensei.

Claro que não levei aquilo a sério, e ri com eles (rio até hoje), pois tudo era fruto da mente fértil e alienada daqueles colegas. Pensei que a chacota passaria. ¡Ledo engano! Durante todo o mês, fui incomodada por alguns deles, que vinham me falar sobre as ideias que tinham tido para me provocar. Já estava cansada daquela situação e achando aquilo tudo uma verdadeira bobagem. Cheguei a reclamar e pedir que me respeitassem e parassem com aquelas maluquices, e falei que se quisessem continuar com aquele comportamento, que não viessem até a mim para me importunar.

O TROTE

Naquele mesmo mês, dois colegas aguardaram o intervalo e, sem mais nem menos, quando passei pelo corredor para voltar para a sala de aula, espirraram um desodorante em spray no meu rosto, para se certificar de que eu não sentia o cheiro.

Foi tudo tão absurdo que só me recordo dos dois, uma menina e um menino da minha classe, chegando até mim com olhares e sorrisos suspeitos. O menino esticou o braço com o desodorante em spray e apontou em direção ao meu rosto, como dois ladrões.

Assim que a fumaça gelada foi disparada, tratei de proteger meu rosto, tossi muito e, mais que depressa, corri para a sala da diretoria para denunciar o episódio. É difícil admitir que em uma escola ainda existam pessoas tão maldosas e que se acham superiores ao ponto de espezinhar uma pessoa por causa de sua deficiência. E, infelizmente, eu fui vítima do trote.

Por ter denunciado o fato, paguei um preço durante algumas temporadas diárias pela sala de aula e pelos corredores do recreio. Era a vítima, porém continuaram a me hostilizar, como se tivesse que me calar e ficar à espera de um respeito que nunca viria. O deboche e a raiva daqueles colegas, por não me atingirem tanto, pela pressão do medo, foi aos poucos se dissipando. Obviamente, minhas amigas e eu conversávamos sobre o comportamento inadequado deles e decidimos, em consenso, que nossa maturidade e coragem intimidariam aqueles colegas e, todas juntas, íamos aos poucos conseguindo.

Anos mais tarde, durante uma confraternização da turma, enquanto relembrávamos dezenas de histórias, o rapaz envolvido recontou o ocorrido e me pediu desculpas em público. Perdoei-o e todos aproveitamos daquela oportunidade para falar sobre bullying,[4] superação e respeito. Na época não se falava na expressão bullying, mas era o que eu sofria. Foi bem legal ver o rumo da conversa, e refletirmos sobre os perigos de trotes e "brincadeiras" que podem ser muito prejudiciais. Por sorte, não tive nenhuma sequela daquele incidente, mas a reflexão foi necessária, porque a escola retrata a sociedade e, em uma sociedade, pessoas cometem atos irracionais que podem se tornar bárbaros. **É melhor os jovens serem corrigidos o quanto antes, com regras equânimes e pagamento de multas às vítimas. Além disso, equipar as escolas com câmeras de monitoramento e microfone dentro das salas de aula, nos corredores, pátios e no exterior da escola, pois os alunos estão lá para estudarem, e não em uma colônia de férias. Até acredito que os pais devam ensinar desde pequenos aos filhos que escola é lugar de estudo, e não somente de diversão, embora seja possível se divertir enquanto se estuda, em momentos oportunos.**

A SINA

Muitas pessoas foram ensinadas que devem percorrer um caminho linear: terminar todas as etapas escolares e, depois do Ensino Médio, prestar vestibular e ingressar em uma universidade, preferencialmente em uma pública. Conseguir um bom emprego; encontrar alguém em que possa confiar e amar; casar-se, formar a família e ter filhos; ser constante

4 Bullying é uma palavra de origem inglesa que designa atos de agressão e de intimidação repetitivos contra um indivíduo que não é aceito por um grupo.
Fonte: https://brasilescola.uol.com.br/sociologia/bullying.htm

em uma mesma empresa. Até certo ponto, seguir essas regras poderia garantir que sua vida fosse, no mínimo, de bom padrão. De fato, há chances de esse modelo de vida dar certo. Mas o que eu menos imaginaria é que nem sempre podemos seguir nossos sonhos lineares. Até aquela idade, no auge dos meus 16 anos, estava inclinada a seguir o direcionamento conforme a educação que recebi em casa, mesclada com a educação escolar e com o que aprendi na convivência com as pessoas da comunidade. Meu objetivo, até então, era fazer tudo o que aprendi e seguir a constância da vida, que é o objetivo de muitas pessoas pelo mundo.

Já completados meus 16 anos, enquanto estava no terceiro ano do Ensino Médio, as coisas começaram a se tornar bem diferentes para mim e para alguns colegas de classe, como pôde acompanhar até o presente momento. Não colocaria a culpa nos hormônios, mas na falta de empatia que alguns poucos desafetos pontuais começaram a desenvolver por mim. Isso por causa da minha condição genética, que causava estranheza. Por ser diferente de todos eles e não sentir os odores ao meu redor, comecei a ser motivo de dúvidas para algumas pessoas que não acreditavam no que eu dizia, já que minha deficiência não é visível. O que cada um pensava não me interessava, mas eu exigia respeito por mim e pela minha condição; além do mais, naquele momento, não precisava provar nada a ninguém. ¿E, de verdade? Eu nem queria provar nada para ninguém... nem para mim mesma, porque tinha pavor de receber um diagnóstico real.

A maioria dos estudantes nessa fase escolar passa pelas pressões do próximo passo, o tão sonhado vestibular. Certo dia, recebemos a visita de uma psicóloga na nossa classe. Ela nos orientou a respeito da importância do período que antecede as provas do vestibular e nos falou sobre as habilidades ou capacidades que deveríamos desenvolver para manter o preparo psicológico e a implacabilidade das nossas tomadas de decisões na vida profissional, social e econômica. Monetizar a profissão e os conhecimentos requer habilidades de negócios, oratória, indicações, posição social, não somente a inteligência, muito menos a famosa meritocracia. Notamos a quantidade de pessoas extremamente inteligentes e talentosas que não decolam em suas carreiras profissionais, que são tomadas pela frustração constante, pois lhes faltam verdadeiras oportunidades no mercado de trabalho. Muitos indivíduos que estão no comando são inferiores intelectualmente e acabam puxando o tapete dos mais ávidos, atravancando o caminho próspero que poderiam ter. Enquanto outras pessoas com níveis considerados bem abaixo conseguem sucesso, porque têm lábia boa, mas, na prática, terceirizam todos os serviços e ficam com os créditos para si. Em contrapartida, há excelentes pessoas de níveis intelectuais, morais e sociais que decolam e trazem consigo os mesmos perfis para alcançarem juntos o sucesso.

A psicóloga aplicou individualmente o teste vocacional. Ela entrevistou todos os quase 35 alunos da minha turma. Era tempo de demonstrar a sabedoria agregada ao longo da vida e chegar o mais próximo da coerência entre o desejo pelo curso escolhido e a realidade baseada nas respostas das perguntas, para que o resultado apontasse um direcionamento em algumas carreiras. ¡Era um norte, não uma verdade universal! Nos dias subsequentes, a escola levou profissionais de diferentes áreas do mercado de trabalho formal, e um dos convidados para palestrar foi um médico otorrinolaringologista (perdão, esqueci o nome do abençoado senhor), que, após o seu discurso, abriu espaço para que as perguntas fossem feitas pelos alunos e aceitou responder à seguinte questão:

¿Uma pessoa que não pode sentir cheiros, qual doença ela tem (diagnóstico clínico)?

Eis que o doutor disse que o diagnóstico mais provável seria tecnicamente conhecido como anosmia.[5] Quando ouvi aquilo, percebi que os estudiosos conheciam algo que, na realidade, eu mesma evitava a todo custo conhecer, até mesmo a nomenclatura. Eu nunca havia me interessado em descobrir, apesar de aquela doença rara fazer parte da minha vida ao menos desde que eu havia me dado conta e minha mãe confirmado, aos meus 6 anos. Pois bem, meu medo sempre me impediu de descobrir meu diagnóstico, e foi naquele instante que minha vida, enquanto estava sentada na minha carteira escolar, em uma manhã normal que estava em ordem linear, declinou dentro do mais profundo e escondido âmago das minhas emoções.

Por um momento, senti uma fúria pelo fato de o colega ter feito aquela pergunta, por me expor publicamente diante de um desconhecido médico e enfatizar minha doença sem o meu consentimento. Mas, logo na sequência, a fúria se abrandou e passou para o sentimento da afetividade, da certeza ou da quase certeza da resposta, pois foi por causa daquele colega que comecei a entender minha condição de forma mais concreta. De repente, tinha o que sempre temia: um diagnóstico, mesmo que superficialmente. Agora minha condição tinha um nome, **ANOSMIA.**

Quando a entrevista com o doutor acabou, a classe começou a especular e a me fazer uma série de perguntas; eu até me senti mais aliviada, porque

5 O olfato normal é chamado tecnicamente de normosmia. A ausência do olfato é chamada de *anosmia*. A perda total do olfato de forma permanente decorre do rompimento do neuroepitélio olfatório, configurando uma mutilação sensorial. Por isso, enquadra-se como deficiência sensorial, já que não existe tratamento ou cura. Há algumas formas de contrair a anosmia, por **infecções virais e bacterianas; traumas cranianos; exposição a substâncias tóxicas; doenças neurodegenerativas (Alzheimer e Parkinson); questões congênitas.**

Há algumas disfunções que afetam o olfato, como cacosmia, parosmia, fantosmia, hiperosmia, síndrome de Kallmann, hipogeusia, disgeusia e ageusia, as quais acometem a parte do sentido do olfato e do paladar. Essas são disfunções do olfato, e não se encaixam na deficiência do olfato e, muitas vezes, possuem tratamento adequado e/ou cura.

um médico acabara de afirmar que, de fato, pode haver pessoas que não sentem cheiro. Ao mesmo tempo, dentro de mim, todos os sentimentos flutuavam entre um lapso de segundo bombástico de vergonha, que era legítimo, e instantaneamente outros sentimentos eram de um efeito colateral de tristeza, pois alguns continuavam não crendo no que eu dizia, mesmo eu sempre tendo sido uma menina que falava a verdade. Outros acreditavam, mas não entendiam, outros ainda nada diziam, e outros mais tiveram uma conversa muito serena comigo e me apoiaram ainda mais na minha impotência olfativa, colocando-se em meu lugar, a fim de tentar compreender para sentir minhas frustrações.

A despeito da "sorte" ou do "destino", poucos meses depois do episódio em que a psicóloga propôs as palestras com os profissionais, e depois de o médico revelar o nome da **anosmia**, minha compreensão da vida começou a mudar ligeiramente. Não que eu estivesse triste, estava desapontada por ser desaconselhada a cursar Medicina (esse não seria o curso ideal para mim), pois, com a falta de olfato, poderia pôr em risco a saúde clínica dos meus futuros pacientes e a minha também. Levei em consideração essa informação, mas aquela frustração, de certa forma, conseguiu congelar meu coração em termos profissionais. Foi um baque e, em vez de ficar deprimida, iniciei um novo projeto de vida.

¡Por enquanto, não pensar na minha futura profissão e continuar vivendo a minha vida de forma como eu já vivia, na paz! Acredito que, com o diagnóstico, minha vida parecia que, finalmente, tinha sido encaixada de fato. Era como se eu pudesse, no auge dos meus poucos 16 anos, conhecer uma Catherine mais completa, diria assim... porque estava começando a querer me aceitar melhor.

O que vou dizer aqui é que, após vários constrangimentos que alguns colegas me fizeram passar quando era mais jovem, com brincadeiras de mau gosto, chacotas por não sentir cheiro e até o trote que sofri, houve uma luta de superação por minha parte, em que contei com o apoio fundamental de algumas amigas e colegas que me ajudavam a me recriar para desarmar aquelas pessoas na minha classe. Eu não contava para minha família, para não os decepcionar, porque não era culpa deles eu ter nascido com a deficiência, era um desvio de percurso dentro da minha carga genética.

Para driblar a arrogância daqueles garotos, que em certos momentos se tornavam verdadeiros covardes, obviamente eu reagia, pedia respeito e promovia sermões serenos e professorais, pedia que honrassem minha dignidade humana e que eles parassem. Minhas amigas me ajudavam e retrucavam e, mesmo assim, muitos deles ainda continuavam grosseiros em minha direção. Poucas estratégias funcionavam, era tudo em vão e, às vezes, o efeito era o oposto, era combustível para que as perseguições se mantivessem. Apesar de muito desagradáveis, vale lembrar que essas perseguições não aconteciam a todo instante.

Estudávamos na mesma classe e nos dávamos bem também. Vez ou outra fazíamos trabalhos juntos. Eles me pediam explicações das aulas e vice-versa, e por eu saber separar os momentos de discussão dos mais amistosos, tudo voltava ao normal. Da mesma forma, eles também sabiam triar tais momentos. Mesmo com pouca idade, sendo muito jovens, conseguíamos balancear a hora de nos respeitarmos, o que ficava e o que saía. Esse é, também, o brilho da vida: não levar tudo a ferro e fogo, mas saber se posicionar quando necessário. Obviamente, eu nem sempre tinha jogo de cintura e paciência, não ficava calada, também era imperativa. Aos poucos, esse meu posicionamento mais assertivo e professoral começou a surtir efeito.

Passados poucos meses, a equipe da Escola Luterana Concórdia nos levou para visitar a Universidade Federal de Mato Grosso. Esse passeio costumeiro, já praticado pela diretoria em anos anteriores, era um impulso para motivar os alunos a trabalharem mais no desenvolvimento de seus conhecimentos de costume e criar um conforto psicológico, arrancando o pavor de pisar em uma universidade. E, assim, demonstrar a oportunidade de ampliarmos nossas capacidades cognitivas, comportamentais e sociais, além de exercermos serviços com maestria para a população, para as empresas que nos contratariam ou, ainda, para nós mesmos, caso decidíssemos abrir nossas empresas. E mesmo que a vontade própria não fosse exercer uma ocupação profissional, por N motivos, esses atributos levariam as pessoas a continuarem a serem boas dentro de uma sociedade civil e organizada. A viagem foi uma das melhores da minha vida, por vários motivos. Aliás, como, desde pequena, quando tinha oportunidade de levar alguma mãe, eu sempre convidava a minha e ela aceitava, e foi nos acompanhar. E o principal era por esse marco ser importante para mim e para meus colegas, que, possivelmente, poderiam ser colegas de profissão também. No ônibus fretado pela escola foi uma festa só: rimos, conversamos, exploramos nossas fantasias profissionais e falamos de coisas aleatórias durante o percurso da viagem de 250 km de distância. Já na capital mato-grossense, em Cuiabá, fomos direto para o campus da Universidade Federal de Mato Grosso (UFMT).

A guia que nos recepcionou informou que não seria possível visitar o departamento de anatomia para observar as peças, alguns corpos doados voluntariamente e corpos não reclamados pelos parentes daquelas pessoas. A maioria dos colegas que, assim como eu, queria estudar Medicina, insistiu tanto que nosso acesso foi liberado. Nada melhor que uma turma de jovens unida e com boa persuasão, ¿né?

Os primeiros alunos a entrar na sala saíram rapidamente, até porque não foram disponibilizadas máscaras e eles não conseguiam suportar o odor forte. Quando chegou a minha vez junto aos outros colegas, não sentia absolutamente nada daquele cheiro do formol que estava dentro das caixas com corpos em conservação, mas a cena era assustadora. Nem mesmo meus olhos lacrimejaram como os dos outros, apesar de o produto estar sendo absorvido pelas minhas mucosas e meus alvéolos pulmonares como pelos dos demais.

Em dado momento, estava bem próxima da caixa com um corpo submerso e eu não conseguia identificar qual membro estava exposto. Naquela época, eu tinha 4 graus de astigmatismo (considerado alto) e não usava óculos de grau, até que o orientador da sala de necropsia se aproximou de mim e explicou que aquilo me faria mal devido à alta concentração do produto. Ele achou estranho eu ter aguentado tanto tempo exposta ao produto químico e informou que os alunos que cursam Medicina se adaptam aos poucos. Então expliquei que **não sentia cheiro, que sou anósmica**. O orientador ficou chocado, disse que nunca soube de alguém com a minha condição e frisou que **não sentir cheiro** era muito perigoso, principalmente se eu estivesse sozinha em lugares como aquele. Foi ali que entendi **um dos porquês** de ser impossível realizar qualquer atividade ligada diretamente ao olfato na Medicina,[6] e que eu mesma poderia pôr a minha vida em riscos desnecessários em lugares insalubres como aquele.

6 Em escolas de Medicina de excelência, as disciplinas de Química Orgânica e Química Inorgânica estão presentes na grade curricular e as pessoas com **anosmia** jamais conseguiriam completar essas matérias.

CAPÍTULO 5

Primavera do Leste, 2003 - Brasil

RECALCULANDO A ROTA ESTUDANTIL

Tive que amadurecer bem cedo e de forma abrupta. Um desses motivos foi porque o curso que eu prestaria no bendito vestibular perdeu totalmente a graça para mim. A comparação se fazia presente, nenhum outro curso preencheria meu desejo de ser uma referência na pediatria, e a perda olfativa realmente poderia colocar eu e demais pessoas em situação de risco. ¿Medicina? Ideia descartada.

Chorar não era uma opção.

Ficar deprimida não era uma opção.

Resmungar não era uma opção.

Comecei recalculando a rota estudantil e pensei em estudar Design de Moda/Estilismo, ou exercer a carreira de modelo, porque também me atraía essa área, e o que antes seriam opções secundárias passaram a ser as prioritárias. Fui tentando conectar tais cursos com as experiências das pessoas do meu entorno e lembrei que minhas avós faziam suas criações vez ou outra, e até minha mãe adorava costurar e montar lingeries para as filhas. Mamãe até chegou a fazer curso de corte e costura em uma cidade vizinha, e eu observava o seu comprometimento para consolidar a sua formação e equipar seu primeiro ateliê em casa. Essa carreira começou a fazer sentido e eu sabia que um dia me encontraria em qualquer profissão em que eu pudesse, simultaneamente, ganhar dinheiro e ter prazer em atuar.

Retornamos à vida comum do colégio, agora com muito mais a pensar sobre o meu futuro. Ainda tinha um ano quase à frente, e decretei: ¿Para que me preocupar por antecipação? Fiquei pensativa... Durante os intervalos do recreio, eu e muitos dos meus colegas de classe não íamos espairecer e ficávamos reunidos fazendo monitorias de classe. Durante as tardes, também íamos à escola para estudar. Era até uma forma de eu me ocupar ainda mais e de não ter muito tempo para pensar na frustração de não poder cursar Medicina. Poucos meses depois, uma série de holofotes voltaram a recair sobre mim. Já havia sido convidada para pautas do jornal local de Primavera do Leste depois da peça teatral *Caramuru,* no 2º ano do 2º Grau, e foi tanto sucesso que nos apresentamos no Teatro Municipal, e posteriormente, aos 16 anos, com a peça teatral *Romeu e Julieta*, que protagonizei como Julieta ao lado do meu colega de classe, Paulinho, que fizera Romeu.

Algum tempo depois, a monitora de classes da escola Luterana Concórdia, conhecida como tia Helô, pediu que eu fosse até a sala da diretoria. Chegando lá, fui convidada para participar e representar a minha escola no primeiro concurso estudantil da cidade, no qual disputaria o título de Garota Estudantil ao lado de outras candidatas de todas as escolas da cidade, particulares e públicas. Seriam avaliados vários requisitos, como notas, beleza, carisma, disciplina etc.

Aquele momento mexeu muito com meu íntimo, pois fantasiar concursos de beleza nunca tinha sido um foco na minha vida e, sendo um concurso estudantil, tinha muito mais a ver comigo do que participar de uma competição que avaliaria apenas a beleza, que é algo totalmente subjetivo. Por causa disso, percebi que o convite tinha chegado em um momento oportuno. Foi um belo presente, na verdade. ¡Ainda surpresa pelo convite da comissão da diretoria, aceitei! Eis que passei de uma pessoa constantemente atingida pelo bullying juvenil para uma pessoa que estava nos holofotes da escola e da cidade, era realmente uma dose de vingança saudável de que eu comecei a gostar muito.

¿O resultado?

Tomei posse da faixa e fui escolhida oficialmente a Garota Estudantil 2003.

Imediatamente, comecei a ser abordada por jornalistas, passei a receber convites para estampar capas de jornais, conceder entrevistas nas rádios e nas emissoras de televisão locais, recebi propostas de contratação para propagandas de lojas da cidade e vários outros convites não paravam de chegar, inclusive, na promoção dos eventos da escola. Estava maravilhada com tudo o que estava acontecendo. Pessoas me cumprimentavam nas ruas, elogiavam-me, parabenizavam-me, perguntavam-me curiosidades da minha vida e queriam me conhecer melhor. Como faz parte da minha essência ser aberta e receptiva com todos, e por já gostar de conviver com as pessoas, essa característica foi se desenvolvendo ainda mais.

Na escola, alunos de todas as séries me mandavam cartinhas, bilhetes e faziam ligações para o meu número residencial (só quem nasceu antes dos anos 2000 sabe a experiência de vida antes de inventarem o telefone celular móvel, apesar de nessa época já ter o famoso "tijolar", o Motorola). Eram as crianças mais novas que mais me ligavam, e eu estava achando aquilo tudo muito legal. Cheguei até a receber um bilhete romântico de um aluno da 7ª série (uma fofurinha só). Serenatas de amor feitas para mim na casa dos meus pais eram constantes e eu nunca tinha visto os meninos, era muito engraçado. O carinho das pessoas passou a ser mais frequente depois dessa superexposição.

Certo dia, fui convidada para uma reunião na Prefeitura Municipal e, ao chegar lá, soube que o comitê editorial havia me escolhido como a anfitriã Garota Estudantil 2003, para representar a cidade e promover o concurso Ford Models em parceria com essa agência de modelos de São Paulo, no Hotel Agulhon. Fui acompanhada do meu pai, Carlos Dulcimar, e lá recepcionamos a participante do BBB 3, Sabrina Sato, que era a madrinha do Concurso. Vale ressaltar que fiz esse trabalho de forma beneficente e não estava concorrendo a uma vaga, estava lá como convidada e anfitriã do evento. Obviamente fui chamada na passarela como a Garota Estudantil 2003.

Além desse evento, muitos outros convites chegaram, e eu estava dividindo, desde cedo, minha imagem, o meu tempo, os meus conhecimentos, as minhas ideias, as minhas habilidades sociais e de comunicação com o público, tudo isso, friso novamente, de forma beneficente, pois não buscava uma forma de monetização profissional naquele ensejo. Porém, em uma conversa com meus pais, eles disseram que eu deveria começar a cobrar cachê, já que eu estava sendo prestativa e as pessoas gostavam de mim, gostavam de que eu as representasse comercialmente e que fosse a imagem de suas empresas. Então, nada mais justo que receber alguma remuneração. E, assim, comecei a receber e a juntar minhas primeiras reservas de emergência.

Quanto mais eu era vista, mais os garotos abobalhados tentavam se aproximar de maneira deselegante, perguntando se eu não poderia ser médica, ¿o que eu seria? E comecei a responder: SEREI MODELO. Estava tão ocupada com tudo e tão focada em meu novo estilo de vida que nem me importava mais com aquelas pequenezas. Depois de tanto pensar, decidi que a melhor maneira de ajudar meus colegas de classe a serem pessoas melhores era simplesmente não entrar no jogo deles (claro que nem sempre conseguia, tenho sangue correndo nas veias e tenho honra).

Na formatura de colação de grau, do 3º ano do Ensino Médio, enquanto anunciava a minha entrada, a coordenadora, a tia Helô da escola, me apresentou dessa maneira:

"Nossa modelo, Catherine."

Ali, sentada entre os meus colegas de classe, jamais poderia imaginar que a carreira de modelo se tornaria a profissão que eu seguiria e com a qual obteria êxito anos mais tarde, selando a minha sina. E 22 anos mais tarde, fazendo jus à faixa que recebi, agora como escritora, ajudando a reescrever algumas leis federais da nossa República Federativa do Brasil em face das pessoas com deficiência. Ironicamente, na seara em que eu tanto sofria bullying na escola.

Moral da história: leve tudo a sério e entenda que em alguns momentos as "piadas" só causam desconforto quando permitimos. E lembre-se: quando passam dos limites em constantes repetições, devemos tomar as devidas providências. Certas pessoas com alguma deficiência ficam em choque e não conseguem relatar o que ocorreu por se tornar um episódio traumático. Mesmo as pessoas sem deficiência podem ser vítimas de bullying; porém, quando a pessoa tem alguma deficiência, pode se tornar um alvo mais fácil. Acredite que é melhor pactuar com o fato verídico e conversar com alguém que esteja preparado para auxiliar em suas questões. Às vezes, essas atitudes nos paralisam e, ao menos quando nos sentirmos verdadeiramente prontos, conte e tente não se acovardar. Importante entender a magnitude do que passou, às vezes são pequenezas, e isso deve ser triado. Também nem tudo é bullying. ¡CALMA!

No dia em que os colegas planejaram e um deles espirrou o desodorante no meu rosto, era esperado que a diretoria fizesse com que os agressores refletissem sobre seus péssimos comportamentos. Poderia ter pedido que os pais dos alunos fossem chamados, e que os desafetos pedissem desculpas à vítima presencialmente, além de utilizar como punição a aplicação de multa a todos os casos de bullying e outras violências na escola. Pois, se as boas atitudes dos alunos têm que ser enaltecidas publicamente com estímulos, eles também devem ser disciplinados e responsabilizados quando infringem o direito alheio. A vida lá fora é assim e é mais fácil que aprendam desde cedo a viverem organizados socialmente.

Independentemente do crescimento profissional, meu caminho seria mudar-me para Londrina, no estado do Paraná, para focar em uma carreira profissional que viria pela frente. Essa ideia era adorável por alguns motivos: A) em Primavera do Leste ainda não tinha Universidade; B) eu não queria estudar na capital mato-grossense; C) o Paraná seria o melhor lugar para estudar, já que minhas irmãs estavam cursando a Universidade Estadual de Londrina (UEL). E, por fim, retornar ao meu estado natal me fascinava.

CAPÍTULO 6

Londrina, 2004 – Brasil

RETORNO À "TERRA DOS PÉS VERMELHOS"

Alguns meses se passaram até que me mudei para Londrina. Estava com 17 anos e alguns meses, buscava conhecer mais pessoas e, claro, procurava algum trabalho que me ajudasse a complementar a renda da mesada que recebia dos meus pais, apesar de eles já custearem todas as despesas fixas. Trabalhei promovendo shows, como os dos cantores Roberto Carlos (o Rei) e Ivete Sangalo. Trabalhei em feiras do varejo e de agronegócios por meio de agências locais de modelos. Nesse período, os holofotes continuavam sobre mim durante meu retorno à Terra dos Pés Vermelhos.

CAPÍTULO 7

Londrina, 2004 - Brasil

QUERO SER CAPA DE *ELLE*

Entre trabalhos, desfiles, eventos e cursinho preparatório para o vestibular, algum tempo depois, minha irmã mais velha e eu decidimos tirar umas miniférias para visitar nossos pais. Lembro-me perfeitamente de ser uma tarde de domingo quando minha irmã, Carla, que navegava durante horas pelas páginas da web, encontrou uma boa opção de concurso. Ouvi um sonoro chamado pelo meu nome: "Catherineeee, vem cá. Olha só esse concurso aqui, acabei de preencher e enviar o formulário. ¡Faça o seu também!".

Li sobre o concurso "Quero ser capa de *Elle*" e falei para ela que não iria me inscrever, porque poderia ser uma página falsa e não queria divulgar meus dados pessoais. De tanto insistir, conseguiu me convencer do contrário, e lá fui eu preencher a inscrição. Naquela época, as câmeras digitais estavam fazendo muito sucesso na Ásia, e um colega de classe, Christian Sassaki, tinha sido presenteado com uma dessas novidades por sua irmã que morava no Japão. No último dia de aula, antes da formatura, ele levou seu aparato fotográfico e registrou cenas memoráveis. A qualidade dos pixels era extraordinária. Como bom amigo, enviou para os e-mails de todos os colegas da turma, anexando as imagens, as quais guardei e enviei para o concurso. Para complementar os requisitos de inscrição, era necessário que fossem enviadas algumas fotografias atuais, então enviei as duas fotografias no cenário da escola, e a fotografia de corpo era também bem recente, de quando estava passeando na casa do meu primo Nei, em Maringá.

Assim que terminei o questionário e pressionei o botão "enviar", deixei o computador e fui me "exibir" para minha mãe. De pé, diante dela, fantasiava que seria penteada pelas mãos do cabeleireiro Marco Antônio de Biaggi (fundador do salão MG Hair Design), seria maquiada por Kaká de Moraes, fotografada por J.R. Duran e conheceria a diretora de redação da *Elle*, Lenita Assef. Eu os acompanhava há um bom tempo pelas revistas, pelos sites na internet e pela televisão, e posso assegurar que todos eles me inspiraram pelo caminho do mundo da moda. Era uma oportunidade única e eu passei a vislumbrar essa vaga.

Minha mãe estava cética e, para não me ver desapontada, pediu que eu parasse de fantasiar, pois isso seria improvável. Respeitei a opinião dela, não toquei mais no assunto e continuei apreciando os poucos dias restantes das férias. Algum tempo depois, já no retorno para Londrina, era setembro, e o telefone fixo tocou. A bina sinalizava o DDD 11 da capital paulista, mas naquela época eu nem sabia que o 11 era São Paulo. Atendi e recebi a notícia por uma funcionária superanimada da Editora Abril, me informando que eu havia sido classificada. Deveras, nem me lembrava da inscrição que havia feito. Contestei, porque estava incrédula e tão desconfiada que pedi uma prova documental. Após um e-mail recebido, aceitei o convite. Tive que convencer meus pais e, por fim, consegui a liberação para viajar até São Paulo, obviamente, com tudo custeado pela empresa patrocinadora.

Finalmente havia chegado o dia.

Sobrevoando a imensa São Paulo, compreendi a grandiosidade daquele mundo novo para uma garota do interior. Era um sonho que estava se tornando realidade. Nunca tinha testemunhado algo tão imenso como aquela vista do alto pela janela do avião.

Fui para o local combinado previamente com a equipe da *Revista Elle* e, ao encontrar a van estacionada com quase todas as finalistas, percebi que aquilo tudo era real (meus pais me alertaram que, se eu percebesse algo estranho, imediatamente pegasse o próximo voo para a minha casa em Londrina).

No deslocamento do aeroporto até o Hotel Blue Tree, na avenida Brigadeiro Faria Lima, lembro-me de termos passado pelo rio Tietê e, em coro, disseram: "¡que fedor!".

Eu ri sozinha e lembrei das reportagens nos noticiários, de como o despejo de dejetos no rio Tietê era fétido, e o pessoal na van só fez constatar o fato. Nessas horas, confesso que eu agradeço não sentir cheiro, e ao mesmo tempo me entristece o poder público ser relapso na limpeza dos nossos rios. Além do mais, aquele mau cheiro causa problemas de saúde pública para as comunidades que convivem inalando aqueles patógenos. Voltando ao assunto, quando já estávamos na avenida de destino, pensei que um dia moraria na incrível megalópole São Paulo.

Chegando ao hotel, conversamos um pouco para nos conhecermos e, de imediato, fiz amizade com uma das candidatas, a Rafaela Zanella. Marcamos de nos arrumar juntas mais tarde no quarto em que eu ficaria. Subi ansiosa para conhecer a suíte e contar as notícias para meus pais.

Deitada naquela cama enorme, liguei para meus pais pelo telefone do quarto de hotel e, depois de um tempo de conversa, a campainha tocou. Pedi que meu pai aguardasse em linha enquanto fui atender à porta. O mensageiro estava com uma caixa linda, azul-marinho, com a logomarca Lux estampada, a patrocinadora oficial do concurso (por falar nisso, minha família e eu éramos clientes já).

Agradeci ao mensageiro e ele se foi.

Agarrei apressada o telefone e, ao mesmo tempo, eufórica, narrava o que estava acontecendo. Abri a caixa, ¡UAU! Um roupão branco com a marca Lux bordada no bolso esquerdo (durou anos), sabonetes, jogo de toalhas de rosto e de corpo, todos os produtos de banho bordados e uma belíssima carta de boas-vindas, ¿assinada por quem? Lenita Assef, ¡a diretora da *Revista Elle* no Brasil!

Não pude conter a emoção e as lágrimas escorreram de felicidade. Disse ao meu pai o quanto estava me sentindo realizada e ele me respondeu com a voz terna: “Minha querida filha, você é uma menina que papai ama muito. Você merece todo carinho e sucesso”. No total, éramos cinco finalistas entre mais de 2.800 inscritas na promoção de todo o Brasil. A semana no Hotel Blue Tree Faria Lima foi uma verdadeira experiência de princesa, a qual nunca havia cogitado vivenciar, sobretudo por poder conviver um pouco com pessoas que eu já admirava em suas profissões.

¡Era realmente um sonho realizado! Fiz amizade com as participantes e, mais tarde, a produção nos levou para jantar no badalado restaurante Spot, que já acompanhava virtualmente pelos sites de notícias. Entrando no restaurante, dei de cara com a blogueira Julia Petit e a cumprimentei como se fôssemos amigas, e ela retribuiu, uma fofa. Enquanto conversávamos em nossa mesa, ouvíamos de fundo a risada gostosa e estridente de Preta Gil (*in memoriam*). Já acompanhava e conhecia um pouco do que fazia a elite paulistana por meio do site *Glamurama* e, aliás, Rafaela e eu fomos destaque no portal de notícias do site de Joyce Pascowitch nesse mesmo dia, quando a equipe da revista nos levou para conhecer a noite paulistana na badalada casa noturna Disco, que alguns anos mais tarde fechou. Foram dias maravilhosos, agradeço a todos os envolvidos.

Nem uma semana se passou e minha mãe me ligou para dizer que tinha escaneado o jornal *O Diário*, no qual tinha saído uma matéria minha. Ao lê-lo, fui checar o site *Glamurama* e essa foto era matéria de capa no site. Outra grata surpresa foi o Christiano Coelho ter noticiado para me homenagear, pois desde os 16, 17 anos ele me acompanhava na ascensão da carreira em Primavera do Leste e até me indicava para trabalhos.

As notícias circularam pelo país e até o jornal *Folha de Londrina* replicou minha conquista.[7]

---

7 https://www.folhadelondrina.com.br/folha-da-sexta/spots-508658.html?d=1

Em meio a mais de 2.800 inscrições, a londrinense Catherine Vecchi foi escolhida para ficar entre as CINCO finalistas da promoção Quero Ser Capa de *Elle*. Com 18 anos, 55 kg e 1.74 m, Catherine está assim toda sorridente na edição deste mês da revista e tem boas chances de ser a capa de novembro. Vale a torcida.

Elle edição outubro. Mas pode chamar de edição pé-vermelha. Isto porque além de Catherine Vecchi, finalista da promoção Quero Ser Capa de *Elle*, a revista que está nas bancas traz na capa outra londrinense, a modelo Michelle Alves, num clic de J.R. Duran.

Finalmente o mês de outubro chegou e a revista estava nas bancas.

"Futura estudante de estilismo, Catherine adora navegar na internet. Tanto que descobriu a promoção pelo site da revista e, mesmo sem esperança de ganhar, se inscreveu. 'Eu nunca ganhei nada, então achei que não conseguiria', conta. 'Essa promoção é puro glamour. Uma oportunidade única. Foi muita sorte estar entre as finalistas. Quero ser a capa, mas se não der, estar na revista já me faz muito feliz', diz Catherine, que adora a modelo Ana Hickmann. 'Ela é a única que consegue ser linda, sexy e uma mulher de negócios bem-sucedida'. Fotos J.R. Duran — Moda Paula Lang e Tina Kugelmas" (*Revista Elle*, outubro/2004).

Vamos dar uma pausa por aqui: **quando eu digo que uma boa comunicação é importante, esse é um exemplo ideal.** Lembro perfeitamente: enquanto as demais participantes e eu estávamos entre as araras de roupas, uma repórter veio nos entrevistar individualmente. Tudo o que ela escreveu seria verdade, se não tivesse omitido o "ATRAVÉS DA INTERNET" na frase: "Eu nunca ganhei nada **ATRAVÉS DA INTERNET**, então achei que não conseguiria".

Ademais, **eu já havia ganhado o Concurso Garota Estudantil 2003** um ano antes e mencionei essa informação à repórter.

A versão que a jornalista imprimiu foi que eu nunca havia tido experiências de vitórias anteriores em concursos, o que é uma inverdade. De resto, tudo estava perfeitamente correto. Ana Hickmann eu via como uma supermodelo, porque mulheres de negócios sempre me chamavam mais atenção do que a concorrência pela "BELEZA" puramente, pois é algo muito subjetivo.

Aliás, meses mais tarde, a apresentadora Eliana usou o mesmo vestido com o qual posei para essa sessão fotográfica, em alguma capa de revista. ¡Quem for muito fã dela provavelmente se lembrará! Depois de nacionalmente ter recebido o aval e a bênção de notáveis profissionais da moda, ¡fiquei realizada! A *Revista Elle* de novembro traria na capa a revelação da participante vitoriosa, a candidata Bárbara Belluco.

CAPÍTULO 8

Londrina, 2004 - Brasil

MISS LONDRINA - O CONCURSO

Fui convidada por um grupo de organizadores do Studio CDI para o concurso Miss Londrina. Aceitei, porque já estava entendendo a dimensão de agregar valor à minha imagem e percebia que essa exposição melhoraria minha visibilidade e promoveria oportunidades, seria como uma projeção pessoal. Agora, sendo honesta e fazendo juízo de valor, a faixa de miss nunca foi um sonho, particularmente no Brasil, pois, na minha visão, as misses não tinham voz ativa, ao menos naquela época, e, ao observar as competições anteriores, era um concurso que não me atraía, até porque o universo de miss é totalmente distante do universo de modelos. Via a participação unicamente como estratégica. Foi nesse concurso que fiz uma grande amiga, que trago na minha vida até hoje, a Daiane Rossi. A família do meu primo Nei saiu de Maringá para me prestigiar em Londrina e a minha irmã mais velha, Carla, que sempre me ajudou desde o início a buscar apoio junto aos patrocinadores, como joias, vestidos, cabeleireiros, maquiadores, esteve comigo também no dia do Concurso de Miss. Foi um dia realmente memorável.

Fiquei entre as cinco finalistas.

CAPÍTULO 9

Janeiro de 2010 a 2016 - Europa e Brasil

VIRADA DE CHAVE NA CARREIRA PROFISSIONAL

Já morava desde meus 21 anos na Europa e tinha pedido demissão do meu cargo de gerente no Restaurante AlterEgo, no bairro de Urquinaona, na cidade de Barcelona, na Espanha, onde atuei por um ano e pouco. Estava trabalhando como freelancer na função de *azafata de imagen*, que são as mesmas funções ocupadas no Brasil por promotoras, recepcionistas, que, na verdade, dão suporte aos demais colaboradores contratados pelos clientes, para realização de eventos, feiras de varejos e negócios, e queria buscar uma recolocação profissional para complementar a renda, apesar de faturar bem na nova função e conhecer melhor os bastidores dos eventos que sempre me atraíram. Inspirada por uma amiga que trabalhava como web designer, a Talita, pedi que ela me ensinasse a usar o software Photoshop, e após aprender e comprar a licença do programa, ofereci meus serviços nas agências de *azafatas* com as quais eu já vinha fazendo *networking* nas agências de modelos e nas agências de publicidade e propaganda.

Um belo dia, de retorno das minhas férias do Brasil, uma das agências de modelos me ligou e marcamos uma reunião. Chegando lá, pensei que iriam me mostrar as referências e o briefing de mais trabalhos para as edições de imagens até que o headhunter veio falar pessoalmente comigo.

—¿Você quer ser MODELO?

E eu disse:

—¿Por que não?

E, de verdade, resolvi investir na carreira e mergulhar nesse mundo novo. Morava na Europa há três anos, e com a cidadania italiana reconhecida pelo vínculo *jus sanguinis*, já com o meu passaporte italiano e minha carteira de identidade italiana em mãos, é claro que tudo ficava mais fácil.

As modelos no Brasil só eram reconhecidas se o mercado internacional desse o aval, e como eu já tinha emancipação geográfica por causa da minha dupla cidadania, não precisaria ficar driblando o tempo de permanência nos países do continente europeu, como muitos dos meus amigos que moravam lá tinham que sucumbir (só de ouvir os relatos para renovar o visto a cada três meses, já sentia o desgaste). Por isso decidi me reinventar para o mundo da moda.

Cerca de quatro meses depois de ter viajado para Istambul, na Turquia, como modelo, pesquisei as melhores agências de moda na Europa. Fui bater, literalmente, na porta de uma das mais renomadas e reconhecidas agências, a Fashion Model Management, de Milão.

Aliás, a primeira barreira que consegui dissolver, de tanto discursar com meus agentes, era o fator etário. Naquela época, eu havia acabado de completar 24 anos, uma idade não muito comum para uma mulher que acabou de ingressar profissionalmente na carreira de modelo.

Meu argumento principal e insistente era o comparativo de uma jovem de 24 anos ainda estar na categoria júnior em algumas empresas no mundo, logo após ter conseguido se graduar em uma universidade, considerada muito nova para conseguir reconhecimento em sua área profissional como pleno, e só depois de longo caminho alcançaria o marco da categoria sênior.

O que eu fazia era levar a pauta para que os meus agentes refletissem e parassem de seguir o mesmo discurso das fórmulas antigas, de diminuir o potencial de uma modelo profissional somente pelo fator etário, pois a minha aparência e estrutura corpórea ainda eram de uma jovem de 18 anos. Consegui transpor essa barreira rapidinho e fiquei muito requisitada no mundo fashion, como modelo comercial. Tive o privilégio de ser bem-aceita pelos padrões internacionais extremamente competitivos e trabalhei emprestando minha imagem para muitas marcas renomadas, como Calzedonia, Boccadamo Gioielli, Márcia Mello, Ricardo Almeida, Le Lis Blanc, Daslu, Guess, Abrams, Ésika Belcorp, entre outras. Fui fotografada por profissionais de destaque, entre eles Fernando Louza, Márcio Amaral, Eduardo Pimenta, J.R. Duran e Jairo Goldflus.

E como são as coisas...

Dei os primeiros passos como modelo por acidente, como é falado no jargão da moda, ainda na adolescência, com um título que me cabia perfeitamente para representar a ética estudantil, a qual sempre prezei. Além disso, esse título também revelava meu tipo de personalidade: modelo estudantil.

Logo depois, quando surgiu a oportunidade da *Revista Elle*, já como aspirante à modelo profissional, anos mais tarde, passei a viajar o mundo e conhecer grandes *players* do mercado internacional da moda. E, de tanto observar, notei um padrão comportamental mundial: não podíamos falar sobre nada que prejudicasse a imagem imaculada de "perfeição" de uma **modelo de sucesso**. Era por isso que eu sentia um vazio existencial, uma insegurança pessoal e, por muitas vezes, achava que não sentir cheiro era um castigo dos deuses, de Deus ou do destino, porque falar do meu problema congênito me prejudicaria. Minha intuição tentava me guiar, mas estava constantemente ocupada com muitos trabalhos na carreira da moda, não olhava nem tinha tempo para olhar para minha questão pessoal da perda olfativa, até porque evitava me conhecer com a "lupa" que eu carregava no meu código genético. E já que muitas pessoas eram meus "narizes", por esse motivo concreto, não percebia que sem os narizes alheios já teria me metido em muitos problemas, como escapes de gás e comidas vencidas, como citado em capítulos anteriores, e eu não me dava conta disso.

O que eu estava vivendo como modelo internacional não era um apelo de marketing midiático para ser famosa e transparecer ser uma modelo "perfeita", até porque eu tinha um conflito interno, amava meu anonimato e, ao mesmo tempo, gostava da carreira. Em contrapartida, nem mesmo os *bookers* (responsáveis por buscar e negociar marcas para modelos) direcionavam-me na carreira com um planejamento desenhado exclusivamente para mim... Fui entendendo a modalidade da carreira pelo caminho das pedras (como diz o jargão popular), que precisaria montar a minha própria equipe, com um time de peso de marketing, jurídico, imprensa, tributário... Naquela época, ainda estava aprendendo... Além do mais, montar um time preparado requereria muito investimento para a projeção pessoal e profissional. Não conhecia nenhum empresário para oferecer meu projeto artístico para que eu fosse patrocinada, por isso, ia trabalhando com o time da mesa de *bookers* das minhas agências, que era sempre mais timidamente planejado e, mesmo assim, consegui trabalhos incríveis, e foi possível criar uma boa reserva de emergência durante os anos, além de grandes amigos que pude fazer no mundo. Durante essa minha época de trabalho, quanto menos uma modelo falasse em um set de filmagens, menos interagisse com o staff de produção, ¡melhor! Em meados de 2015, senti que o mundo estava modificando a sintonia de manter tudo nos bastidores e estávamos adentrando em uma nova ERA, de sermos mais sinceros conosco e com os demais, de maneira pública. Era como se tivéssemos recebido um voucher da liberdade, que nos permitia expressar o que sentíamos, os fatos que vivenciávamos como experiências e o que queríamos mudar dali para a frente.

Entre todos os êxitos em minha carreira internacional, destaco três importantes trabalhos que fiz:

1) Esse trabalho me abriu portas na carreira ainda como *new face*, que é um termo para definir em que estágio a modelo está, e mesmo com minha idade, aos 24 anos na época, eu era nova no mercado da moda. Por isso agradeço à minha agência-mãe, Fashion Model, pela oportunidade. Com esse trabalho, transpus para o título de modelo. Foi o primeiro trabalho de sucesso europeu, em 2010, com a *booker* Nicoletta Strada.

Tive a oportunidade de estrelar a campanha do Grupo Calzedonia, intitulada *Calzedonia Uomo*, ao lado do *top model* Mark Vanderloo fazendo um par romântico, com direção de Tak Kuroha. Além de protagonizar a campanha, seria a primeira ação oficial para a moda masculina dentro da marca e, com isso, fui a primeira mulher estrelando no mundo masculino de Calzedonia. ¡Que honra!

2) O segundo trabalho que destaco aqui ocorreu no Brasil, entre 2012 e 2013. Dessa vez, estrelei sozinha e fui a pioneira da marca do estilista Ricardo Almeida, que decidiu desbravar o universo dos gêneros em sua marca e apostar na moda feminina, criando peças para mulheres especiais, intitulada *For Special Ladies*. O estilista estreou uma campanha nacional feminina. Antes, Ricardo só fazia moda masculina, e já tinha fracassado uma vez ao lado de sua ex-esposa tentando atuar na moda feminina, mesmo ele sendo quem já era. Acho que fui o pé-de-coelho (risos).

3) O terceiro trabalho que destaco, ainda no Brasil, foi para o livro intitulado *Privado*, do fotógrafo Jairo Goldflus. Ele retratou 60 modelos e atrizes brasileiras de renome nacional e internacional, incluindo Shirley Mallmann, Fabiana Semprebom, Carol Trentini, Marcelle Bittar, Raica Oliveira, Mariana Weickert, Fiorella Mattheis, Thaila Ayala, Gianne Albertoni, Catherine Vecchi, entre outras, fotografadas em preto e branco, em um nu artístico.

Ao aceitar o convite para ser fotografada por Jairo, desconhecia que ele estava entrando em seu exílio profissional. Só descobri isso quando visitei o Instagram dele e me deparei com esse depoimento, anos mais tarde. Meu *booker* na época, Alex Dugacsek, havia me telefonado e dito que Jairo estava preparando um livro com as 60 modelos e atrizes brasileiras com maior destaque durante os anos, e teve interesse em que eu fosse uma dessas modelos a fotografar. Se eu aceitasse, marcaria uma reunião no escritório do fotógrafo.

Fiquei honradíssima, pois era fã do trabalho do Jairo. No dia 2 de abril de 2015, às 13h30, durante nossa conversa, ele falou sobre termos apenas três pessoas no decorrer do ensaio e acordamos outros pontos também. O lançamento do livro aconteceu no dia 6 de julho de 2015.

Percebi, já em 2022, quando estava reescrevendo esta nota, que Jairo e eu compartilhávamos do mesmo desconforto com a moda, algo que eu vinha combatendo há anos. Essa conexão se deu antes de a sessão fotográfica acontecer, sem ao menos falarmos a respeito do incômodo que ele citou em 2019. Coincidentemente, meu último trabalho na moda de grande sucesso foi selado no livro *Privado.*

O relato do fotógrafo, postado no dia 15 de agosto de 2019 em seu perfil no Instagram, @jairogoldflusestudio:

> Em 2015, antes do meu exílio profissional, lancei um livro de nus femininos.
>
> Quando comecei a fotografar para esse livro (2014), tinha vontade de resgatar um formato de sessão fotográfica que não existia mais no meu dia a dia profissional.
>
> Comentei em algum post anterior, o incômodo que me causava a superpopulação do estúdio, os eventos que viraram os sets fotográficos e, por fim, a pouca importância que a fotografia estava se transformando como o produto final.

Não iria lutar contra o sistema, ou continuava fazendo, ou parava.

Continuei por um tempo, mas em paralelo criei este projeto que no estúdio só ficavam três pessoas: eu, a modelo e o maquiador.

Era uma regra.[8]

*

Por necessidade, fiz escolhas. Por diversas vezes, tentei convencer os agentes sobre a importância de conceder espaço para uma modelo que nasceu com uma deficiência, enfatizando que não vivemos só de aparência. Como revelei anteriormente, todos me desencorajavam, diziam que essa informação não venderia e me aconselhavam a esquecer essa ideia de revelar a verdade, e isso eu já tinha entendido e aceitado.

Mesmo com tanta resistência por parte dos agentes e por não ter a minha própria equipe de assessoria de imprensa/marketing naquela época dos anos 2010, quando iniciei profissionalmente na carreira e ainda desconhecia as articulações do mercado da moda, outro fator pesava: o meu pouco conteúdo acerca da ANOSMIA. Por isso, pesei a favor da carreira que já me dava um bom retorno financeiro e deixei o assunto de lado. Sabia que sozinha não conseguiria mudar o sistema e, de verdade, nem mesmo eu sabia tanto do assunto quanto sei hoje, para apresentar a relevância com provas cabais e não apenas pelos achismos, que poderiam confundir a mim mesma e aos demais, e até um ruído de comunicação ocorrer, porque uma deficiência é um assunto sério e não podemos dissipar desinformações. Com isso, resolvi considerar o fato de não poder ser "normal", mesmo que parecesse ser por fora. Assim, eu me vesti com coragem, voltei para meu casulo secreto e parei de falar sobre minha incapacidade de sentir cheiros.

---

8 https://www.instagram.com/p/B1L25aygF3j/?igshid=YmMyMTA2M2Y=

Ao todo, morei em seis países: em Trento, na Itália, para reconhecer meu vínculo italiano. Morei em Barcelona, na Espanha. Morei uma temporada em Istambul, na Turquia, onde dei os primeiros passos na carreira de modelo. Depois retornei para Itália, dessa vez para Milão, quando conquistei meus primeiros grandes trabalhos como modelo internacional e fui representada por uma das maiores agências no mundo da moda, como mencionei anteriormente, a Fashion Model. Passei uma temporada em Hamburgo, na Alemanha, outra em Viena, na Áustria e, por fim, uma temporada em Copenhague, na Dinamarca, sempre como modelo. Sou poliglota, falo, escrevo e interpreto os idiomas português, inglês, italiano e espanhol.

Decidi interromper a carreira de modelo em meados de 2016, porque fui percebendo com o tempo que eu não entendia muito de roupa, entendia melhor de gestão de pessoas. Nos bastidores, havia muitas situações que funcionavam e outras que necessitavam de reformas urgentes, principalmente nas questões financeira e contratual. Mas quando íamos, nós, modelos, reivindicar por melhorias na pátria brasileira, vez ou outra éramos vistas como "agressivas", "polêmicas", ou que estávamos sofrendo de "ataque de estrelismo". As agências usavam desses adjetivos artificiais para desabonar a imagem daqueles que exigiam receber os cachês nos termos acordados e os contratos assinados, mas eles, em vez de resolverem os problemas que causavam, criavam novos, tentando imputar aos modelos a culpa, como se rebeldes fossem. E como fofocas são ótimas para desviar o foco do real problema, eles conseguiam. Diferentemente da Europa, onde os pagamentos eram sempre pontuais, mas careciam de entregas contratuais também. Algo sempre me puxava ao Brasil, principalmente, pela minha necessidade em estar próxima da família, já que a profissão exigia demais e eu, morando sozinha, muitas vezes me sentia só. Amo minha terra, minha língua materna e os costumes brasileiros no geral. Novamente, algo sempre me puxava para cá.

Como a profissão de modelo no Brasil não é regulamentada na prática e nem mesmo estava nos moldes celetista, a carreira entrava na categoria de parassubordinação do trabalho frente aos direitos trabalhistas. Não havia, e ainda não há, uma legislação vigente que protegesse essa classe trabalhadora. Em suma, nosso trabalho se enquadrava como autônomo, e não como empregado tradicional. Difícil, ¿né? Por isso, a maioria das agências não temiam os atrasos nos pagamentos e muito menos a falta de entrega contratual por obra. Embora tenhamos a Lei nº 6.533/1978, que dispõe sobre a regulamentação das profissões de Artistas e de Técnico em Espetáculos de Diversões, ela nunca era de fato aplicada. E digo mais: em caso de contestação por parte dos modelos, os gestores aplicavam desde punições leves até as mais severas. Por isso, acovardada, a maioria das pessoas preferia se calar, endossando o ditado "¡manda quem pode e obedece quem tem juízo!".

Alguns colegas e eu, vez ou outra, nos reuníamos para debater esses desafios, ¿mas reclamar com quem? Éramos hipossuficientes diante das relações com as agências. Em resumo, havia uma insegurança social e econômica, porque não tínhamos nenhum vínculo empregatício e previdenciário. E, assim, parei de pontuar as melhorias com os *bookers* das agências e com os gestores (fundadores e sócios), para não sofrer mais represálias e a tal da geladeira.[9] Comecei a conservar o silêncio e fui, aos poucos, recusando os trabalhos na moda.

---

9 O termo *geladeira* no meio artístico é quando os artistas (músicos, modelos, atores, apresentadores etc.) passam a ser boicotados por um período de tempo curto, médio ou longo. Embora muitos dos modelos continuassem a ter suas rotinas parecendo a mesma por frequentar audições nos *castings*, participar de seletivas, ter seus nomes selecionados, nunca fechavam trabalhos. A desculpa era sempre que a agenda daquele modelo estava lotada. Com essa procura maquiada promovida pelos *bookers*, não conseguiam liquidez por um bom tempo. Depois de passado o castigo da geladeira, voltavam a ter seus cachês renegociados e trabalhos ativados. Outros tipos de castigos de geladeira eram os atrasos nos pagamentos de trabalhos já executados, podendo durar meses sem receber.

Procurei por um site de babás, me cadastrei e comecei a exercer essa nova função eventualmente enquanto estudava o que era uma organização não governamental (ONG), como era formada a hierarquia e seus pormenores, desde a concepção até a criação do Estatuto Social e a promoção oficial da ONG. Consegui um acordo comercial e passei a ser amparada por uma assessoria jurídica de grande relevância no mercado nacional na forma *pro bono,* com o escritório do Dr. David Teixeira de Azevedo, em São Paulo. Comecei a desenhar uma nova metodologia do projeto para assegurar os direitos dos modelos no Brasil.

CAPÍTULO 10

São Paulo, abril de 2016 - Brasil

EM BUSCA DE REFERÊNCIAS DE NEGÓCIOS PARA A ONG DOS MODELOS

No início de abril, escrevi em minha agenda de trabalho dois centros que eu gostaria de visitar para me inspirar um pouco nos métodos de negócios para a ONG. O primeiro era um centro de futebol que aceitasse que eu entrevistasse o presidente do clube, pelo simples motivo de que eu gostaria de equiparar modelos aos atletas, que possuíam contratos, salários, benefícios previdenciários, valoração dos contratos na venda e compra de jogadores, entre outros pontos, como acesso a nutricionistas, médicos, massagistas, psicólogos... Pensei que eu poderia também associar uma contrapartida para que os modelos fizessem campanhas publicitárias beneficentes para arrecadar fundos para as pessoas com deficiência no país e promover, em paralelo, inclusão social e de cidadania. Ao mesmo tempo, parte dos recursos angariados seriam revertidos ao pagamento dos funcionários e despesas. Escrevi pedindo para visitar o Instituto Dorina Nowill e estive presente na data e hora marcadas, mas poucas informações consegui colher, porque o gerente do Instituto não estava naquele dia, então não fiz tantos progressos.

De: Silvia Sertório – Fundação Dorina

Para: Catherine Vecchi

Assunto: Visita ao Centro de Memória Dorina Nowill

Prezada Catherine,

Conforme agendamento, sua visita ficou para o dia 5 de maio, às 14h.

Peço por gentileza que preencha a ficha que está em anexo e reenvie, isso facilitará sua entrada no prédio da Fundação.

Qualquer dúvida estou à disposição.

Atenciosamente,

Silvia Sertório
Centro de Memória
Fundação Dorina Nowill

Já com os clubes de futebol, como não conhecia ninguém no meio, foi bem mais difícil qualquer resultado para agendar entrevistas. Fiz inúmeras ligações, sem sucesso.

Até que, seis meses depois, em um certo dia no final de outubro de 2016, algo aconteceu e mudou completamente a minha vida.

CAPÍTULO 11

São Paulo, outubro de 2016 - Brasil

O DESPERTAR DO URSO

Há ditados populares que expressam exatamente algo impactante e nos fazem acreditar que no final tudo dá certo. E esse processo é possível depois que a experiência foi analisada, percebida, refletida, curada e externalizada. Pode ser a operação de rearranjo perfeita no caminhar do curso da vida, que abre espaço para acreditarmos que depois da tempestade, o sol brilhará. E foi assim que aconteceu comigo.

Fazia quatro meses do meu aniversário de 30 anos. O frio estava começando a ficar insuportável naquela época e parecia cortar meus ossos, como nos invernos rigorosos que já havia enfrentado na Escandinávia, mais precisamente na cidade de Copenhague, na Dinamarca, e no extremo norte da Itália, na cidade de Trento. Como morei por anos nessas regiões, minha comparação é fidedigna. Os brasileiros não têm o costume de instalar em suas residências dois dispositivos de extrema importância para a qualidade de vida: aquecedores e detectores de gás e fumaça. Talvez isso se justifique por acreditarem que o investimento de instalar um aquecedor residencial não valha a pena, pois são poucos os meses de frio, e não refletem a respeito da importância dos detectores de gás e fumaça, porque a maioria da população nasce com olfato normal.

Por falta de divulgação e incentivo, mesmo eu sendo anósmica, não refletia acerca dessas temáticas no Brasil. Para ajudar a suportar o clima, existe ainda o ar-condicionado com função quente e frio, que também é uma ótima opção. Nos locais onde morei na Europa, todos os apartamentos possuíam aquecedores internos, conhecidos como *calefator*, e algumas propriedades mais modernas também tinham aquecedores no piso. Quanto aos detectores de gás e fumaça, estavam presentes em todas as residências e, por isso, não havia nada com o que me preocupar por lá.

No Brasil, nessa época, morava sozinha em um apartamento em São Paulo. Tinha um urso de pelúcia que me confortava e não deixava eu me sentir tão solitária, já que vivia viajando por causa do trabalho. Estava constantemente fora do meu ninho, passava muito tempo em aeroportos, hotéis, sets de filmagens fotografando e atuando; convivia com muitas pessoas diferentes todos os dias, com equipes diversas e, quando chegava em casa, gostava da companhia do meu urso e, vez ou outra, agarrava-me a ele para dormir. Agora contarei a você a saga do urso para contextualizá-lo à história.

O urso representou uma conquista pessoal e profissional. Eu o adquiri em um showroom de uma marca famosa de boutique, a Daslu, para a qual trabalhava há alguns anos. Nessa empresa, inicialmente atuei como modelo de prova de roupa e depois cheguei a ser convidada para estrelar catálogos, editoriais e até uma supercampanha nacional do Dia dos Namorados, chamada de *Rock me Baby*. No segundo trabalho como modelo de prova, fui convidada a participar do bazar da marca, com local e horário marcados, apenas para funcionários convidados. As peças eram oferecidas após conferência, e algumas delas eram descartadas por causa de avarias. Em algumas, imperceptíveis, mas em outras, nem tanto assim. Até que me deparei com os ursos de pelúcia na exposição e, tão logo os notei, agarrei-os, conferi as pelúcias e percebi que elas estavam intactas. Bom, o motivo da conquista pessoal é que na primeira vez que trabalhei para a marca, logo de imediato me apaixonei pela pelúcia, e eles não vendiam para o B2C (consumidor final), pois era o mascote da empresa e não poderia ser comercializado. Já a conquista profissional a que me refiro está no fato de que apenas pessoas convidadas podiam comparecer e participar do showroom interno, e o nicho era fechado aos trabalhadores fixos da empresa. Obviamente, foi um voto de confiança e respeito pelo meu trabalho como modelo, bem como uma forma de basicamente dizer "aceitamos você como parte da empresa", e me senti muito especial. Foi assim que consegui comprar os ursos de pelúcia, que eram um desejo pessoal antigo. Levei-os comigo para passear pelo stand, encontrei algumas colegas e, juntas, fizemos compras. A partir dessa ocasião, o urso tinha um local cativo e aquele lugarzinho especial em minha vida.

O segundo ursinho branquinho comprei para presentear minha sobrinha, Marie, que tinha poucos meses de vida.

Explicado o caso dos ursos, voltemos para o dia em que tudo mudou na minha vida e, por isso, comecei a escrever este livro e a investir na causa das pessoas com deficiência.

Em uma das minhas viagens, comecei a pesquisar aquecedores elétricos e portáteis, e defini qual modelo adquiriria assim que chegasse à capital porque, nessa época, pelo menos, eu não tinha muito o costume de fazer compras online. De retorno, passei em uma loja perto de casa e comprei um equipamento de pequeno porte. Fui pessoalmente à loja, porque queria algum aparelho que também fosse leve. Comprei e voltei para casa, animada para ligá-lo. Naquele mesmo momento, pensei em como poderia ter ficado tanto tempo sem um aquecedor e em como sofri à toa por passar frio quando o preço do investimento era irrelevante em relação às vantagens, além de o consumo de energia elétrica ser baixo.

Quase vinte dias depois de comprar o aparelho, cheguei em casa exausta, comi alguma coisa, tomei uma ducha, liguei o aquecedor elétrico, deixei meu urso na cadeira, deitei-me e me cobri com o edredom. Quando meu quarto já estava aquecido e aconchegante, peguei no sono.

Na madrugada, acordei com sensação de fadiga mental e parecia que estava desidratada... minha cabeça doía muito e tive a sensação de que meu cérebro estava fritando, ressecado e prestes a explodir, tamanha dor. Tive dificuldade para respirar, sentia como se minhas vias respiratórias estivessem ressecadas e notei que algo estava anormal. Comecei a tossir seco e meu coração ficou tão acelerado que parecia querer escapar do corpo. Despertei assustada, ainda tentando entender se aquilo era um sonho, e percebi que o que estava acontecendo era na verdade um pesadelo da vida real. A dificuldade respiratória ficava cada vez mais extrema e entrei em um estado de sufocamento alarmante. A sensação era tão forte que, ao tentar abrir meus olhos, eles começaram a arder. Fiquei em estado de choque, mas não paralisada. Agi rapidamente, e nem sei como tive forças para tentar entender o que estava se passando por ali. Instantaneamente, ao sair da cama, caí tonta e, tateando o chão, consegui alcançar o trinco e abrir a porta. Quando ela estava completamente aberta, o corredor, que ficava iluminado, revelou uma fumaça conglomerada e escura, que vinha diretamente de dentro do meu quarto. O corredor estava sendo tomado de forma muito rápida. No ato, a voz da minha mãe ecoou na minha lembrança:

— ¡Catherine, não acenda a luz, pode explodir!

Foi o tempo certeiro para que a minha memória adormecida fosse reprogramada e eu usasse os ensinamentos passados para aplicar na minha experiência da história contada no Capítulo 3.

Em questão de segundos, o desespero deu lugar ao instinto de sobrevivência e, para agir de forma mais sensata naquela situação de perigo, medo, fuga e ação, obedeci ao comando materno e não toquei o interruptor. Consegui ir até o banheiro, peguei uma toalha e, assim que voltei, fechei a porta do meu quarto para não deixar que a fumaça escapasse ainda mais para toda a casa e protegi meu nariz e minha boca. Mesmo com baixa taxa de oxigênio em meu corpo, controlei meu coração, pois não podia deixar que a situação de perigo iminente de pré-incêndio se tornasse um incêndio e arriscasse tanto a minha vida quanto a das outras pessoas do prédio. Precisava conter o caos, evitar danos ao apartamento e aos imóveis vizinhos e lutar pela minha própria sobrevivência.

Enquanto voltava engatinhando para o quarto, aos poucos retomei a consciência e traduzi tudo em poucos segundos. Acabava de passar por uma experiência de quase morte. Tive a oportunidade de sobreviver e, para mim, só tinha uma explicação: **milagre divino**. Aquele sentimento de sobrevivência me deu forças imediatamente, mas ainda não sabia o que estava acontecendo, de onde vinha a fumaça. Era madrugada, não podia acender as luzes, e a única solução era abrir a janela para descobrir o foco do que estava provocando a fumaça. De repente, tropecei e chutei alguma coisa no meio do breu e verifiquei que era meu urso de pelúcia.

Quando o chutei, vi as luzes incandescentes do aquecedor, que voltaram a refletir o ambiente turvo, e descobri de onde vinha a fumaça. Arranquei-o do chão e o puxei para mim. Por sorte, o aparelho era de boa procedência, da marca Ventisol, e havia passado no teste de qualidade, pois não explodiu, o que poderia culminar em um incêndio. Extenuada, consegui colocar na janela o urso com a parte que estava em brasas, voltado para o lado de fora. Deixei ali, apoiado no beiral, e enfiei meu rosto para fora, no vento frio, e consegui respirar adequadamente, por fim.

Enquanto a fumaça passava por mim, consegui observar que a pelúcia estava com uma marca de queimado com mais de 15 cm, e isso significa muita coisa e muitos minutos inalando aos poucos aquele monóxido de carbono.

A fumaça do quarto ia se dispersando no ar frio da rua e, pelas luzes acesas dos postes, eu, assustada, a observava, esvaindo-se, assim como meus pensamentos, que foram longe... Agradeci por estar viva. Tinha certeza de que o manto de Maria estava me cobrindo lá dentro. As estatísticas de pessoas que enfrentam pré-incêndios não são as melhores. Quando notei que transpus os números das vítimas que vieram a óbito, passei a levar o caso ainda mais a sério, pois até hoje, de acordo com unidades do Corpo de Bombeiros, não há relatos de vítimas fatais provenientes de intoxicação com gás cianeto, com poliuretano ou por outros gases, em que as vítimas que inalaram fumaças tóxicas tivessem algum distúrbio olfativo, haja vista que nunca mencionaram a perda do olfato nas reportagens. A maioria da sociedade pré-pandemia sequer sabia da possibilidade de existirem pessoas que não sentiam cheiro. Em raras exceções, mencionavam a diminuição comum do olfato e do paladar em enfermidades, como as gripais, mas nada permanentemente, visto que, após uma gripe, as células ciliares são regeneráveis, ou seja, voltam a se desenvolver, e o olfato e o paladar voltam a ser como eram antes do contágio.

Foi então que parei de pensar no acidente doméstico, enquanto estava com a cabeça para fora da janela respirando o vento frio, e em pensamento me dei um comando:

"Pegue uma toalha nova, um par de roupas, e vá ao banheiro. Ligue o chuveiro na água quente e inale as moléculas do vapor da água devagar, estilo uma nebulização caseira. Depois, inale bem para evitar que aconteçam lesões permanentes nas vias respiratórias." Não conseguia parar de tentar montar o quebra-cabeça, procurando justificativas para o que acabara de acontecer. Obedeci a minha consciência e prossegui. Passei o resto da madrugada acordada, meu trato respiratório estava voltando ao normal, bebi muita água e tomei um comprimido para dor de cabeça. Não procurei nenhum hospital, porque senti que estava me restabelecendo. Estava tão exausta que dormi pelo resto do dia, no sofá da sala. No dia seguinte, meu corpo finalmente estava voltando ao normal.

Moral da história: como explicitei, por um verdadeiro milagre operado no meu caso, não senti a necessidade de realizar o exame de broncoscopia, pois senti que não havia qualquer lesão inalatória devido à exposição à fumaça que enfrentei no meu quarto. Cheguei a pesquisar se seria possível descobrir com rapidez qual doença eu tinha, mas continuava com medo de enfrentar um diagnóstico clínico preciso. Comecei a pensar nos dispositivos de tecnologia assistiva,[10] que, no meu caso, são os detectores de gás e fumaça; sprinklers; pictogramas sinalizando "perigo", como exposição de químicos em ambientes insalubres. Essas tecnologias são, de fato, imprescindíveis. Até o acidente acontecer, nunca tinha pensado em instalar um desses detectores, do básico ao mais tecnológico, no meu quarto, por exemplo. Concluí que eles são de extrema importância para quem sente cheiros e para quem não sente, pois poderia ter evitado todo aquele transtorno que vivi.

Pensando por outras perspectivas, fiquei com uma incógnita: ¿e se a pessoa na minha situação fosse um bebê? ¿Uma criança? ¿Um idoso? ¿Será que teriam conseguido escapar ilesos também? ¿Mesmo se o menor fosse alguém que sentisse cheiro, ele conseguiria chorar por socorro, fugir, agir?

Sem sombra de dúvida, a ignorância do medo incrustado durante anos em minha personalidade imatura para esse assunto, medo que, mesmo legítimo, não me fazia evoluir em alguns pontos da minha vida. Ali, após o trauma que sofri, com o choque emocional gravado para sempre em minha memória, iniciei uma reprogramação mental para desafrouxar o nó que criei em minhas emoções mais íntimas.

Não ficaria mais congelada e engessada durante tantos anos para descobrir a verdade sobre mim mesma. Era questão de sobrevivência, queria saber quem eu era e não queria mais fingir não me preocupar. Agora era outro cenário, precisava mudar minha percepção com urgência e minhas crenças limitantes precisavam ser recicladas.

---

10 BRASIL. *Decreto nº 10.645, de 11 de março de 2021*. Regulamenta o art. 75 da Lei nº 13.146, de 6 de julho de 2015, para dispor sobre as diretrizes, os objetivos e os eixos do Plano Nacional de Tecnologia Assistiva. Diário Oficial da União: seção 1, Brasília, DF, ano 158, n. 48, p. 3, 12 mar. 2021. Disponível em: https://www.planalto.gov.br/ccivil_03/_ato2019-2022/2021/decreto/d10645.htm. Acesso em: 6 maio 2025.

Foi um processo que marcou uma transformação radical e que elenco na sequência:

1) Parei de me comparar com outras pessoas em sua natureza humana.
2) Parei de me comparar com pessoas que poderiam exercer profissões que eu jamais poderei.
3) Descobri a beleza de ser imperfeita, comecei a me amar e me aceitei com minha essência tão única.
4) Comecei um processo de autoconhecimento para ter coragem de ir ao médico receber meu diagnóstico clínico.
5) Instalei por conta própria o detector de gás e fumaça no meu dormitório.
6) Constatei que, naquele momento, qualquer outra pessoa com qualquer outra deficiência, senão a do sentido do olfato, teria escapado ainda no início, quando o cheiro começou a alardear. Vale lembrar de que o inverso também é verdade: mesmo essas pessoas com outro(s) tipo(s) de deficiência(s), e aquelas sem deficiências, que sentem cheiros, podem ter suas faculdades sensoriais diminuídas quando estão dormindo, ou, até mesmo, quando estão concentradas em outras atividades, podendo não ouvir certos sons, não sentir certos cheiros, não ver certas coisas ao redor... Faculdades sensoriais, como o próprio nome já diz, são as faculdades dos cinco sentidos humanos (olfato, tato, paladar, audição e visão), e o tema foi mencionado pela neurocientista Rachel Herz no seu livro *The Scent of Desire*, no qual ela explica o que acabei de expor.

Para refletir, seguem alguns exemplos de como as faculdades sensoriais se comportam:

- ¿Quantas vezes pessoas deixam os alimentos queimarem no fogão ou forno quando estão distraídas, mesmo sentindo os cheiros?

- ¿Quantas vezes pessoas ingerem alimentos vencidos, e algumas chegam a contrair uma intoxicação alimentar, mesmo possuindo os sentidos do olfato, paladar e tato preservados?
- ¿Quantas vezes batemos nosso dedo na quina de um móvel, mesmo enxergando-o previamente ali?
- ¿Quantas vezes pessoas já sofreram acidentes de carro, mesmo tendo todos os sentidos?

E a explicação para isso é a mais simples possível: naqueles momentos de distrações, as faculdades sensoriais estavam diminuídas. Pode acontecer com qualquer pessoa, independentemente se possui ou não deficiência. Por isso aconselho: instalem por conta própria um dispositivo de detecção de gás e fumaça em seu dormitório, mesmo que haja uma LEI O OBRIGANDO A CUMPRIR A RIGOR, instale para sua segurança pessoal, para a segurança, porventura, de seus entes queridos, e se isso não for argumento suficiente, então instale para salvar seu imóvel, ¡mas instale!

CAPÍTULO 12

São Paulo, março de 2017 - Brasil

¿SERVE A ANOSMIA?

Frequento aeroportos desde os 16 anos, tenho familiaridade com os procedimentos de viagem e, por isso, considero tão importante fazer este relato. Era o começo de 2017 e já estava afastada do meio artístico para me conectar melhor comigo mesma e consolidar meu legado de vida juntamente com a causa dos direitos dos modelos para a regulamentação da ONG. Havia descoberto meu propósito, e queria atuar de forma mais positiva, usando minha voz ativa para contribuir com soluções para problemas que afligem a população no circuito da moda, agindo com o melhor que eu pudesse fazer, independentemente de me considerar porta-voz da causa dos modelos no Brasil, em um plano geral, exercendo a minha cidadania. Usei meu pouco tempo livre para viajar pelo Brasil e pelo exterior. Em uma das viagens em solo nacional, fui até o aeroporto de Congonhas, em São Paulo, com destino a Curitiba. Levava comigo uma bagagem para despachar na companhia aérea e fiquei alguns bons minutos na fila.

Avistei uma das máquinas da companhia aérea utilizadas para realizar o check-in sendo desocupada. Enquanto a impressão do bilhete alheio era finalizada, olhei com atenção para o meu voucher e verifiquei que o agente de viagens não havia anexado a bagagem para despacho. Fiquei aflita naquele momento e continuei aguardando o totem. Chegada a minha vez, na tela touchscreen havia duas opções de pagamento: uma delas era por meio do parcelamento com cartão de crédito (em não sei quantas vezes), e a outra, com um desconto no pagamento à vista com o cartão de crédito.

¡Ora, bolas, não pode ser! ¿Só era possível fazer o pagamento utilizando cartão de crédito? Abordei uma funcionária, expliquei a ela a situação, perguntei-lhe como deveria agir caso optasse pelo pagamento no cartão de débito. Ela disse que eu deveria ir até o balcão da companhia aérea e pagar pela bagagem avulsa. Percebi que, pagando à vista, com o cartão de crédito, o valor cairia pela metade. Eu evito ao máximo pagar contas com o crédito, e ao olhar minha carteira, estava portando apenas o cartão de débito e dinheiro, o que me deixou com muita raiva. Em 2017, ainda nem tinha o *wallet* no celular com o cartão de crédito/débito virtual. A funcionária me avisou que a máquina não aceitava cartão de débito e que deveria pagar a tarifa cheia com o cartão de débito ou em dinheiro.

Fiquei claramente aborrecida com aquilo e questionei novamente a funcionária sobre o porquê de a empresa adotar aquela diferença na cobrança de tarifa. Por coincidência, uma senhora que estava na máquina ao lado ouviu minha conversa e, por apresentar o mesmo problema, chamou a funcionária para reivindicar os direitos de igualdade na tarifa da compra, que deveria ser feita sem discriminar a forma do pagamento, afinal, todos os meios de pagamento eram válidos.

A funcionária disse que nada poderia fazer e que a solução era ir até o balcão e pagar a tarifa cheia mesmo. Ela não tinha culpa das regras abusivas da empresa, foi simpática, e nos despedimos, mesmo sem resolver meu problema. Aliás, o nosso problema.

A senhora e eu seguimos juntas até o balcão de compras. Entramos na mesma fila, ela por ser idosa, e eu por ser uma pessoa com deficiência sensorial permanente. Até então, tudo corria bem, enquanto aguardava para ser atendida e receber uma informação no balcão.

Estava escrevendo uma mensagem de texto no meu celular para o agente de viagem, pedindo que ele atentasse às condições da companhia da próxima vez. Uma senhora apressada e estressada com um crachá de fita vermelha pendurado no pescoço, já abrindo a faixa divisória, veio em minha direção e, pasmem, aos berros, olhando fixamente para mim, muito afobada e grosseira, disse:

— Você não pode estar aí, moça. Retire-se agora mesmo e vá para a outra fila. Essa é a fila preferencial para pessoas com deficiência, idosos e gestantes, é a fila de prioridades por lei.

Todas as pessoas das outras filas olharam assustadas e algumas debochavam da situação. Foi então que me virei para ela e respondi, em tom de ironia:

— **¿Serve a anosmia?**

Imediatamente, a senhora percebeu a indelicadeza que havia acabado de cometer comigo e, com o tom de voz baixo, quase sussurrando, voltou a fita de segurança ao lugar e pediu desculpas (mas nessa hora quase ninguém ouviu).

Ela deu as costas e foi em direção ao balcão de compras onde estava aguardando para ser atendida. Percebi que falava com um funcionário e apontava em minha direção. Somos humanos passíveis de erros, isso é verdade, mas uma pessoa em local de trabalho deveria estar com o treinamento em dia.

Se como pessoa civil ela não consegue ser educada, é uma escolha ruim dela mesma e ela e as pessoas ao seu redor irão sofrer. Já no trabalho, esse requisito da educação é obrigatório, sobretudo por exercer a função de zelar, respeitar e ajudar a resolver problemas, evitando desgastes e conflitos com os demais funcionários, hierárquicos e clientes. O que ela provocou foi confusão, ao não me perguntar educadamente qual era o real motivo de estar na fila de prioridade por lei. Não somente eu, mas a maioria das outras pessoas ficaram desconfortáveis.

Quando foi a minha vez de ser atendida, recebi um ticket para efetuar o pagamento. Notei que o valor era de 50%, o mesmo que a máquina de totem dava no direito em parcela única da tarifa operada pelo cartão de crédito. Ainda não existia a Lei Federal nº 13.455/2017[11] e, por isso, a companhia teve que praticar o mesmo valor ofertado pela máquina do totem. Então, entendi que aquela tinha sido a forma de a funcionária se retratar por ter me abordado daquela forma.

11 https://www.planalto.gov.br/ccivil_03/_Ato2015-2018/2017/Lei/L13455.htm

Moral da história: conheça seus direitos, usufrua deles, use-os a seu favor e a favor da sociedade. ¡Respeite-se e respeite os demais! Se existe uma dúvida, aproxime-se com cautela e questione cordialmente. ¡Nunca inflame a situação! Nesse episódio que passei, ambas estávamos erradas. A funcionária, por não chegar com respeito, teve uma atitude reprovável e, mesmo com dúvida, deveria conversar em tom vocal baixo e cordial, requerer um documento, laudo médico, sequenciamento genético ou qualquer outro instrumento que comprovasse a minha permanência na fila de prioridades.

Eu estava errada porque em 2017 eu ainda não tinha passado por nenhuma consulta médica e não possuía nenhum laudo médico, nem o meu sequenciamento genético que comprovasse a minha doença rara da hipoplasia dos bulbos olfatórios, que culminou na minha deficiência sensorial olfativa. Nem mesmo uma Carteira de Identidade Nacional que comprovasse. Ou seja, mesmo que somente eu soubesse que a anosmia era uma deficiência, eu precisava de provas cabais para comprová-la a terceiros e, portanto, sem um documento em mãos, eu não poderia estar na fila, de fato. Qualquer funcionário deve exigir comprovação documental, sempre com o devido respeito. Há quem diga que solicitar a comprovação documental é "capacitismo",[12] mas estão errados. Não é nenhuma ofensa funcionários e até mesmo os cidadãos exigirem a documentação da pessoa que está na fila de prioridade por lei. É direito constitucional de qualquer pessoa fiscalizar a comunidade e seus pares, exigir comprovação técnica, e a pessoa com deficiência, em hipótese alguma, deve se sentir ofendida

12 Capacitismo refere-se à discriminação e ao preconceito dirigidos a pessoas com deficiência, sustentados por uma visão equivocada de inferioridade ou menor capacidade desses indivíduos em relação aos demais. Embora o Brasil conte com legislações que promovem a inclusão e a igualdade, como a Constituição Federal de 1988 e a Lei Brasileira de Inclusão (Lei nº 13.146/2015), o capacitismo ainda não é tipificado como crime em legislação específica. Fonte: BRASIL ESCOLA. Capacitismo. *Brasil Escola*, s.d. Disponível em: https://brasilescola.uol.com.br/sociologia/capacitismo.htm. Acesso em: 6 maio 2025.

ou se negar a prestar os devidos esclarecimentos, haja vista que todos os civis possuem direitos e deveres de forma equânime a cumprir.

CAPÍTULO 13

São Paulo, abril a junho de 2017 - Brasil

TEMPO SABÁTICO - O INÍCIO

Mesmo posteriormente ao acidente doméstico relatado no Capítulo 11, já havia passado mais um semestre e continuei dedicando ainda alguns meses para a execução do projeto da ONG. Por fim, havia finalizado o questionário com perguntas de múltipla escolha e abertas, para que os modelos pudessem dissertar. Nem todas as perguntas eram obrigatórias, e concedi 60 dias para que os modelos compilassem e devolvessem até o dia 1º de junho.

Às vezes, cremos que estamos indo em uma direção correta, assim como pensei que estivesse...

Em junho, fui ao escritório do Dr. David Teixeira de Azevedo e mostrei os poucos questionários respondidos ao Dr. Sandro, quem mais me acompanhava nessa pauta. Infelizmente, ele disse que, com a baixa adesão, não poderíamos dar continuidade. Precisávamos de mais pessoas do que os baixos 10% de adesão dos modelos, porque, dessa forma, ficaria insustentável darmos continuidade para as próximas etapas que seriam as rodadas de negócios para a captação do aporte financeiro junto aos empresários interessados. Explicou-me a importância e a serventia do questionário, para metrificar, qualificar e quantificar a participação da classe de modelos com os descontentamentos, e criação de novas metodologias para resolvermos os conflitos e acrescentar benefícios. Eram necessários esses elementos para que o projeto, ainda na fase da concepção, fosse viabilizado.

Decepcionada, não pude me conter e chorei na frente dele. Meses perdidos, dinheiro próprio investido e ido para o ralo, mas nada pagava a minha decepção de uma multidão que reclamava, mas se acovardava e, intimidada, nada fazia. Fiquei revoltada como uma classe de adultos não conseguia entender o poder da regulamentação da profissão. Dessa maneira, pela classe ser totalmente desunida, o projeto da ONG foi suspenso por prazo indefinido. ¡Lastimável!

Tive o ímpeto de interromper minha agenda e repensar minha vida, e me dediquei a um tempo sabático.

Decidi, vou dar um tempo e levantar o meu astral, meu instinto agora diz que olhar para cima é o canal...

Vou parar, meu ego diz, se assim quiser ser feliz;

Bye, bye, me toquei e decidi;

Bye, bye, demorei, mas aprendi;

Bye, bye, só vou amar de novo assim, se alguém demonstrar o mesmo amor por mim.

Música de Sandy e Junior, intitulada “Bye Bye”, do álbum *As Quatro Estações*, ¡e foi isso que eu fiz!

Fui comemorar o meu aniversário de 31 anos na companhia dos meus pais. Bons ouvintes, orientaram-me a voltar a morar com eles e me convenceram a cursar Direito. Já que estava inclinada com a criação de uma ONG para resguardar os direitos dos modelos no Brasil, isso poderia agregar valor posteriormente. Como eles me conhecem, sabiam que eu não desistiria de fazer acontecer aquela ONG, a não ser por motivos excepcionais, pois já havia dado muitos passos importantes. Passado o aniversário e as miniférias, retornei para a capital paulistana, organizei a mudança e compromissos que necessitavam do meu aval presencial, e quando estava tudo organizado, voltei com a minha mudança para a casa oficial dos meus pais.

CAPÍTULO 14

Primavera do Leste, julho de 2017 - Brasil

MUDANÇA DE PLANOS PROFISSIONAIS - RESILIÊNCIA

Por coincidência, estava rolando a época para vestibular, e lá fui eu voltar para um centro acadêmico: ingressei no curso de Direito, em uma turma que já estava em curso. Já nos primeiros dias de aula, só fui observando, não falei nada para ninguém dos meus objetivos e fiz questão de não interagir com ninguém, nem mesmo durante os intervalos. Chegava e saía calada. Minha intenção era me distanciar para observar tudo que eu podia, de forma imparcial.

Nesse meio tempo, todos os dias durante esse meu voto de silêncio, mediada por minhas experiências de vida, iniciei minhas observações em questões sanitárias. Quando chegava ao banheiro, já estavam sujos logo às 7h: papel higiênico transbordando para fora dos lixos, algumas das portas arrebentadas, porta-sabões quebrados, algumas torneiras sem funcionamento, espelhos com trincas e o piso então, nem se fala, zero assepsia. Ficava imaginando o fedor daquilo e a falta de responsabilidade por parte da instituição de ensino privada em sua direta negligência sanitária para com a vida das pessoas que deixavam mais do que um salário mínimo por mês ali e, também, imaginando que os discentes dos cursos noturnos tinham culpa diante daquele cenário caótico. Já o vandalismo, de ambas as turmas, diurnas e noturnas, ¡algo deprimente! Uma sociedade inversa à sociedade civil e organizada. Se aceitam uma instituição assim, se agem assim, vandalizando o patrimônio em que convivem, bons profissionais não seriam, tinha essa certeza. Era um claro indicativo.

No oitavo dia, eu abri a boca para falar. Direcionei-me à coordenação e reportei o que havia observado, além das paredes sujas, dentro e fora da minha classe e das demais, que também observei, bem como as carteiras sujas e algumas já depredadas. Garantiram-me que iam tomar providências e eu acreditei. No nono dia, a mesma cena permaneceu. No décimo, igual, e fui novamente reportar a queixa, e novamente, prometeram tomar providências. Todos os dias eu ia no meu intervalo reportar as situações e nada faziam. Pensava comigo: "¿depois falam mal dos políticos?". Eles são os políticos daquela instituição anarquista, zero senso de justiça por parte da gestão da reitoria. Só na minha classe, eram mais de 40 mil reais por mês destinados à instituição de ensino que, pelo visto, estava dando péssimos exemplos de gestão e de como não se organizar numa pequena democracia, o campus universitário. Um centro onde se ensina educação manter tamanha hipocrisia e sandice não faz sentido algum.

Certo dia, um trabalho de classe foi aplicado individualmente por uma docente de Direito Tributário. Tardei alguns dias para fazer as pesquisas e formular uma petição inicial, e cheguei a contatar profissionais atuantes no mercado, até mesmo o Dr. Sandro, advogado criminalista, que estava me orientando juridicamente com a ONG. No dia da entrega do trabalho, a professora estava conversando qualquer coisa aleatória e rindo, enquanto recolhia os trabalhos dos alunos, que saíam dos seus lugares e lhe entregavam. Entreguei 15 páginas da petição inicial, com capa e minha tese, e continuei observando os alunos, dessa vez, na qualidade de seus serviços confeccionados, que refletem a própria personalidade. Alguns entregavam pouquíssimas folhas, outros me pareceram ok, e um aluno em específico entregou apenas uma folha de caderno, arrancada ainda com as bordas, sem mesmo ter tido o cuidado de recortá-las e, para o meu desagradável espanto, a professora ACEITOU numa boa.

Ali, no meu silêncio, constatei que estava num estado constante de observação e descontentamento, e notei que cerca dos 70% dos alunos presentes na classe tinha quase nenhuma qualidade de serviço. Porém, a qualidade de ensino daquela professora seria meu maior problema ali.

Aquilo me acendeu o sinal vermelho diante da qualidade de ensino que viria adiante. Passados mais alguns dias, continuava reportando a falta de higienização e negligência da instituição e que nada faziam. Dado dia, chegando à aula, um professor da área do Direito Penal, enquanto explicava uma situação, olhou para mim e em voz alta me apontou como exemplo de boa cidadã. Continuei a ouvir, em silêncio, o que seria. Para a minha surpresa, disse que eu era um ótimo caso para ser apontado, pois além de ter sido modelo de sucesso, estava naquela sala de universitários uma década mais jovens do que eu por uma causa nobre, estava montando uma ONG em defesa dos direitos dos modelos no país. Perguntei como ele sabia daquela informação e ele me revelou a fonte, confirmando que conhecia o meu pai e que ele tinha lhe contado. Mediante a fonte revelada e as informações terem sido passadas por ele de forma integral, sem invencionices, confirmei a veracidade dos fatos. A turma então começou a cochichar e o professor pediu que eu falasse algo a respeito. Explanei em algumas poucas palavras e me calei novamente.

Enquanto isso, após cerca de 25 dias, durante os intervalos, indo na sala da coordenação, decidi parar e observar se eles se conscientizavam por si só. Nesse meio-tempo, durante uma das aulas, uma professora perguntou por que ainda não havíamos votado em um líder de classe e nos orientou de que deveríamos apresentar o(a) eleito(a) ainda naquela semana, relatando que estava espantada pela classe não ter tido essa atitude antes. Eu continuei calada, só observando. Entre vozes e mais vozes, em meio a algumas candidaturas próprias e voluntárias, falavam entre si e, de repente, ouvi o meu nome, Catherine, soar na boca de alguém. Mesmo assim, eu continuei calada.

Foi então que a classe voltou os olhos para mim e a maioria me perguntou se eu aceitaria ser a líder de classe, ¡e pela maioria, eu me pronunciei! Continuei sentada, fiz questão de me manter na informalidade, para não parecer arrogante. Girei o meu corpo para o centro do debate e externei que o meu aceite só se daria mediante exigências que eu fosse formular, e que todos deveriam assinar um termo de compromisso,[13] que

13 O termo de compromisso é um instrumento jurídico que formaliza o acordo de vontades entre duas ou mais partes, onde uma ou ambas se comprometem a cumprir determinadas obrigações ou responsabilidades. Ele **estabelece regras e condições claras para a execução de um acordo**, podendo ser utilizado em diversas situações, como acordos de confidencialidade, compromissos de pagamento, de prazos de entrega, entre outros. Tanto o **contrato** quanto o **termo de compromisso** são instrumentos jurídicos que formalizam um acordo entre as partes.
Fonte: https://www.aurum.com.br/

eu viria a produzir. Disse ainda que, somente após terem lido, abriria ao debate se houvesse questionamentos, e então poderíamos reajustar os termos e assinaríamos. Em caso positivo, eu ocuparia o cargo. Então dei alguns poucos exemplos para sentir a temperatura da qualidade moral de senso de justiça da classe, e expliquei porque seria importante manter tais formalidades, justamente para prepará-los para o mercado de trabalho e, consequentemente, serem melhores pessoas em comunidade.

Um dos exemplos foi que todas as notificações oficiais seriam encaminhadas via e-mail, e não por conversas no *WhatsApp*, e já começaram a resistir. Expliquei que eu teria mais três assistentes, escolhidos por uma entrevista comigo, e já começaram a declinar. Outra exigência foi manter a classe em ordem no decorrer das atividades escolares e que limpássemos as paredes e carteiras sujas durante o final de semana, com a permissão da diretoria, e não gostaram. Entre contestações e outros argumentos partindo contrários, queriam que eu facilitasse a vida deles sendo menos exigente. Reafirmei minha posição e eles aceitaram verbalmente minha liderança, mesmo alguns contrários diante das exigências. Foi então que eu disse que, diante daquela situação, minha primeira exigência enquanto eu fosse confeccionar os termos contratuais seria termos três dias de Minerva para que nem eu e nem eles tomássemos uma atitude precipitada. Ainda acrescentei que os demais candidatos preparassem os seus materiais para apresentarem formalmente suas candidaturas. Verbalmente, todos concordaram. Naquele dia, quando retornei à casa dos meus pais, não pensei em nada disso e fui estudar a matéria que tinha que entregar no dia seguinte.

Quando observei que uma questão no material no Ambiente Virtual de Aprendizagem (AVA) estava com o enunciado ambíguo e, por isso, nas alternativas de múltipla escolha caberiam facilmente duas corretas, tomei nota para reportar à professora que ordenasse a correção da questão no sistema. Quando chegou o momento da aula, a professora começou a corrigir as perguntas e, chegando nessa, ninguém falou nada. Eu pensei em não falar também, porque, geralmente, quando eu era a primeira a falar, sofria represálias. De repente, entre meu próprio questionamento interno de não deixar aquele fato passar, um rapaz, que tinha mais ou menos a mesma idade que a minha e uma deficiência visual bilateral permanente, utilizando do seu computador adaptado com tecnologia assistiva, antecipou a professora e falou que a questão estava errada.

Refleti: ainda bem que me calei, assim pude saber quem também havia notado o erro do enunciado. Percebi que ali na classe, após ele ter anunciado o engano no sistema educacional, ninguém mais tinha observado esse grande detalhe e me choquei, pensei: — ¿Duas pessoas, entre mais de 30 alunos, os únicos com deficiências permanentes aqui dentro, eram os que notaram o erro?

Aquilo chamou a minha atenção e comecei a refletir calada. Voltei para casa e nada falei. Ponderei e fui pedir conselhos para os meus pais, e eles novamente me apoiaram.

No dia seguinte, fui para a faculdade e me mantive calada em relação a minha tomada de decisão quanto à liderança de classe. Dessa vez, observei o valor de caráter moral dos alunos em relação a honrar o acordo tácito.[14] Quando, na última aula, quase na hora de ir embora, alguém se lembrou do combinado verbal e então se pronunciou, o debate se instaurou. Continuei observando calada os demais candidatos. Falaram e falaram, mas nada apresentaram documentalmente, contrariando o combi-

14 Enquanto o acordo tácito é definido na forma de um combinado feito oralmente, **o acordo expresso é escrito e manifesto.**
Fonte: https://www.pontotel.com.br/acordo-tacito/

nado de dois dias antes. Alguns aproveitaram os 20 minutos restantes do término da aula e abandonaram o ambiente, sem interesse na escolha de quem seriam os candidatos, utilizando-se do direito ao voto nulo ou em branco. Aqueles que permaneceram em classe começaram a me apontar como a favorita, e eu continuei calada, porque todos falavam juntos sem qualquer oportunidade de ouvirem. Dessa forma, pedi atenção, e revelei o que eu havia decidido acerca do cargo, e assim me pronunciei.

Agradeci a indicação e declinei do cargo. Sem apontar quaisquer contrarrazões específicas das quais eu já havia dito anteriormente. Naquele dia, fui à coordenação relatar que nada tinham feito em relação aos cuidados sanitários na instituição, e que esse seria um dos motivos da minha desistência do curso, tal qual outros pontos importantes em questão, como algumas já apontadas aqui no texto. No dia seguinte, ao invés de me direcionar à sala de aula, eu me dirigi à coordenação para finalizar as obrigações jurídicas para a dissolução contratual. Voltei para casa e fui tomar sol, nadar e fazer coisas para mim e para a minha família, e assim fiz por mais sete dias, só cuidando de mim e não pensando em mais nada e em mais ninguém, só apreciando o meu viver. Finalizada a desintoxicação social, surgiu nos meus pensamentos algo muito pontual. De repente, meus pensamentos se direcionaram ao meu ex-colega de classe, o rapaz com cegueira bilateral. Comecei a refletir em toda a turma e percebi que éramos todos sementes e ele, em específico, foi o fundamento do meu debate interno.

Naquela classe, eu estava preparada para ser uma líder de classe. Mas a maioria lá ainda não estava preparada para ser discípula, por isso, não iria conseguir me seguir de verdade. Aos olhos deles, eu era uma líder muito forte e importante, sim, mas eles me queriam para lutar por eles e para eles perante as autoridades dentro da instituição de ensino. A minha gestão poderia coordenar tudo em alta performance, para entregar tudo orquestrado ao grupo, mas meus colegas não aguentariam seguir as minhas ordens, justamente por não estarem preparados.

Pensei também que seria injusto uma líder de classe ter que tomar para si tamanha responsabilidade quanto aos assuntos de coordenação, calendários, discursos, arranjos e ainda gerir pessoas com mil ideias e exigências em classe de aula sem ganhar remuneração financeira. Na verdade, a(o) líder de classe deveria receber um salário oriundo de uma mensalidade fixa, paga por cada aluno, como, por exemplo, cada um pagando R$ 50,00 (cinquenta reais). Em uma turma de 30 pessoas, resultaria em R$ 1.500,00 (mil e quinhentos reais), ou seja, cerca de um salário mínimo, para restituir o trabalho útil destinado à gestão da liderança de classe de aula. Para simplificar o raciocínio, em outras palavras, uma taxa de gestão deveria ser paga para a liderança, pois esta pessoa tomaria para si horas laborais, deslocamento, conta de celular, água, luz, uso de equipamentos pessoais, criação de planilhas, checar entregas de trabalhos, elaborar atividades, ficaria responsável pela gestão de pessoas no grupo de classe, criação de pautas com a coordenadoria, entre outros pontos.

Poderia também ser acordado com a reitoria que a(o) líder de classe tivesse a sua mensalidade isenta pela instituição de ensino, como reconhecimento do trabalho exercido em sala de aula, e que, mediante tal responsabilidade, era uma justa remuneração. Por exemplo, uma(um) síndica(o) recebe isenção da taxa condominial para exercer sua função laboral.

Daí pensei: sem aquele salário, tampouco aceitaria ser a líder de classe ou usar dos meus recursos intelectuais, de saúde, de reputação e de imagem para trabalhar de forma voluntária e beneficente para ninguém, ainda mais para um grupo de pessoas que já haviam demonstrado pouco interesse em manter formalidades. Também não queria criar desafetos com ninguém, porque quando fazemos algo gratuitamente, não existe responsabilidade de nenhuma das partes, nem de quem entrega, nem de quem recebe. Não existe acordo, existe apenas fazer o que quiser fazer e como quiser fazer. Mediante pagamento, as PARTES se responsabilizam mutuamente a respeitar, a cumprir, a exigir da hierarquia providências, bem como respeitariam, cumpririam, e seriam exigidas a providenciar o acordado. Dessa forma, eu saberia que iriam estar alinhadas aos interesses do coletivo.

CAPÍTULO 15

Primavera do Leste, agosto de 2017 - Brasil

SEMENTES

Foi só assim que consegui voltar meu foco às análises para a criação da ONG, e refletir do porquê de os modelos não quererem a regulamentação da carreira. Então formulei a resposta certa:

Os modelos ainda não estavam preparados para lutar por seus direitos. ¡Eu estava! Por isso, eles não iriam conseguir me seguir de verdade.

Voltei a me calar em todas as esferas que não fossem apenas a minha vida particular durante um período sabático de um pouco mais de um semestre. Nem mesmo eu sabia que essa minha postura reflexiva estaria me preparando para um terreno fértil.

Entendi que durante muitos anos da minha vida desperdicei tempo demais, plantando em terrenos onde nem mesmo as boas sementes iriam conseguir germinar, porque o solo era arenoso e eu precisava de um solo argiloso. **As sementes eram as pessoas, e os terrenos eram as causas pelas quais lutar.**

Era como se eu tivesse recebido diversas sementes que eu nunca tivesse visto na vida e, para saber a qualidade daquelas sementes e quais frutos dariam, era preciso, primeiro, que eu tivesse conhecimento técnico a respeito daquelas sementes e a mesma expertise para identificar o solo adequado onde plantá-las. Era como se um leigo debatesse com um engenheiro agrônomo. O engenheiro agrônomo tinha bases sólidas para identificar os tipos de sementes e de solos, já eu, a leiga, desconhecia os tipos de sementes e de solos, só conhecia a minha própria semente e o meu próprio solo.

Eu tentava plantar as sementes desconhecidas em solos desconhecidos. Como não germinavam e eu tampouco tinha base de compreensão para entender que em terreno arenoso não se planta, eu insistia, como se isso fosse ajudar. Mas essas atitudes só me davam trabalho e retrabalho e, consequentemente, uma exaustão e fadiga mental, além da perda de tempo útil e dos investimentos da minha liquidez pessoal. Sofria represálias de formas punitivas, permanecendo na geladeira: atrasos de pagamentos, pagamentos fora do acordado, calúnia, difamação, injúria e perseguições, apenas por eu declarar abertamente exigências legítimas, pessoais, profissionais e para o coletivo.

Até que um dia, durante esse período sabático, comecei a replanejar e plantei em mim mesma uma mudança: voltar a ouvir meus instintos. Peguei uns cadernos antigos e escrevi em folhas limpas coisas que me vinham assim, aleatoriamente, na cabeça, apenas entre os improvisos do que eu sentia ou do que eu queria. Nada em específico. Só palavras soltas mesmo.

CAPÍTULO 16

Primavera do Leste, novembro de 2017 - Brasil

RECALCULANDO A ROTA PROFISSIONAL

As coisas foram se ajeitando depois de algum tempo, porque consegui me desconectar de alguns eventos que aconteceram no meu percurso. Eu consegui acalmar meu coração e colocar as ideias no eixo novamente. Procurar algo que encaixaria no quebra-cabeça da jornada estava sendo bem agradável. Eu sabia que as circunstâncias voltariam a dar o ar da graça. A primeira etapa da ONG já tinha falido com a baixa adesão, então eliminei completamente essa ideia da minha frente do planejamento estratégico e me senti confortável ao me desapegar dessa causa.

O garoto cego vinha constantemente à minha mente enquanto eu escrevia o meu diário. Logo voltei a pensar: ele e eu éramos as únicas pessoas com deficiência em uma sala com média de 30 alunos. Ele com uma deficiência visível e eu com uma deficiência invisível.

De repente, um lampejo de recordação saltou na minha memória e juntei as peças do quebra-cabeça: ¡Me lembrei que o caminho que vinha planejando era o correto, o público que não!

Lembrei-me de que já havia visitado o Instituto Dorina Nowill em maio de 2016, para que os modelos eventualmente participassem de campanhas em mídias on-line e off-line a fim de arrecadarmos dinheiro para ajudar nas tecnologias assistivas das pessoas com deficiência e promovermos a conscientização da inclusão social, como forma de contrapartida pelo que a ONG iria promover à classe trabalhadora na moda.

Já havia passado um ano e seis meses desde a visita ao instituto, e foi ali, naquele milésimo de segundo de reflexão, que percebi que eu deveria lutar pelas pessoas com deficiência, ¡e eu era a primeira delas! "Melhor ainda", pensei, não precisava de apoio de ninguém da classe para lutar pelos meus direitos e nem mesmo para começar o movimento, porque, nesse caso, ¡bastaria o meu próprio relato! Eu tinha lugar de fala e experiência própria. Diferente do mutirão de pessoas que eu precisava reunir na classe dos modelos colaborando com seus relatos, **¡eu, como pessoa com deficiência sensorial, me bastaria!**

¡Foi como desvendar o enigma da minha própria vida! Certa noite, sonhei, não sei se foi um sonho profético ou apenas um que idealizei no meu subconsciente, e de repente, naquela noite, eu estava vendo a minha imagem do alto para baixo, em uma visão angular, autografando livros e sorrindo com as pessoas em minha volta. Na manhã seguinte, acordei e tive a certeza de que era esse caminho que teria que percorrer. Escrever meu primeiro livro e publicá-lo. Foi ali que meu diário começou a se tornar mais palpável e profissional.

ELE, ELA, NÓS, VÓS, ELES e ELAS fizeram parte dos trechos da minha vida:

Conheça seus direitos e lute por eles. Administre o ego. Aprecie o aprendizado. Ame trabalhar de forma harmônica. Ame as batalhas internas, porque elas farão você se autoanalisar. Ame praticar esportes, nem que seja o mínimo, mas ame. Consolide legados para que os outros compartilhem os deles com você também. Tenha disciplina, pois ela te fará crer que não existem sonhos impossíveis. Ame o capricho, a organização, a higiene pessoal e a assepsia dos ambientes físicos, sejam eles privados ou públicos, visto que isso evita centenas de milhares de tipos de doenças e mortes. ¡Acredite!

Sempre fui muito boa em resolver questões difíceis. Já ajudei a resolver muitas delas de pessoas alheias, dando excelentes soluções, e também já tive pessoas me ajudando. Gosto de negócios, gosto dos processos, dos meios e da composição dos bons resultados e, para mim, os bons resultados acontecem quando estamos rodeados de pessoas que conseguem argumentar com a razão e de forma diplomática. Gosto do poder da adrenalina, gosto de fazer parte e de compor normas práticas e exigências, bem como de executá-las com o máximo de maestria, até mesmo gosto de só pensar em possibilidades e, daí, de repente, de tanto pensar, consigo encontrar soluções isoladas e paralelas, gosto de estar entre as pessoas ou, em tempos tecnológicos, virtualmente entre elas também.

O maior capital que temos é o capital humano, e isso faz de mim uma pessoa apaixonada por resolver problemas e encontrar soluções para que os benefícios conquistados e as diligências realizadas sejam sumariamente refletidas na sociedade em geral, beneficiando a mim e aos demais, mesmo que as pessoas jamais soubessem quem sou eu. Era justamente o mais difícil a fazer, pois eu mesma tive que passar por esse processo e senti que o maior impacto era mesmo o impacto pessoal, o do autoconhecimento, o da autoaceitação; depois dessas etapas da triagem, tudo começou a ser desmistificado no imaginário coletivo de pessoas que desconheciam as consequências da perda do olfato.

Levou muitos anos para eu me desprender da crença doutrinada que adquiri ao longo dos anos e, definitivamente, percebi que deveria estourar a bolha da ignorância em que eu sempre vivi e me obstinei em viver no erro, pois também competia a mim mesma os questionamentos que me negligenciei fazer durante aqueles anos todos desperdiçados em protelar pela busca da ajuda médica e obter meu diagnóstico clínico.

Este livro só nasceu após eu desvendar que muitas informações que eu havia aprendido com pessoas que sentem cheiro eram erradas para mim, não para elas, porque a perspectiva de vida delas era diferente da minha. Ouvia constantemente que "não era tão ruim assim não sentir cheiro" e fui anulando minha condição congênita durante muitos anos.

Estou aprendendo com meus acertos e erros a separar o joio do trigo, sejam situações ou pessoas e, durante esse processo, percebi que nem sempre a meritocracia funciona. Às vezes funciona a duras penas, e nos posicionando firmemente com o que realmente é lógico, a meritocracia passa a ser mais funcional. Em um país subdesenvolvido como o Brasil, a meritocracia fica ainda mais engessada, porque a identidade cultural do nosso país costuma desencorajar pessoas com ideias que fogem à normalidade, mesmo podendo ser geniais e revolucionar de forma positiva o cenário atual. Minha maior luta sempre foi a coletiva, porque sucesso é termos pessoas evoluídas que compartilham do bom senso de justiça ao nosso redor.

Aprendi ao longo de toda a minha vida que quanto mais inteligentes formos, mais oportunidades teremos. Aprendi que ser inteligente é saber resolver problemas, além de criar novas fontes de conhecimento para benefícios próprios e reverberá-los na sociedade. Aprendi que o mais difícil não é encontrar pessoas inteligentes pelo caminho, nem é ainda mais difícil encontrar pessoas que tenham os mesmos propósitos, valores éticos e morais. O mais difícil é mudarmos hábitos. Precisa, primeiramente, muita coragem, determinação e uma combinação de fé e pensamento crítico.

Comecei meu diário pela seguinte análise:

1) ¿Com relação à realização pessoal e à condição socioeconômica? Curioso que **nunca ninguém mencionava** esses aspectos. Uma pessoa sem o sentido do olfato **não pode atuar em diversas áreas**, sendo que, em muitas, é conhecida como "painel humano":
   - Avaliadores olfativos, como perfumistas.
   - Sommeliers.
   - Bombeiros.
   - Farmacêuticos.
   - Químicos.
   - Aromaterapeutas etc.

Só aqui citei algumas profissões nas quais os **anósmicos não podem trabalhar**, que são algumas das barreiras na sociedade que estão elencadas no art. 2º da Lei nº 13.146/2015, **a Lei Brasileira de Inclusão da Pessoa com Deficiência**:

> Art. 2º Considera-se pessoa com deficiência aquela que tem impedimento de longo prazo de natureza física, mental, intelectual ou sensorial, o qual, em interação com uma ou mais barreiras, pode obstruir sua participação plena e efetiva na sociedade em igualdade de condições com as demais pessoas.

Foi pensando em mim e em outras pessoas com deficiência que a causa da ANOSMIA FICOU MAIOR DO QUE EU E MAIOR DO QUE A PRÓPRIA CAUSA. A MISSÃO FOI ABRANGIDA PARA TODAS AS PESSOAS COM DEFICIÊNCIA E DOENÇAS RARAS EM ALGUNS PONTOS ESPECÍFICOS.

Por exemplo, Stephen Hawking possuía todos os cinco sentidos, estudava, ensinava e desenvolvia as suas teorias normalmente; contudo, uma doença rara e grave o acometeu ainda no auge dos seus 20 e poucos anos, e tudo o que ele fazia normalmente, de repente, foi afetado pelas sequelas que começaram a aparecer. Ele, por meio do estímulo cerebral e com esperança na vida humana, conseguiu retardar em 20 anos o avanço da doença neuronal motora e, aos poucos, sem mais poder usar do seu próprio corpo físico, continuou lutando para usar o seu cérebro. Com certa idade, apenas conseguindo movimentar os seus olhos com a ajuda de um computador, continuava suas criações e descobertas, revolucionando o mundo, ¡e foi um premiado astrofísico! Ele nos brindou com o seguinte conselho:

> ***Se você tem uma deficiência, provavelmente, não é sua culpa, mas ficar culpando o mundo ou esperar dó de alguém não vai te ajudar em nada. Você deve manter um pensamento positivo e aproveitar o máximo de cada situação. Se você tem um problema físico, não pode se permitir ter um problema psicológico também.***

CAPÍTULO 17

São Paulo, março de 2018 - Brasil

RETORNO DA ROTA PROFISSIONAL COMO PORTA-VOZ DA ANOSMIA NO BRASIL

Chegando à cidade de São Paulo, já autonomeada porta-voz oficial da anosmia no Brasil, dediquei ainda mais tempo a buscar soluções.

Voltei para a capital com o objetivo principal de buscar ajuda profissional para descobrir o porquê de não conseguir sentir cheiros. Confesso que pensei que fosse ser fácil, mas toda hora que eu ia ligar para que a recepcionista do médico marcasse a minha consulta, imediatamente eu desligava o telefone. E todos os dias eram assim. ¡Eu não conseguia!

Com o impasse do ímpeto e o vazio da coragem que estavam me preenchendo, tentei novamente resgatar a vontade de mexer com a ONG para regulamentar os direitos dos modelos, porque eu amava a profissão e queria regulamentá-la. Peguei os endereços de e-mail da lista que eu ainda não havia contatado, encaminhei a proposta com um prazo menor e aguardei para que respondessem ao questionário. Infelizmente, outra decepção. Novamente o mesmo número irrisório da rodada anterior, menos de 10% dos participantes responderam às perguntas, ou seja, impossível seguir com a missão profissional da regulamentação.

Por outro lado, consegui me desprender de vez desse assunto. Rasguei do meu coração o desejo do patrocínio da causa dos modelos no Brasil e segui em frente, ainda mais determinada, na missão da anosmia no Brasil e no patrocínio de benesses à causa das pessoas com deficiência.

CAPÍTULO 18

Aparecida do Norte, julho de 2018 - Brasil

PEDIDO POR CORAGEM

Passados quatro meses do meu retorno a São Paulo, eu orava para Nossa Senhora interceder em meu benefício, para me dar a coragem de que eu precisava para ir até a consulta com o médico otorrinolaringologista. Até que, no dia 2 de julho, antes que o meu despertador diário soasse às 6h30, o meu relógio biológico, por volta das 5h, me despertou e eu acordei.

> ***Acordei com uma certeza de que eu nem havia cogitado antes de dormir e, muito menos, em qualquer outro momento de minha vida, e uma mensagem havia sido colocada em meu coração.***
>
> ***— ¡Vá a Aparecida do Norte, hoje!***

Simples assim.

Acordei sabendo que deveria ir à cidade da Padroeira do Brasil. ¡Era um sentimento de ordem!

¡Não era uma voz, porque quem ouve vozes são pessoas com transtornos mentais, como a esquizofrenia!

Por isso é importante entender nossos sentimentos. Era uma mensagem que foi colocada no meu coração, o que há uma grande diferença entre loucura e sabedoria. O que eu senti era sabedoria.

Logo na sequência da minha higiene matinal, peguei o laptop e fiz uma busca dos lugares que lá havia, porque nunca antes tinha ido visitar a cidade. Já no primeiro tópico no canal de busca pela internet, estava escrito "Pousada Bom Jesus" e cliquei no link. Um lugar espetacular, e de imediato já me senti acolhida só pelas imagens. Inspirada na arquitetura do famoso Palácio de Versalhes, certifiquei-me de que era para lá que eu deveria me dirigir e tomei nota do endereço, na Rua Barão do Rio Branco, 412.

Digitei o endereço no aplicativo do Waze e constava uma média de 2h30, a 175 km de distância dos Jardins, bairro que eu residia. Tratei de me organizar e por volta das 9h já estava no subsolo com a moto ligada. O dia estava lindo, com céu azul e um frio agradável. Assim que cheguei, me deu uma verdadeira angústia ao encontrar uma cidade triste, suja e mal planejada, tinha um aspecto de pobreza, sem uma gestão eficiente e sem qualquer verde... uma cidade quase que abandonada, que não fazia jus à Padroeira do Brasil. Eu imaginava uma cidade espetacular, tipo os parques da Disney. Cheguei lá e foi uma tremenda decepção. Para a minha sorte, a cidade estava praticamente sem peregrinos, e era dia de jogo entre Brasil e México pela Copa do Mundo.

Fui direto para onde o endereço do *app* me guiava, e ao chegar na Pousada Bom Jesus, o lugar transbordava paz e acolhimento na alma, ¡que espetáculo! Como saí de casa sem nem mesmo telefonar para a pousada para saber como o local funcionava, arrisquei na sorte e fui superbem recebida. De pronto, a guia partiu comigo para a visita guiada no primeiro andar. A cada cômodo que entrávamos, ela me explicava as particularidades do local, até que chegamos ao quarto onde já haviam se hospedado os Papas João Paulo II, Bento XVI e Francisco, na suíte da Sua Santidade, e até mesmo recebido Madre Paulina, a santa "brasileira". Por coincidência, Madre Paulina era nascida na cidade de Trento, onde morei e reconheci, através do processo de *jus sanguinis*, o vínculo italiano paterno. Também foi a sede do Concílio de Trento, onde as autoridades eclesiásticas reafirmaram os dogmas da Igreja Católica, como a Divina Trindade, a Santidade de Maria, os sacramentos, entre outros.

Algumas das informações colhi com a guia que me acompanhava, e outras, com buscas pela internet.

Eis que ali, diante do pedestal com o separador de fita vermelha, dentro do quarto onde as Suas Santidades já haviam estado, eu estava também. A pureza que sentia a cada segundo era tão perfeita, que é difícil até de descrever. Fiquei admirada com a simplicidade da habitação, porém, a riqueza da higienização, da organização, e da paz que ali era transmitida, ¡era algo inexplicável!

De repente, a guia me disse algo enquanto abria a fita separadora:

— ¡Vá e toque o crucifixo!

Eu ingenuamente repliquei:

— ¿Posso?

A guia apenas sorriu e com gesto de uma das mãos, gesticulou em direção ao crucifixo, como quem ordena: ¡Vá!

Em modo de quem estava repleta do Espírito Santo, fui guiada pela mulher, que também estava tomada pelo Espírito Santo, e no crucifixo toquei e uma oração realizei.

Claro que parei por instantes para admirar a bela lapidação da imagem de Jesus Cristo, provavelmente em ouro branco polido (não sou uma especialista, mas me pareceu que sim), e o crucifixo em madeira. Confesso que jamais imaginei uma experiência tão poderosa como essa que passei. O mais legal foi que eu não pedi para ir lá tocar o crucifixo, eu fui convidada, e essa era, com certeza, a resposta que pedi tanto à Santa Rainha Maria. E era um sentimento que elevaria qualquer pessoa que poderia experienciar, caso estivesse preparada e fosse permitido de forma divina, não carnal.

¡E eu estava, bem como a guia!

A única coisa que eu fui fazer lá foi pedir por CORAGEM e fui abençoada, literalmente.

Almocei e peguei a estrada de retorno antes que escurecesse.

Daquele dia em diante, eu me certifiquei de que o meu caminho como porta-voz da anosmia era, de fato, muito importante, mais do que isso, era também uma missão terrestre e divina.

CAPÍTULO 19

Los Angeles, julho de 2018 - EUA

LEI DOS DETECTORES DE GÁS E FUMAÇA NA CALIFÓRNIA

Recebi o convite para comemorar o aniversário de Cris, um paquera que eu tinha conhecido pela internet nessa época, que morava há mais de uma década em Los Angeles, na Califórnia (Estados Unidos da América), e cheguei no dia 19. Fui recepcionada por ele já no aeroporto e lá fiquei durante duas semanas. Cris convidou a mim e outros amigos seus para prestigiá-lo em um evento para uma conquista profissional: ele recebeu o prêmio de segundo melhor corretor de imóveis de Los Angeles.

Nesse meio tempo, durante um almoço, ele me perguntou como estava indo com a escrita do livro e quais eram meus avanços. Falei como estava o progresso da escrita e algumas aplicabilidades legais das quais estava escrevendo, como, por exemplo, a necessidade de uma legislação brasileira para a instalação de dispositivos de detecção de gás e fumaça nas residências, e aproveitei o tema para questioná-lo sobre como funcionavam as leis em relação à acessibilidade das pessoas com deficiência por lá.

Já havia observado que a cidade era bem inclusiva, e disse que estava elucubrando escrever um projeto de lei. Fui explicando até Cris dizer que existia uma lei específica em relação aos detectores de gás e fumaça em LA. Para minha felicidade, sim, existia uma lei que regulamentava essa matéria específica para residências. Ele falou sobre o rigor da lei e afirmou que, caso a propriedade não dispusesse dos dispositivos, não poderia sequer anunciar em sites de aluguel de curta duração, por exemplo. Além disso, como a multa por descumprimento era muito alta, a maioria dos proprietários cumpria a lei, já que os fiscais visitavam as residências com alguma frequência.

Depois de muita conversa, pedi para o Cris enviar o artigo de lei que tratava da segurança dos imóveis. Estava disposta a estudar como elaborar uma lei federal no Brasil para que a acessibilidade da pessoa com deficiência sensorial olfativa fosse respeitada, pois esse grupo não consegue sentir o cheiro de fumaça e gás, necessitando da tecnologia assistiva para prevenir acidentes como aquele mais radical que eu vivi em outubro de 2016. Também tinha interesse em reforçar a importância desses dispositivos em berçários, creches, escolas, além das residências, onde deveriam ser obrigatórios por lei. No mesmo instante ele enviou o link[15] no meu e-mail.

Disposições gerais: De acordo com a seção 310.9.1 do Código de Construção da Califórnia, todas as residências devem ter detectores de fumaça instalados. Uma residência inclui todas as unidades de habitação, hotéis, alojamentos, como quartos de hóspedes e casas de grupo e quaisquer outros espaços que são utilizados para dormir. Os detectores devem ser instalados de acordo com as instruções do fabricante e os padrões de instalação e fiação geralmente aceitos.

15 https://www.weekand.com/home-garden/article/california-building-code-smoke-detectors-18042071.php

Especificações de alarme: A seção 310.9.1.3 afirma que todos os alarmes de fumaça instalados na Califórnia devem aparecer na lista aprovada do Marechal de Incêndio do Estado. Não há estipulação específica em relação à tecnologia específica de detecção de fumaça. No entanto, praticamente todos os alarmes de fumaça disponíveis comercialmente hoje usam tecnologia fotoelétrica ou de fotoionização para detectar fumaça. Em novas residências, os alarmes de fumaça devem ser conectados ao sistema elétrico da casa e incorporar uma bateria de reserva em caso de falta de energia. Os alarmes de fumaça adaptados para residências existentes podem ser alimentados apenas por bateria.

¿Quantos alarmes?: O número e a localização dos alarmes de fumaça estão especificados na seção 310.9.1.4 do Código de Construção da Califórnia. Um alarme de fumaça deve ser colocado em cada andar em áreas para não dormir. Além disso, um alarme de fumaça deve ser instalado em cada quarto onde ocorre o sono e um alarme de fumaça deve ser localizado em cada corredor que leva diretamente aos quartos.

Interconectividade: Todos os detectores de fumaça interconectados soam um alarme quando a fumaça é detectada por qualquer um dos detectores em qualquer lugar da casa. Isso ajuda a alertar quem dorme e outros ocupantes em diversas áreas da casa onde a fumaça ainda não chegou. Sempre que for necessário mais de um alarme de fumaça em novas construções, o Código de Construção da Califórnia exige que todos os alarmes de fumaça sejam interconectados.

No dia 31 de julho, retornei a São Paulo.

CAPÍTULO 20

São Paulo, agosto de 2018 - Brasil

O INSTITUTO OTORRINO

Ao retornar da Califórnia, os ventos internos começaram a soprar novos ares. Percebi que não estava lutando sozinha, pois os californianos já haviam pensado nos dispositivos de detectores de gás e fumaça residenciais primeiro, o que, de fato, me deu um acalento, um fio de esperança, confesso, porque já teria parâmetros legais para a regulamentação dos dispositivos para apresentar aos nossos parlamentares no Brasil.

Depois de 11.860 dias

ACORDEI.

Aos 32 anos, acordei para a vida, e já havia completado quase dois anos depois do susto que a vida me deu. Resolvi que já era hora de deixar que o medo me paralisasse e fui pedir ajuda.

Liguei para o Instituto Otorrino e agendei, pela primeira vez, uma consulta para procurar orientações clínicas. Nesse meio tempo, fiz a primeira pesquisa a respeito de leis que amparavam os direitos das pessoas com deficiência e encontrei a **Lei nº 13.146/2015.** Durante essa pesquisa, conheci a sigla PcD, que quer dizer **Pessoa com Deficiência**, e aproveitei para estudar o tema mais profundamente, criando minhas justificações.

A recepcionista do Instituto Otorrino me ligou solicitando o adiamento da consulta para o dia 22 de agosto. Era a segunda tentativa de alinharmos as agendas e, finalmente, conseguimos marcar a data. Chegando no dia marcado, o Dr. Sang Yun Sin solicitou o exame de ressonância magnética para uma investigação de anosmia desde a infância.

Mesmo com a guia médica em mãos, demorei alguns dias para que mais coragem preenchesse meu interior. Antes de sair de casa, peguei minha mochila, pois queria aproveitar para doar algumas roupas na Igreja depois que eu me submetesse ao exame. Enquanto aguardava na maca para dar início à ressonância magnética do crânio, orei e esperei o procedimento terminar. Tudo correu muito bem e fui embora. Durante o percurso para casa, pensei em como o medo de uma vida inteira me paralisava e, depois que saí da clínica, percebi que mais uma amarra interna que me perturbava havia se desfeito.

CAPÍTULO 21

São Paulo, setembro de 2018 - Brasil

O RESULTADO DA RESSONÂNCIA MAGNÉTICA DO CRÂNIO

Pela primeira vez na vida não abri um exame médico para espiar. Tinha tanto medo do resultado que qualquer terminologia que eu desconhecesse poderia facilmente me causar um piripaque antecipado e, já que estava muito ansiosa, preferi evitar transtornos maiores e esperar pela opinião médica especializada. O Dr. Sang Yun Sin, sempre muito educado, cortês e paciente, ouviu como estava me sentindo, esperou que eu desacelerasse minhas falas e controlasse meu nervosismo para, enfim, abrir o resultado do exame, que confirmava minha suspeita. Ele leu em voz alta **"hipoplasia dos bulbos olfatórios com sintoma da anosmia"** e me explicou com detalhes os aspectos daquela patologia. Curiosa, fazia perguntas e relatava algumas histórias, como a da minha mãe que, grávida de mim, tossiu durante metade da gestação por causa do micoplasma e que depois de pouco tempo do meu nascimento, ainda pequenininha, fui internada com quadro de pneumonia grave. Questionei se aquilo poderia ter causado a anosmia e o Dr. Sang disse que poderia ser um fator relacionado, porém seria mais provável que fosse algo genético. Ele garantiu que a estrutura estava preservada e a placa cribriforme também, que não tinha nada com o que me preocupar além da deficiência do sentido do olfato. Depois de emitido o laudo médico, agradeci e retornei feliz para casa. Depois de 32 anos com medo, agora tinha em mãos um diagnóstico preciso. Dormi tranquila aquela noite, com a certeza de quem de fato eu era.

CAPÍTULO 22

São Paulo, janeiro de 2019 - Brasil

POEMA PROFÉTICO "EIS O MEU SEGREDO"

Morava havia dez meses no apart-hotel Quality Suites Oscar Freire, nos Jardins, em São Paulo, maior cidade do hemisfério sul em densidade demográfica e relevância econômica. O prédio ficava entre a rua da Consolação e a famosa Oscar Freire, uma das vias mais cobiçadas e luxuosas do mundo. Acompanhei toda a reforma do hall do edifício no qual eu morava, que viraria a rede Radisson, e aquela reforma fez despertar em mim uma mudança, eu comecei a desejar voltar para uma temporada no exterior novamente.

Em uma bela manhã, acordei cedinho, como de costume, e comecei a rascunhar em um pedaço de papel. De repente, fui formando um poema, sem qualquer pretensão. Entre um gole de cappuccino de máquina e uma mordida no sanduíche, ia relendo em voz alta o que estava colocando no papel. Toc-toc, foi o barulho que escutei, um leve ruído de batidinhas na janela, ergui a cabeça e olhei para frente. Era um lindo beija-flor no tom esverdeado cintilante, assim como a coloração dos meus olhos. Com as asinhas batendo rapidamente, ele movia o corpinho de um lado para o outro como se quisesse acenar, e parecia me cumprimentar. O mais legal foi que ele bateu o biquinho na janela para que eu pudesse notá-lo. Pensei:

“Impressionante, ele veio até o 15º andar me encontrar.”

Naquele momento me senti tão abençoada, sorri para ele e fiquei contemplando aquele momento e, de repente, ele se foi. Na verdade, eu acredito muito que os animais também vêm nos trazer bênçãos. Continuei escrevendo o poema e o finalizei, compartilho:

Eis o meu segredo

Eis o segredo que é só meu.

No meio e no centro, eis o meu segredo;

O segredo de compreender para sentir,

O segredo de sentir para compreender,

Argumentos em torno da razão precisam de companhia;
Senão, se vão, se perdem, no eco,
Mas se encontram também,
As luzes que se acendem dentro do meu faro,
Exalam por ora, gratidão de felicidades minhas e,
Felicidades alheias,
Infelicidades minhas e,
Infelicidades alheias,
Junto, reciclo, proponho soluções isoladas e paralelas,
¡Devolvo e profetizo! É de altos espíritos a aspirar as coisas do Alto.
Tal qual citações de Miguel de Cervantes e a Bíblia.

Pesquisei sobre os beija-flores e descobri que eles não têm o olfato muito desenvolvido, apresentando uma disfunção olfativa, tecnicamente chamada de hiposmia.

"Tal como a maioria das aves, o sentido do olfato não está muito desenvolvido nos beija-flores; a visão, no entanto, é muito apurada."[16] Foi uma aparição bem profética, ¿verdade? Justamente quando estava expressando a minha condição e profetizando o que revelaria no poema.

16 https://mundoanimaiselvagens.blogspot.com/2011/07/beija-flor.html

CAPÍTULO 23

Paris, Milão e Barcelona, fevereiro a agosto de 2019 - Europa

RETORNO À EUROPA TEMPO SABÁTICO II

Sentia que precisava voltar a morar em alguma costa litorânea, por isso decidi novamente ir a Barcelona para continuar a escrita deste livro. Barcelona é uma das minhas cidades do coração, e lá tenho base. Como foi o único local de praia que havia morado por quase três anos e minha alma também se sente em casa, voltar e estar em contato com o mar Mediterrâneo e com a cultura de lá me apetecia muito.

Toda essa atmosfera estava fazendo com que eu valorizasse ainda mais o projeto que vinha desenhando para o Brasil, na regulamentação das tecnologias assistivas.

Decidi dar uma espairecida e saber como estava a Europa antes de definir ir ou não, porque já fazia alguns anos que eu não voltava. Queria fazer uma pausa na escrita também, das inúmeras pesquisas do livro, e fui fazer umas compras na Cidade Luz, além de ir à Ópera Garnier, no dia 16, para contemplar o balé contemporâneo.

Com as malas prontas com destino a Paris, fiquei uma semaninha e tive certeza de que a minha escolha de voltar a morar na Europa seria novamente assertiva e decidida. Liguei e pedi para o meu contador, Evandro, levantar as documentações para o encerramento da minha empresa e em junho voei a Milão para a semana de moda no

Fashion Week Milan, e depois voltei para passar uma temporada em Barcelona. Cheguei em casa feliz e desfazendo as malas, dormi ali mesmo na cama com a roupa da viagem... Estava precisando dessas férias, refleti.

Voltando do trabalho no restaurante FEROZ, fiquei com o poema na cabeça, *Eis o meu segredo* (Capítulo 22), e decidi registrá-lo em vídeo no dia 11 de julho de 2019.

CAPÍTULO 24

Barcelona, agosto de 2019 - Espanha

O OUVIDO ABSOLUTO

Certo dia, no mês de agosto, coloquei água em uma panela para ferver e voltei ao meu quarto para terminar a minha maquiagem, porque eu tinha que ir a um evento naquele dia. Acontece que, de repente, comecei a escutar um certo ruído sincronizado e contínuo, e o som vinha de longe, mas não tão longe assim. Fui seguindo o ruído de tic-tic-tic que me levou até a panela que estava prestes a explodir. No meu flat tinha um dispositivo supertecnológico de detecção de gás e fumaça, e a depender da quantidade de monóxido de carbono, o aparelho já estava programado para enviar um sinal para o Corpo de Bombeiros. O dispositivo não foi acionado porque a sacada do meu quarto estava aberta e o aparelho não detectou a fumaça dispersada.

Fiquei em choque e agradeci pelo meu ouvido absoluto, que naquele momento impediu que uma explosão acontecesse, e por eu ter prestado atenção e ido checar. Ainda no mês de agosto, era como se novamente tivesse um ímã me puxando para o território brasileiro, só não conseguia desvendar qual era o mistério. Ouvi minha intuição e voltei com o manuscrito praticamente todo finalizado e decidida a começar a buscar por agentes literários e editoras para publicar meu primeiro livro na minha terrinha. Embarquei dia 29 de agosto ao Brasil.

CAPÍTULO 25

Primavera do Leste, janeiro e fevereiro de 2020 - Brasil

O MAIOR INIMIGO DO MUNDO: O VÍRUS SARS-COV-2 E A PANDEMIA

Já em janeiro de 2020, dez dias antes de fechar a data da passagem aérea de volta a Barcelona, a epidemia viral havia se alastrado rapidamente por toda Europa e Ásia, trazendo pânico, alarde e muitas mortes causadas por um vírus chamado SARS-CoV-2, batizado como Covid-19, o que começou a me fazer repensar meu retorno. Entendendo a gravidade daquele assunto ao longo dos dias, decidi ir mais para frente.

Vale relembrar que, em dezembro de 2019, o médico oftalmologista Li Wenliang foi perseguido pela polícia local de Wuhan, na China, e pelo governo chinês por "propagar fake news". O médico disse que a doença estava se alastrando por meio do mercado de animais vivos e mortos, e que o vírus provavelmente era de origem animal, mais especificamente oriundo dos morcegos, disseminado pela falta de assepsia dentro do mercado na cidade. O Dr. Li Wenliang foi obrigado a assinar uma carta afirmando que estava "espalhando boatos".

Foi internado por contrair o vírus ao cuidar de pacientes já contaminados e espalhou sua história, publicando em um site chinês chamado Weibo. Infelizmente, acabou falecendo no dia 7 de fevereiro e, depois de sua morte, as suas teorias foram confirmadas. O governo chinês, por estar errado, divulgou uma nota informando que Li Wenliang estava certo.

Depois de conversar com minha família, consideramos que eu deveria permanecer no Brasil, ainda mais por estarmos no interior (para nossa sorte), onde a doença tardou um pouco a chegar, diferentemente do que aconteceu nas grandes metrópoles. Decidimos que ficar em casa sem contato com o mundo exterior nos preveniria de qualquer risco de saúde por contágio, e assim fizemos, mesmo antes de os governos mundiais anunciarem a obrigatoriedade de lockdown[17] nas coletivas de imprensa.

No dia 26 de fevereiro de 2020, um homem de 61 anos que estava nos arredores de Milão, na região da Lombardia, chegou ao Brasil, visitou a família entre sábado e domingo e, na segunda-feira, dirigiu-se até o Hospital Albert Einstein, em São Paulo, onde foi confirmada a infecção viral. Foram usados os mesmos padrões de qualidade de exames mundiais, que comprovaram a doença, mesmo o homem estando assintomático. Ao que tudo indica, começou naquele dia o contágio no Brasil.

---

17 Lockdown é uma expressão em inglês que, na tradução literal, significa confinamento ou fechamento total. Ela vem sendo usada frequentemente desde o agravamento da pandemia da Covid-19, doença causada pelo novo coronavírus (SARS-CoV-2). Embora não tenha uma definição única, o lockdown é, na prática, a medida mais radical imposta por governos para que haja distanciamento social — uma espécie de bloqueio total em que as pessoas devem, de modo geral, ficar em casa.
Cada país ou região define de que forma esse fechamento é feito e quais são os serviços considerados essenciais, que continuam funcionando.
Fonte: https://g1.globo.com/bemestar/coronavirus/noticia/2020/05/06/entenda-o-que-e-lockdown.ghtml

CAPÍTULO 26

Primavera do Leste, março de 2020 - Brasil

¿LIVRO ENGAVETADO?

No dia 11 de março, a Organização Mundial da Saúde (OMS) declarou a Covid-19 como pandemia e, lá em casa, já estávamos imaginando que ela não acabaria tão cedo. Decidi pensar em alguma alternativa para agregar ao meu tempo livre. Apesar do rápido contágio da população em todo o cenário mundial, as informações chegavam a conta-gotas, porque nem as autoridades sabiam como tratar a nova doença e, dessa forma, pensei que a escrita deste livro estaria paralisada. De coração partido, optei por deixá-lo na gaveta, estrategicamente, sem prazo para fazer uma negociação no mercado editorial brasileiro, já que sequer tinha realizado qualquer contato com as editoras. Isso também dificultava a possibilidade de avanços em relação a contatos com agentes literários porque é bem difícil localizar algum, nem por buscas na internet encontrava uma viva alma, lamentável. Com o livro parado e em meio a todo o cenário caótico que perdurava no mundo há quase três meses, voltei minha atenção ao que ouvia nos noticiários internacionais e nacionais, e isso me fez lapidar meu presente. Decidida, pesquisei alguns cursos a distância, encontrei a escola Brave CG School e, no dia 26 de março, entrei em contato com a empresa e me inscrevi no curso de computação gráfica, 3D Character Rigger e animação. **DE REPENTE, UMA NOTÍCIA...**

A ANOSMIA NO MUNDO: O SINTOMA DA INFECÇÃO VIRAL DO CORONAVÍRUS

Entre março e abril começavam a circular em dezenas de matérias jornalísticas, nos noticiários de televisão e na internet, várias especulações de que os morcegos poderiam ser os hospedeiros da Covid-19; depois especularam que a doença poderia ser causada por outros animais, mesmo sem nenhuma evidência científica confirmando as informações. Na sequência, outras reportagens surgiram e, **impressionantemente, o sintoma preditor que identificaria que o indivíduo estava infectado era a perda do olfato. Em termos técnicos, a anosmia**, mas também nenhuma evidência científica tinha sido comprovada até então. Essas especulações eram feitas por, comumente, muitas pessoas estarem perdendo seus sentidos do olfato, mas sem estarem com as características comuns de um resfriado, por exemplo. Tentei encaixar novamente as peças e pensei que seria muito irônico se essa informação fosse confirmada, pois muitos debochavam de mim quando eu alertava acerca da necessidade de higienização pessoal, assepsia nos ambientes e as dificuldades que uma pessoa que não sente cheiro enfrenta. Também lutava para que reconhecessem minha deficiência permanente, e essa luta não era em vão, assim como a de outras pessoas que vieram antes de mim, falando sobre a anosmia. Bastou um vírus para ensinar às pessoas de uma forma não amigável sobre essas realidades e necessidades.

O que também me chamou a atenção foi a visão holística que tive de todo o cenário que viria adiante. O tempo comprovou que sempre estive no caminho certo e, ao revelar publicamente o meu segredo da perda olfativa, estava trabalhando em propostas isoladas e paralelas que, no tempo ideal, seriam anunciadas para as autoridades no Congresso Brasileiro, como faz uma verdadeira porta-voz de alguma causa importante. Mesmo minha causa sendo humanitária e não política, dependemos de regulamentação, e aí entram as articulações políticas. Impossível separar uma coisa da outra.

No final de abril, ainda acompanhando os noticiários, li que a presidente da Sociedade Britânica de Rinologia, a médica otorrinolaringologista Claire Hopkins, estava estudando, desde o começo daquele mês, as evidências da perda do olfato e do paladar em pessoas que haviam contraído o coronavírus. Ela era encarregada de fazer com que a OMS incluísse esses sintomas para a identificação da doença. Além disso, a médica solicitou que a perda do olfato fosse incluída em um aplicativo desenvolvido pelo King's College London, responsável pelo rastreamento de sintomas do coronavírus, e, então, a instituição afirmou que os estudos evidenciavam que a perda do olfato era o sintoma quimiossensorial preditor mais forte de infecção em comparação à febre. A necessidade de isolamento (quarentena) era real e necessária, além do treinamento olfativo, uma espécie de fisioterapia para recuperar o olfato e, consequentemente, recuperar o paladar. Tempos mais tarde, por fim, **a OMS confirmou a perda do olfato como sintoma preditor da infecção do coronavírus. Notei que tive uma visão holística do que viria, exatamente 12 meses depois de ter escrito o poema. Não era nenhuma coincidência. Era destino.**

CAPÍTULO 27

Primavera do Leste, outubro de 2020 - Brasil

PROJETO GENOMAS RAЯOS: O INÍCIO

Outra vez a **sorte** bateu à minha porta. E, dessa vez, aconteceu algo que jamais poderia ter imaginado durante a minha jornada desde que me autonomeei porta-voz oficial da anosmia no Brasil em 2018. Gosto de repetir uma frase do célebre pintor holandês Rembrandt, que diz o seguinte: **"Comece com as coisas que você sabe e as coisas que você desconhece lhe serão reveladas no caminho".** ¡Bingo! Fui a primeira paciente a ser convidada para participar de um trabalho incrível, o **Projeto Genomas RaЯos, e a sigla do raros possui um R invertido justamente para espelhar as condições raras.** O projeto consiste em sequenciar o genoma humano de pessoas que nasceram com uma doença rara, como no meu caso. Depois de dirigir quase 250 km de estrada até chegar a Cuiabá, capital do Mato Grosso, tomei um voo para a capital paulista. Cheguei muito feliz e, para melhorar, a lua cheia estava incrível. Orei, dormi e, no dia seguinte, assinei vários documentos do Termo de Consentimento Livre e Esclarecido, elaborado em parceria com o Genomika Laboratórios, o Hospital Israelita Albert Einstein e o PROADI-SUS. O projeto foi liderado pelo Dr. João Bosco Oliveira Filho e o termo foi firmado no dia 1º de outubro de 2020.

CAPÍTULO 28

Primavera do Leste, março de 2021 - Brasil

O RESULTADO DO EXAME GENOMAS RAЯOS

Foram cinco meses de espera desde a coleta de sangue para o exame do **Projeto Genomas RaЯos**, quando recebi uma mensagem da equipe com boas notícias. O Dr. João Bosco entrou em contato por telefone e, na sequência, encaminhou ao meu e-mail todo o relatório detalhado com o sequenciamento genético investigado. Nesse relatório estava o resultado e a comprovação de que meu caso era uma doença rara, porque poucas pessoas nascem com a perda olfativa congênita, a cada 100 mil pessoas nascidas, apenas 65 nascem com alguma doença rara. Como resultado dessa condição, adquiri uma deficiência sensorial olfativa permanente.

Por questão de confidencialidade e de ter assinado o Termo de Consentimento Livre e Esclarecido, não posso compartilhar o documento oficial, até mesmo para evitar possíveis cópias e que pessoas mal-intencionadas o fraudem posteriormente. Por esse motivo, farei um breve resumo da minha condição avaliada no sequenciamento genético:

As informações contidas no documento são as seguintes: quando meu RNA mensageiro foi copiar meu DNA (aquelas letras e números, dentro das duplas hélices),[18] o éxon 2 do gene HS6ST1 foi duplicado, causando

18 **Descoberta da estrutura em dupla hélice do DNA:** No laboratório Cavendish, na Inglaterra, Francis Crick e James Watson concluíram que a molécula do DNA tem a estrutura de uma dupla hélice, uma descoberta que daria novos rumos à ciência. A partir de então, a biologia molecular tornou-se, de fato, uma ciência que hoje, com meio século de avanços, traz à cena a transgênese, a genômica e a possibilidade da clonagem reprodutiva. No dia 25 de abril daquele ano, a revista *Nature* publicou o artigo Molecular Structure of Nucleic Acids (Estrutura Molecular dos Ácidos Nucleicos). Fonte: http://nucleodememoria.vrac.puc-rio.br/

uma hipoplasia dos bulbos olfatórios. Como consequência disso, herdei um sintoma chamado anosmia, que é a perda total da capacidade de sentir cheiros, conhecido em inglês também como *smell blindness*, em tradução livre, cegueira olfativa. O resultado da ressonância magnética do crânio, feita em 2018, que diagnosticava a hipoplasia dos bulbos olfatórios foi comprovado e o sequenciamento genético especificou como se deu esse processo, e foi assinado e liberado pelo Dr. José Ricardo Magliocco Ceroni.

Em resumo: pelo fato de o éxon 2 do gene HS6ST1 ter sido duplicado, ocorreu um BLACKOUT, uma pane no sistema, um apagão no sentido do olfato.

CAPÍTULO 29

Primavera do Leste, maio de 2021 - Brasil

A CORRIDA PELA VACINA CONTRA A COVID-19

Com dois meses em posse do meu sequenciamento genético, comemoramos o aniversário do meu pai, Carlos Dulcimar, e estávamos mais felizes, porque ele e minha mãe, Cleamara, já estavam vacinados com a primeira dose contra a Covid-19. Eles entraram no segundo grupo por estarem na terceira idade. Apesar de já vacinados, ficávamos a maior parte do tempo em casa para evitarmos exposições desnecessárias. A essa altura, quase um ano e meio de pandemia, já havíamos perdido muitas pessoas queridas em decorrência do coronavírus, inclusive, dois irmãos da minha mãe, Cláudio e Claudemir (*in memoriam*), o que nos deixou muito abalados. Foi um período de muitas tristezas, de muitas despedidas, de muita dor.

Acredito que nem no pior pesadelo imaginaríamos passar por isso, pois, apesar de sabermos que um dia todos iremos morrer, as circunstâncias e a frequência com que perdíamos amigos pela mesma doença a tornou ainda mais trágica, até mesmo porque nem velar parentes e amigos podíamos. Por esse motivo, nós nos mantivemos mais afastados das ruas. Após os avanços das pesquisas e as compras governamentais de novas vacinas, a prefeitura primaverense anunciou que o próximo grupo com direito à vacinação seria formado pelas pessoas com deficiência e pelas pessoas com comorbidade, sendo o terceiro grupo com prioridade.

Dias antes de as vacinas serem liberadas para esse terceiro grupo, já no dia 27 de maio, entrei em contato com a Secretaria de Epidemiologia para receber informações sobre os horários, a data oficial e a data final. Já com a atendente comigo ao telefone, ela, automaticamente, me perguntou qual era a deficiência da pessoa que iria se vacinar (como se a PcD não pudesse requerer seus próprios direitos). Ela não foi rude, mas notei o vício de fala e então respondi que era eu mesma quem receberia a vacina e que eu tinha uma doença rara, a anosmia. O restante do diálogo (preservado tal como foi gravado) foi o seguinte:

Secretária: Quando é assim, igual você falou que é um caso especial, só é incluído na vacinação por enquanto, só está incluso quem, quem..., mas, no seu caso, ¡não tem como!

Catherine: É, então, mas **não é um caso especial**, ¿entende? **É uma deficiência, não é um caso especial, se é uma deficiência, não pode ser excluída.**

Secretária: O Ministério da Saúde enviou uma nota que...

Catherine: Isso, daí eu vou ter que falar com a pessoa do Ministério da Saúde, ¿entende? Que vocês obedecem à ordem deles. Eu só estou lhe informando que é **uma deficiência e não pode ser excluída, nenhuma deficiência pode ser excluída**, ¿entende?

Secretária: Mas daí **eles não estão excluindo, eles estão colocando...**

Catherine: **Prioridade.**

Secretária: Isso.

Catherine: E sendo a anosmia como um preditor, está errado não estar como prioridade.

Secretária: ¿Você vai deixar eu falar para eu te explicar? Quem é deficiente, eles, é... **só está incluído quem tem, quem recebeu auxílio B [?] C, não sei se para essa, para esse problema da senhora ou não sei... ¿é da senhora mesmo?**

Catherine: ¡Sim!

Secretária: É, não sei se é disponível, ¿né? Se está disponível.

Catherine: ¿O que é esse auxílio, "BBC"?

Secretária: ¡Auxílio B [?] C **é um auxílio para as pessoas com deficiência**!

Catherine: ¿Mas o que significa essa sigla?

Secretária: Vou te falar, o auxílio B [?] C, **todo mundo só ficou sabendo dele este mês, ninguém nem sabia que tinha esse auxílio.**

Catherine: É, eu nunca ouvi falar. ¿Mas o que significa a sigla "BBC"? ¿Banco do Brasil Central (risos)?

Secretária: Deixa eu ver (risos). Não, não... É, eu fiquei sabendo... eu, inclusive, tinha até anotado, e aí... (foi procurar as anotações que havia feito). É o Benefício de Prestação Continuada (BPC). É, ele não tem nada a ver com o auxílio-doença, nada, nada, se você pegar, anotar aí, depois você pesquisa também.

Catherine: Aham.

Secretária: Eu vou te falar, a maioria não sabia nem que existia esse auxílio.

Catherine: É, eu não conhecia mesmo. ¿E aí nesse auxílio está incluído diabético? ¿Está como deficiência?

Secretária: Não, o diabético não é deficiente, ele é comorbidade, ¿né?

Catherine: Ah, ele é comorbidade, entendi, porque às vezes eles falam como deficiência.

Secretária: O auxílio BPC é para pessoas que têm problema auditivo.

Catherine: Os cinco sentidos do humano.

Secretária: ¡Isso!

Catherine: Óbvio, o **olfato é um deles**.

Secretária: É, as pessoas que não andam...

Catherine: Tato... quem não anda não tem o tato.

Secretária: Ou que tem paralisia cerebral... é isso aí.

Catherine: É, então, só que o que acontece... Agora, como a **anosmia** foi reconhecida, ela sempre foi menosprezada até pelos médicos, ¿entende? Não é tua culpa, é cultural isso, o ser humano aprendendo agora a respeitar outras deficiências, ¿né? E aí eu estou fazendo isso há três anos, estou escrevendo um livro e sabia que ia ter isso (resistência). Como a anosmia veio a ser reconhecida agora com a Covid-19, na pandemia, foi ótimo para a gente ter mais voz ativa e as pessoas conhecerem que pessoas que não sentem cheiros sofrem muito risco, ¿né? Gás, fumaça... então, a gente não tem esse recurso próprio, por isso que a gente precisa da acessibilidade, criar uma nova lei para ter esses benefícios e também ser reconhecida como a deficiência que ela é. ¡Não é tua culpa, eu sei! Mas foi bom você passar isso para mim, porque agora eu vou entrar lá na Secretaria de Saúde e argumentar para a deficiência ser realmente reconhecida e não ser excluída como sempre foi. Vou ligar novamente, procurar o telefone de uma pessoa que você cumpre ordens, ¿né? E vou alegar isso aí e também já entrar em contato e resolver esse assunto para ser vacinada, ¿tá bom? Obrigada por sua orientação.

Secretária: Tchau, tchau.

Catherine: Tchau, tchau.

Assim que desliguei o telefone, entrei em contato com uma pessoa que trabalha em um dos cargos mais importantes no município e mandei cinco áudios (transcritos a seguir), por meio do Instagram, às 11h36:

Catherine: Fulano, bom dia. ¿Tudo bem? Então, estou aqui em Primavera ainda. Com essa pandemia, continuo por aqui, e me mandaram aqui que já estão vacinando o grupo prioritário, de portadores de deficiência, ¿né? E eu liguei hoje na Secretaria de Epidemiologia e falei com uma senhora. Ela afirmou que está recebendo ordens de X **deficiências**, ou seja, está excluindo algumas deficiências, portadores de deficiência, ¿né? Como todo mundo sabe, as deficiências são nos cinco sentidos humanos.

E aí, isso é muito constrangedor, ¿entende? (Áudio 1).

[...] Como eu tenho a deficiência do sentido do olfato, então não existe escala nem monopólio de qual é a doença mais importante ou qual é a menos importante, qual é a deficiência mais grave ou qual é a deficiência menos grave. Não existem parâmetros nem monopólio da dor, ¿entende? Então, é uma coisa muito chata o que aconteceu hoje de manhã comigo.

Eu fiquei muito triste, porque não sei se você sabe, estou escrevendo um livro faz três anos para falar da **anosmia** e de todos os preconceitos que eu já vivi e muitas pessoas já viveram por causa dessa deficiência. E uma delas, infelizmente, aconteceu de novo comigo hoje, ¿né? Eu sei que ela recebe ordens, talvez do Ministério da Saúde (Áudio 2).

[...] mas é muito triste a gente estar com tanta informação, principalmente pela perda de olfato ser um sintoma preditor da Covid-19, o primeiro sentido que as pessoas perdem ao serem infectadas pelo vírus SARS-CoV-2. Você, Fulano, já foi infectado e não sei se perdeu o sentido do olfato, mas sabendo que é o sintoma preditor da doença, deveria ser tido como prioritário, mesmo que não fosse uma deficiência, ¿entende? Porque já é um preditor. Mas no caso da anosmia, como é uma deficiência, sempre houve e sempre haverá, porque é uma doença rara, então eu gostaria que você fizesse uma campanha para alertar as pessoas que trabalham, principalmente, na área da saúde (Áudio 3).

[...] que eu, como uma pessoa com deficiência ou (mesmo) uma pessoa sem deficiência já deveria saber que, na falta de um dos cinco sentidos humanos, uma pessoa tem uma deficiência. Isso a gente aprende lá na escola, no primário quase, ¿entende?

Então, é muito constrangedor passar por isso, ainda mais na fase que a gente está. Eu, num quadro prioritário, sendo excluída e tendo que tirar forças disso de novo para mobilizar um monte de pessoas e para explicar o "bê-á-bá" lá do iniciozinho, ¿entende? Isso é um crime excluir uma pessoa com deficiência. Dê uma força para as pessoas relembrarem o que são os cinco sentidos humanos (Áudio 4).

[...] e quais são as deficiências. Na lei do Planalto, no art. 2º, está bem explicadinha a deficiência sensorial, a minha é uma deficiência sensorial, então é **um crime o que estão fazendo aqui em Primavera, excluindo a deficiência sensorial, que é a olfativa**, ¿tá bom? Espero que você ouça aqui e me dê um posicionamento por gentileza, ¿tá bom, Fulano? Um grande abraço para você, para a família e para sua mamãe. Beijo. (Áudio 5).

A resposta veio no mesmo dia, um pouco mais tarde, às 15h34, de forma escrita e enviada no mesmo canal de mensagens do Instagram:

Fulano: Nessa fase está liberado para **pessoas com deficiência com BPC**, que são os idosos acima de sessenta e cinco anos ou o **deficiente que comprove não ter meios de prover a própria manutenção ou tê-la provida por sua família e recebem auxílio do governo.**

Só vi a mensagem no dia seguinte, 28 de maio, às 9h48 e, então, respondi, dessa vez de forma escrita:

Catherine: Bom dia, Fulano.

¿Você foi orientado pelo Estado (sobre) essas condições acima citadas das pessoas com deficiências, quando podem tomar ou não a vacina?

Não houve qualquer réplica do Fulano ou de outrem.

No dia seguinte, 29 de maio, minha mãe e eu fomos até o local de vacinação e estava fechado.

Veja bem como o Fulano estava totalmente alucinado em sua réplica. Na régua dele, não bastava a pessoa ter deficiência, tinha que ser paupérrima para ter o seu direito à vacina garantido em lei. Se a pessoa com deficiência tivesse um poder aquisitivo melhor, NÃO PODERIA SER VACINADA, na opinião e na régua dele mesmo. Ou seja, na opinião dele o direito aos benefícios é somente pela métrica financeira, cerceando o direito de todas as pessoas com deficiência com uma condição financeira que não precisa de assistencialismo governamental.

Aí eu me pergunto, e pergunto a você: ¿O que tem a ver o poder aquisitivo de alguém para que o direito dentro da lei seja garantido?

Não era um benefício financeiro que estava requerendo e, portanto, sim, precisaria comprovar renda. O que eu pedi esclarecimento foi justamente quanto ao benefício de prioridade para uma vacina para PREVENÇÃO DE DOENÇAS.

Um total absurdo para alguém com um cargo importantíssimo dentro do poder público. E daí, ¿você acha que eu aceitei não ser vacinada?

CAPÍTULO 30

Primavera do Leste, junho de 2021 - Brasil

O DIREITO À VACINA COVID-19 - PcD A 1ª DOSE - O INÍCIO

Depois do desgaste na tentativa de me informar a respeito da vacinação em pessoas com deficiência, decidi que iria pessoalmente, outra vez, atrás do meu direito. Antes disso, mandei uma mensagem sobre o ocorrido para o Dr. João Bosco, do Projeto Genomas RaЯos, e ele ficou perplexo com a conduta do centro de vacinação da cidade. Como desistir quando tenho razão não está entre meus verbos preferidos, segui com o objetivo de me vacinar. Naquele dia, acordei por volta das 6h, como de costume, não tomei café e, antes de sair de casa, conversei com minha mãe, pedi que ela me acompanhasse como testemunha e fizemos o seguinte acordo:

¡Mãe, haverá resistência! Você já vem acompanhando a minha trajetória pela Secretaria de Epidemiologia e pelo departamento de dentro da prefeitura. Então, será o seguinte: você estará ao meu lado como testemunha. Porém, não deve falar nada, nada vezes nada, nem para tentar convencer as pessoas que estarão na linha de frente para me vacinar e, muito menos, para cercear o meu direito, porque eu irei debater, e caso fique um clima acalorado pelas partes ignorantes, deixe que eu conduza o caso e não fale nada, nem para tentar evitar que isso vire polêmica. Estou apenas lutando pelos meus direitos e evitando sucumbir ao poder tirano alheio de não ter assegurado o meu direito à vacina. ¿Combinado?

Ela respondeu positivamente, de acordo com o que era esperado, e saímos de casa por volta das 8h. Antes mesmo de chegar, encontramos uma grande fila de veículos na nossa frente. Quando meu lugar na fila se aproximou, ainda dentro do veículo, comecei a gravar um vídeo para registrar aquele momento (era meu direito documentar em imagens ou sons para me defender caso a vacina fosse negada). Respirei fundo e orei para que alguém com boa compreensão da lei me atendesse. Só para contextualizar, na primeira triagem, que aconteceu ainda dentro do veículo, deveria apresentar o laudo médico com o código na Classificação Internacional de Doenças (CID) e os documentos pessoais para que os funcionários entregassem o papel com os espaços que seriam preenchidos pelos enfermeiros responsáveis pela vacinação.

Enquanto estava gravando, o primeiro funcionário chegou até mim com uma negativa. Pedi que ele chamasse a supervisora, pois queria conversar de igual para igual com alguém que conhecesse a Lei Brasileira de Inclusão do Estatuto da Pessoa com Deficiência. Uma profissional se aproximou e, quando a questionei sobre a Lei PcD, ela sequer sabia que lei era, o que é bem grave e um grande descaso, visto que ela estava trabalhando na campanha de vacinação para pessoas com deficiência. Então, no papel de professora, tentei mostrar no meu celular a Lei nº 13.146/2015, principalmente o art. 2º, que **explica quais são as deficiências**. Enquanto esperava a funcionária ler, ela saiu e deu espaço a outra funcionária, que era a supervisora, e que também negou meu direito. Aproveitei que estava com meu laudo médico e com meu sequenciamento genético e mostrei ambos os documentos, com pensamento positivo, imaginando que a vacina chegaria. Depois de ler e reler os documentos, ela disse que não havia entendido nada.

Com os ânimos aflorados por parte da gestora de epidemiologia, precisei ter ainda mais calma para tentar instruir aquelas pessoas. Depois de ler a lei para a supervisora e muito argumentar, vi uma equipe de reportagem se aproximando. Torci para que a supervisora fosse sábia o bastante para que eu não precisasse usar minha voz para denunciá-la em público, pois, caso isso fosse preciso, denunciaria muitas outras pessoas envolvidas. Como prefiro a composição, continuei firme, orei e esperei que ela compreendesse minha situação. Naquele momento uma luz se acendeu, a mulher entendeu tudo o que eu estava tentando explicar e liberou o cupom de acesso. Depois de perceber que eu estava registrando o atendimento, ela pediu que eu apagasse o vídeo de forma grosseira e tentou me coagir. Disse a ela calmamente que era direito constitucional de registrar esse momento e reforcei que precisaria da gravação para comprovar, de forma cabal, caso a vacina fosse negada pela terceira vez em Primavera do Leste. Falei, ainda, que o direito dela é exatamente igual ao meu e que se ela tinha tomado a frente para se comunicar comigo, ela e as demais pessoas que haviam me atendido seriam registradas, porque além do mais, trabalham na gestão pública. Porém, como ela entendeu meu direito, depois de eu muito argumentar (mas sem que eu precisasse registrar denúncia na rede televisiva ou ter que recorrer à justiça), concordei em apagar o vídeo, fazendo questão que ela testemunhasse a exclusão, tanto na parte da galeria das imagens quanto na lixeira, para evitar qualquer possível dúvida e, mais tarde, tentasse qualquer ato covarde contra minha pessoa, pois possuía minhas informações pessoais.

¡Acordo selado e vencido!

¡Estava aliviada por ter exercido meu papel como **porta-voz da anosmia** e obter o meu **direito à vacina**! Quando retornamos para casa, falei com minha mãe que tudo teria sido ainda mais difícil se eu tivesse ouvido todas aquelas pessoas que diziam que era perda de tempo escrever este livro e me debruçar sobre essa causa.

Sem os resultados dos exames e o laudo médico, eu não teria nenhum meio de comprovação da perda do olfato, ainda mais pela ANOSMIA ter sido o sintoma que confirmava o contágio da Covid-19.

Imaginei que, se no Brasil fosse igual aos países que realizavam o teste do olfato nos estabelecimentos para comprovar se a pessoa estava ou não sentindo cheiro (geralmente era utilizado o vinagre), eu seria desacreditada. Provavelmente teria sido forçada pelas autoridades a me internar em quarentena, em isolamento social, com suspeita da infecção viral.

Nessa hipótese, teria que, com urgência, completar todos os exames pela primeira vez, e o risco de frequentar hospitais naquela altura de contágio poderia arriscar a minha saúde e ser, de fato, contaminada.

Frisei a meus pais de que seguir a minha intuição em descobrir a doença que eu tinha e não dar ouvidos às vozes que desaconselhavam seguir com a escrita do livro ainda em 2018 fez com que a minha jornada fosse, poucos anos mais tarde, confirmada de que não era em vão e reafirmei que continuaria seguindo o meu instinto. Tive febre, que era um efeito colateral previsto e, dois dias mais tarde, ¡já estava totalmente recuperada e disposta!

CAPÍTULO 31

Primavera do Leste, agosto de 2021 - Brasil

BUSCANDO PELO DOCUMENTO DE IDENTIDADE PcD

Lembrei-me da história **"¿Serve a anosmia?"** (Capítulo 12) e, posteriormente, da luta que tive de enfrentar para ter **reconhecido e atendido o meu direito à vacina contra a Covid-19.** Por isso, pensei novamente que o documento de identidade identificando a pessoa com deficiência traria mais conforto para as PcD e causaria menos ruído de comunicação durante o dia a dia, podendo agilizar os procedimentos.

Por exemplo, se eu já estivesse com o documento em mãos com o símbolo da acessibilidade da pessoa com deficiência, nenhuma resistência seria encontrada na fila preferencial ou durante a fase de vacinação, porque a perícia já teria sido realizada pelos organismos públicos. Por um lado, entendo a parte da secretaria de epidemiologia, porque muitas pessoas falsificam laudos médicos e, pela quantidade, não seria possível ligar para os médicos e confirmar a veracidade documental.

Finalmente encontrei um respaldo. Infelizmente, uma lei estadual, que poderia ter sido protocolada como projeto de lei em âmbito federal. Trata-se da Lei nº 7.821/2017, do estado do Rio de Janeiro, que institui a Carteira de Identidade Diferenciada e o Crachá de Informação Descritivo para Pessoas com Deficiência. De autoria do Deputado Jânio Mendes e sancionada pelo então

Governador Luiz Fernando de Souza, a lei entrou em vigor em 20 de dezembro de 2017, garantindo às pessoas com deficiência um meio de identificação mais adequado às suas especificidades.

Durante a segunda quinzena de agosto de 2021, passei a conhecê-la. Precisava buscar informações sobre a localidade de credenciamento em outro estado que não o Rio de Janeiro. Passaram-se muitos dias em que estive em busca, até eu obter o local correto em Primavera do Leste e, antes de descobrir, cheguei a encaminhar um e-mail para o Centro de Atendimento ao Cidadão da Perícia Oficial e Identificação Técnica (POLITEC) de Mato Grosso, com a seguinte mensagem:

De: Catherine Vecchi

Para: Centro de Atendimento ao Cidadão da POLITEC

Assunto: Dúvidas: Carteira de Identidade Diferenciada e crachá descritivo

Boa tarde.

Gostaria de sanar uma dúvida. Quais são os postos de identificação credenciados no estado do Mato Grosso para que eu possa obter a carteira de identidade diferenciada junto com o crachá descritivo. Moro na cidade de Primavera do Leste.

As únicas informações claras que obtive até o momento foram do Detran do estado do Rio de Janeiro.

De qualquer forma, se possível, informar onde existe um site oficial para que qualquer pessoa no território nacional possa realizar uma busca para encontrar estes postos de identificação credenciados.

Fico no aguardo e desde já agradeço pela atenção.

Att.,

Catherine

A resposta chegou:

De: Centro de Atendimento ao Cidadão da POLITEC

Para: Catherine Vecchi

Assunto: Re: Dúvidas: Carteira de Identidade Diferenciada e crachá descritivo

Bom dia!!!

Catherine, aqui em Mato Grosso, depende de qual cidade é o local que realiza o documento de identidade.

Se a cidade tiver Ganha Tempo é neste local, se não geralmente é um Posto junto à Prefeitura da Cidade.

Atenciosamente,

Novamente, procurei no Google para saber se encontraria o local exato na cidade de Primavera para fazer o cadastro e encontrei. Fiz uma chamada telefônica para o número da POLITEC publicado pelo jornal *O Diário*.

Fui muito bem atendida, mas algo na conversa me chamou a atenção, que foi a seguinte pergunta:

— **¿QUAL É A DEFICIÊNCIA DA PESSOA?**

Pausa aqui para um breve relato frente a essa pergunta. Somente a título de curiosidade, antes de darmos continuidade ao diálogo via telefone. Geralmente, as pessoas acreditam que todos com uma ou mais deficiências sejam representados por outros membros da família e que não possam responder por si sós, ou até mesmo buscar informações por conta própria, o que é uma inverdade. Agora, fazendo um paralelo, acredito que isso ocorra por falta de treinamento desses profissionais que, na maioria das vezes, não possuem especializações na área de atuação. Em razão da morosidade e das desinformações, os processos prejudicam a comunicação de pessoas com alguma dificuldade e, dessa maneira, os familiares acabam tomando a frente das negociações. Tanto esse atendente quanto a atendente na secretaria de epidemiologia, lá no Capítulo 29, questionaram a mesma coisa: "¿QUAL É A DEFICIÊNCIA DA PESSOA?". Veja bem, quem faz esse tipo de pergunta não está imprimindo um preconceito, ou "capacitismo", perguntas assim são habituais, porque, provavelmente, a maioria das buscas por informações para as pessoas com deficiência são terceirizadas.

Voltando ao assunto: com todos os detalhes de quais documentos seriam necessários para obter minha Carteira de Identidade Nacional (CIN/PcD) recolhidos com o atendente, na sequência, entrei em contato com o cartório da minha cidade natal, em Campo Mourão, e solicitei a emissão da segunda via da certidão de nascimento atualizada. Paguei as taxas da certidão e do envio. E, em seguida, também enviei um e-mail para o meu médico otorrinolaringologista, o Dr. Sang Yun Sin, para que ele emitisse outro laudo atualizado com o CID R43.0 (**Anosmia**).

Cortês como sempre, de pronto, ele preparou o documento e o emitiu, deixando-o na recepção do Instituto Otorrino para que a empresa especializada em retirada de malotes, que contratei na capital paulistana, buscasse o laudo médico e despachasse para mim, em Mato Grosso. Lembre-se de solicitar ao seu médico que ele informe o CID[19] no laudo médico. Para comprovar a numeração da doença, basta acessar o site www.qualcid.com.br.

19 Segundo a OMS, o Código Internacional de Doenças (CID) é a base para a identificação de tendências e estatísticas de saúde em todo o mundo, e o padrão internacional para relatar doenças e condições de saúde. É o padrão de classificação de diagnóstico para todos os fins clínicos e de pesquisa. O CID define o universo de doenças, agravos, lesões e outras condições de saúde relacionadas, listadas de forma abrangente e hierárquica. "É por meio dessa classificação que se facilita o armazenamento, a recuperação e a análise de informações de saúde para a tomada de decisão baseada em evidências", descreve a OMS em sua página de classificação. https://www.cnnbrasil.com.br/saude/entenda-o-que-e-cid-o-codigo-que-identifica-doencas-no-mundo-todo/

O período de transição do CID-10 para o CID-11, incluindo a aplicação da classificação para coleta de dados, implica na definição de prazos e ações estratégicas necessárias para essa migração. Seguindo a estimativa da Organização Mundial de Saúde (OMS), o período de transição deve ocorrer entre dois e três anos. Assim, espera-se que o CID-11 esteja em uso nos sistemas de informação da vigilância a partir de 1º de janeiro de 2025. Fonte: https://www.gov.br/saude/pt-br/assuntos/noticias/2022/julho/ministerio-da-saude-coordena-traducao-do-novo-codigo-internacional-de-doencas-para-a-lingua-portuguesa.

CAPÍTULO 32

Primavera do Leste, agosto de 2021 - Brasil

A VACINA COVID-19 - PcD
A 2ª DOSE

Ainda em agosto, finalmente, sem qualquer transtorno de comunicação ou humilhação em suplicar por um direito meu, no dia 24 recebi minha 2ª dose da vacina. Unindo os pontos depois de ter passado por tudo isso, fui rascunhar alguns pensares: encontrei a informação da unidade emissora da Carteira de Identidade Diferenciada pelo jornal *O Diário*, jornal esse, aliás, em que fui muito noticiada na minha adolescência.

Passados alguns dias, fiquei me questionando se seria uma boa oportunidade emitir um comunicado naquele mesmo jornal, oferecendo ao público informações que aprendi ao longo dos anos para que pudessem conhecer a anosmia por meio de minhas percepções, além das notificações que encontramos na academia-científica, porque como tantas pessoas no mundo estavam contraindo o vírus SARS-CoV-2 da Covid-19, era extremamente importante comentar o assunto.

Depois de ter tido esse insight, liguei para a redação me apresentando e negociei uma nota de apresentação acerca do tema da anosmia. Falei com o jornalista Wellington Camuci, que aceitou prontamente.

E, pela primeira vez, iria exercer a minha função de jornalista (entrei na faculdade de Jornalismo, mas interrompi o curso quando me mudei para a Europa, a fim de reconhecer o vínculo italiano). Mesmo que a graduação não seja uma exigência para se tornar jornalista, a pessoa somente terá seu ofício reconhecido se tiver experiência em redação ou se publicar textos em veículos de imprensa tradicionais, por exemplo. Isso é importante pelo embasamento teórico que confere ao(à) autor(a). Fiquei orgulhosa pelo aceite da equipe da redação, sobretudo por ser a minha primeira matéria jornalística abordando a minha luta e me apresentando, pela primeira vez, publicamente, registrando minha atuação na linha de frente como **porta-voz da anosmia no Brasil.** Realmente, tudo fazia muito sentido, até porque estávamos no meio da pandemia, lidando com muitas pessoas enfrentando pela primeira vez a perda olfativa.

CAPÍTULO 33

Primavera do Leste, outubro de 2021 - Brasil

COLUNISTA DO JORNAL *O DIÁRIO* - PARTE I A NOVA ERA DAS PREVENÇÕES

Durante o mês de setembro, fui esboçando o que seria publicado no jornal para o mês seguinte, e na primeira semana de outubro, a edição com a minha primeira coluna foi publicada. ¡Quanta felicidade!

A NOVA ERA DAS PREVENÇÕES

Na corrida das vacinas contra o maior inimigo comum do mundo, durante a pandemia da Covid-19 e com os avanços da tecnologia, pudemos comprovar que, quanto mais as equipes forem unidas, melhor.

Trocar informações requer certos preceitos, estudos associados à literatura, ao comportamento humano, ao aprimoramento da tecnologia, aos conhecimentos de História Antiga. Exige desempenho, empenho e demonstração da capacidade de toda teoria posta em prática. Exige colocar o cérebro para pensar em novas possibilidades com tantos desafios. Realmente, é uma tarefa profunda e, muitas vezes, cansativa.

Em determinados casos, o aporte de investimentos multibilionários se faz necessário, como em cenários de guerra, os quais vivenciamos atualmente, a guerra viral e, em muitos momentos, a guerra de pessoas ignorantes e resistentes. Em resumo, pessoas comprometidas com um bem maior resultam do verdadeiro sucesso. A recomendação "**seja independente**", quando analisada com lupa, pode ser considerada um dos piores ensinamentos que alguém promulgou por aí e que é constantemente repetido. Repare que é impossível ser realmente "independente". Por mais que se tenha boa saúde, infraestrutura, condições sanitárias e qualquer coisa boa que agregue e contribua para dar aquela falsa sensação de independência e que pareça ser real, é uma sentença errônea. Imagine subdividir o ser humano em camadas, impossível, ¿não é mesmo? Tudo é interligado, os sentidos internos e externos estão em constante vibração e ressonância. Há aquelas pessoas que nasceram com algum tipo de deficiência de natureza física, mental, intelectual ou sensorial, ou adquiriram uma ou mais ao longo da vida, que dependem ainda mais da colaboração coletiva e dos recursos tecnológicos, porque, em determinadas ocasiões, barreiras podem obstruir a participação desses indivíduos de forma plena e efetiva na sociedade. Bem como mencionado na Lei Brasileira de Inclusão, no Estatuto das Pessoas com Deficiência nº 13.146/2015, no art. 2º.

Fomos feitos para servir, somos feitos para agregar valores, resolvermos problemas, aprimorarmos conhecimentos, somos feitos de trocas. E tudo isso gera sensações em nosso corpo que reverberam no campo externo. Vivenciamos até mesmo o que pareceu uma profecia relatada na famosa canção de um dos melhores cantores brasileiros de todos os tempos, Raul Seixas, intitulada 'O dia em que a Terra parou', escrita em 1977. E parou mesmo, desde o final de 2019 (já estamos na primeira semana de outubro de 2021). O isolamento social, que nunca havíamos experienciado, tornou-se parte do cotidiano. A proibição do contato físico e o uso de máscaras faciais virou a nova moda, sempre acompanhada do álcool em gel, extremos cuidados com a higienização pessoal e a higienização sanitária em lugares públicos e privados, sobretudo em ambientes fechados. Isto já era certo: as partículas virais duram cerca de 3 a 5 dias em superfícies geladas e em materiais como plásticos, aços e metais. Era ordem seguir as instruções. E assim começou a ser feito, uns por vontade própria; outros, com dúvida, seguiam e deixavam de seguir; outros, por descrença da magnitude do caos, recusavam-se a seguir as instruções com algumas ordens inquebrantáveis, por ser um vírus que se alastrava rapidamente em certas pessoas; outras, mesmo infectadas, tinham pouco ou quase nada dos sintomas virais, sendo chamados assintomáticos, porém apresentavam um grande agravante de poderem infectar outras pessoas.

Anosmia é um termo técnico para qualificar e quantificar a perda do olfato e, por causa do vírus SARS-CoV-2, centenas de milhares de pessoas no globo terrestre adquiriram essa doença e, em questão de até três dias do contágio, passaram a experimentar uma vida incomum. De repente, num golpe do dia para a noite, passaram a não mais sentir o cheiro das coisas nem das pessoas. Por causa da anosmia, foi possível identificar a incubação viral e a quantidade de dias que o indivíduo contaminado teria que cumprir de quarentena absoluta.

Claire Hopkins, uma professora britânica de rinologia do King's College, escreveu para a Organização Mundial de Saúde (OMS) certificando que a anosmia era o sintoma preditor da Covid-19 e isso passou a ser uma informação valiosa para saber em qual estágio a doença estava incubada no paciente. Em suma, o paladar automaticamente passa a ser afetado (é 100% certa essa informação). Simplesmente porque um é interdependente do outro, são sentidos químicos e, justamente por isso, são convergentes entre si. Por exemplo, o órgão muscular responsável pelo paladar é a língua, ela consegue perceber os sabores, entre eles o doce, o amargo, o azedo, o salgado e o umami, que fica alocado no final da língua, último estágio para o alimento e as bebidas passarem. Bem, os dados científicos atribuem à língua 20% do que se pode sentir do gosto dos alimentos e o restante é do patrono, o **olfato**, com 80% de responsabilidade pela ligação entre as partículas das moléculas voláteis.

Ao morder ou cortar um alimento, ou quando exalado de uma bebida, mistura-se o aroma daquilo que está sendo consumido e, com as percepções oriundas da língua, essas partículas voláteis percorrem, através do ar inalado, um corredor tanto na subida para o trato respiratório quanto na descida para a garganta, e o ar chega aos pulmões. E depois de o sentido químico chegar aos bulbos olfatórios, é ali decodificado e, o que era sentido químico, é levado ao cérebro e transformado em sentido elétrico, onde é possível desvendar os sabores e os aromas, tornando-se, de fato, o que se sabe ser o cheiro.

Sempre foi assim no corpo de uma pessoa que nasce com o olfato preservado. A anosmia sempre existiu, mesmo antes da Covid-19, e o fato de não sentir cheiro era uma questão banalizada. O que diferencia é como o vírus ataca justamente as vias aéreas e acaba tolhendo o olfato de modo temporário ou permanente. E, para isso, o objetivo principal desta nota é estimular o olfato logo após a perda dele, utilizando métodos já confirmados para que as células ciliares retomem suas atividades, pois o corpo consegue regenerá-las sozinho, principalmente quando treinado. Vale lembrar que, ao que tudo indica cientificamente, "apenas" 5% das pessoas que adquiriam anosmia na pandemia ficarão sem sentir cheiro para o resto da vida ou **até que descubram a cura dessa doença rara (Capítulos 46 e 47)**.

¿Como é o treinamento olfativo? É uma fisioterapia para o olfato, a qual é determinada pela frequência do paciente desde os primeiros dias de queixa e do início precoce do processo de cheirar as coisas para que a memória não seja afetada, porque esses sentidos químicos são ligados nas regiões do hipocampo, das amígdalas (cerebral), do sistema límbico, dos sistemas das emoções e dos comportamentos. Nem tarde nem cedo demais, deve-se suspender o treinamento, pois há indícios de que ele possa voltar a piorar o quadro quando o paciente deixa as atividades ligadas aos estímulos decorrentes do estímulo, mais precisamente do hipocampo, das amígdalas e do hipotálamo, pois, nesses três campos de conexões, cada um é responsável por uma parte distinta de funções cerebrais, operando de maneira distinta. Por exemplo, se ramificarmos a parte do estímulo provocado ao introduzir moléculas odorantes na narina do paciente, como o cheiro do cravo, o aconselhável é que o paciente com hiposmia (diminuição do olfato) e que necessita do treinamento do olfato tente se recordar do cheiro do cravo que está sendo treinado naquele instante.

A necessidade é manter a 'ideia' do cheiro de cravo naquele ambiente cerebral, com toda atenção para aquele momento, pois a literatura acadêmica dita que, quando um cheiro é evocado nas emoções, os neurotransmissores podem se ligar a outra sequência e aumentar a produção de bainha de mielina, que são lipídeos (gorduras) responsáveis pelo aumento da velocidade de condução de atividades nos neurônios. O **treinamento olfativo** começou a ser aplicado em Londres, na Inglaterra. A precursora, Chrissy Kelly, depois de perder o olfato, procurou um renomado cientista para apoiá-la numa iniciativa desesperada de retomar o sentido. Os pesquisadores mostraram que o treinamento funcionava e Chrissy, após recuperar o olfato, criou a Fundação AbScent. De lá para cá, tornou-se mais comum ouvir falar sobre perda do olfato em canais de notícias e já era sabido que pessoas adquiriam anosmia por outros meios, como acidentes de carro, tumores cerebrais, doenças degenerativas, hipoplasia do bulbo olfatório... Tudo muda para quem perde o olfato. O sabor dos alimentos muda, os cuidados com a higienização devem ser supervisionados com maior rigor, a preocupação com a ingestão de alimentos fora do prazo de validade passa a ser constante, vazamentos de gás começam a se tornar um problema grave, tanto como fumaça e focos de incêndio e, mais que isso, o psicológico é afetado, porque essa doença também mexe com a memória afetiva. Novos medos e inseguranças começam a fazer parte do mundo dos anósmicos, por isso é importante que amigos e familiares ajudem nessa etapa, para que a pessoa se sinta mais acolhida, seja compreendida com suas instabilidades emocionais e mantenha a constância do tratamento olfativo, ao menos duas vezes ao dia, com óleos essenciais ou alimentos e itens comuns, como café, limão, pasta dental, entre outros... Não negligencie, porque essa etapa contribuirá para que a qualidade plena de vida retorne ou, ao menos, evite que a pessoa tenha que aprender a viver olhando de um novo ângulo para a nova vida. Para aquelas pessoas que perderam o olfato, uma nova e brusca adaptação se fará necessária. Por isso, a prática de esportes, como meditação, pilates, ioga etc. e o contato com a natureza são primordiais. A qualidade de vida começa dentro de nós e, mesmo que agora tudo pareça muito complexo, triste e distante de dar certo, acredite que vai melhorar. Minha fonte de sabedoria é Deus e, se para você for outra, lembre-se de inseri-la neste contexto.

Acredite, o Criador está construindo uma ponte segura para atravessarmos. Mesmo que você não consiga sentir o cheiro da madeira sendo talhada, mesmo que você não ouça o martelo sendo batido para pregar os parafusos, mesmo que você não sinta seus pés tocarem as tábuas ou não sinta seus dedos deslizarem no corrimão, mesmo que você não enxergue essa ponte sendo construída, ou até mesmo não entendendo como é possível construir essa ponte, mesmo assim, acredite, a ponte está sendo preparada para você atravessar em segurança. Não desista só porque agora parece ser impossível. Todos nós fazemos parte dessa construção, todos nós precisamos receber apoio dos outros e fornecer apoio para os outros. O que realmente importa é contribuir verdadeiramente, sem falsas demagogias.

Eu sou Catherine Vecchi, nasci no ano de 1986, em Campo Mourão, no Paraná. **Nasci com uma deficiência sensorial olfativa, a anosmia.**

Desde o final de outubro de 2016, após um acidente doméstico com inalação de fumaça por mais tempo que o corpo humano conseguiria suportar, um milagre aconteceu: ganhei uma segunda chance de viver. E, por causa disso, abandonei a carreira de modelo internacional, voltei a morar com meus pais na cidade de Primavera do Leste (por um ano sabático) e, depois de começar a escrever um diário, descobri que eu era preconceituosa comigo e com a minha condição genética. Queria ser igual às outras pessoas e, parecer diferente delas, era um martírio para mim; além disso, não pude realizar o sonho de cursar Medicina. Não sentia o mundo como as outras pessoas e, com a minha maneira de viver, percebi que são as ações humanas que realmente cheiram "bem" ou "mal".

Foi após o acidente que compreendi que não há escala nem monopólio da dor. Qualquer pessoa com outro tipo de deficiência teria sentido o odor de fumaça e escapado do quarto, porém permaneci lá, acordei com fortes dores de cabeça, garganta ressecada, tontura e, ao perceber o perigo, consegui solucionar e encontrar o foco do pré-incêndio. Não há deficiência pior ou menos ruim que outra, há a deficiência. Todas causam dificuldades e limitações específicas e podem até mesmo influenciar no mercado de trabalho e na fonte de renda. Portanto, meu aprendizado foi começar a superar as barreiras internas, quebrar as amarras da ignorância e me aprofundar no conhecimento para conhecer minhas limitações, aceitá-las e buscar as ferramentas que podem auxiliar para que eu tenha uma vida completa. Previna-se, cuide de você e dos outros e, por favor, ¡tome a vacina!

CAPÍTULO 34

Primavera do Leste, novembro de 2021 - Brasil

FORMALIZANDO O DOCUMENTO PcD

Chegados todos os documentos necessários de Campo Mourão (2ª via da Certidão de Nascimento) e de São Paulo (Laudo médico atualizado com o CID R43.0), comecei a preencher o formulário no Portal da Segurança,[20] página de serviços da Secretaria de Estado de Segurança Pública de Mato Grosso para o Cidadão. Feito o pedido para a confecção da Carteira de Identidade Nacional Diferenciada (RG/CIN – PcD), aguardei. Segue o boleto e comprovante de pagamento.

GOVERNO DO ESTADO DE MATO GROSSO
SECRETARIA DE ESTADO DE FAZENDA
DOCUMENTO DE ARRECADAÇÃO - DAR MODELO 1 - AUT

03 - RESERVADO				04 - RESERVADO AO SELO FISCAL
Nº T.P.A.R.	SEQUÊNCIA			OBRIGATÓRIO O USO DO SELO FISCAL NA SAÍDA PARA OUTRA U.F. 08112021 155523
01 - NOME DO CONTRIBUINTE catherine dyendre carradore vecchi	05 - CNPJ OU CPF			
02 - ENDEREÇO COMPLETO /MT	06 - INSCRIÇÃO ESTADUAL			
07 - Nº DO SELO FISCAL			08 - Nº PARCELA 01/01	09 - NÚMERO DA N.A.I./RENAVAN
10 - NOME DO MUNICÍPIO PRIMAVERA DO LESTE	20 - CODG. MUNIC.	21 - PERÍODO REF. 11/2021	22 - DATA VENCTO. 30/11/2021	23 - INF. COMPLEMENTARES
24 - ESPECIFICAÇÃO DA RECEITA TASEG-PERICIA - IDENT.TECN LEI9067/08			25 - CÓDIGO	26 - VALOR 70,09
32 - INFORMAÇÕES PREVISTAS EM INSTRUÇÕES Código da Sub-receita: 215 - Cédula de Identidade - 2ª Via e seguintes NÃO RECEBER APÓS O VENCIMENTO.			CORREÇÃO MONETÁRIA	27 - VALOR 0,00
			MULTA	28 - VALOR 0,00
			JUROS	29 - VALOR 0,00
			T.S.E.	30 - VALOR 0,00
			TOTAL A RECOLHER	31 - VALOR 70,09
33 - VALOR A RECOLHER POR EXTENSO SETENTA REAIS E NOVE CENTAVOS			40 - AUTENTICAÇÃO MECANICA	

Modelo aprovada pela Portaria nº 085/2002

Via Arrecadação

Fonte: arquivo pessoal da autora.

20 https://portal.sesp.mt.gov.br/portaldaseguranca/pages/civil/emiteDarRg.seam

SISBB - SISTEMA DE INFORMACOES BANCO DO BRASIL
08/11/2021 - AUTOATENDIMENTO - 16.58.14
1812001812 SEGUNDA VIA 0042

COMPROVANTE DE PAGAMENTO

CLIENTE: CATHERINE D C VECCHI
AGENCIA: CONTA:
==
Convenio SEFAZ - MT - ICMS
Codigo de Barras

Data do pagamento 08/11/2021
Valor Total 70.09

DOCUMENTO: 110801
AUTENTICACAO SISBB:
==
Na hora de investir e sempre bom contar com
lidez e credibilidade. Acesse o simulador
bb.com.br/investimentos.

Fonte: arquivo pessoal da autora.

Foi gerado no término do cadastro o canhoto que deveria ser apresentado no dia da retirada para o recebimento do documento da Carteira de Identidade Nacional. ¡Ufa! Agora os transtornos acabariam, pois, finalmente, em poucos dias, estaria em mãos com o meu primeiro documento oficial para assegurar a minha deficiência quando eu precisasse comprová-la publicamente.

¿Percebe a importância de uma lei ser bem redigida? Na ausência de leis federais para um mesmo assunto direcionado às pessoas com deficiência, fica tudo desalinhado.

Explico-me com mais exatidão: **a Lei Estadual nº 7.821/2017**, do Rio de Janeiro, na íntegra, passa a garantir o direito apenas para pessoas com deficiência de um único estado, excluindo as pessoas de outros estados, que também são deficientes. O que era para ser uma inclusão social e de cidadania passa a ser uma exclusão, haja vista que não é somente no estado do Rio de Janeiro que existem pessoas com deficiência para receberem a gratuidade ao emitirem o documento.

O **PL nº 7.188/2010**, protocolado pelo Deputado Clóvis Fecury (DEM--MA), diz que: "Faculta a identificação da condição de deficiente na carteira de identidade".

> Art. 1º Esta Lei faculta a identificação da condição de deficiente na carteira de identidade, alterando a Lei nº 9.049, de 18 de maio de 1995.
>
> Art. 2º A Lei nº 9.049, de 18 de maio de 1995, passa a vigorar acrescida do seguinte artigo:
>
> **§ 3º A carteira de identidade para os portadores de deficiência será expedida gratuitamente e terá validade em todo o território nacional, devendo ser revista e reexpedida a cada cinco anos ou em período inferior, conforme constar do laudo médico, sempre que a deficiência for reversível ou provisória.**[21]

Encontrei a informação nos artigos da **Lei nº 7.821 de 20 de dezembro de 2017**, que eu precisava para entender de onde provinha o financiamento das despesas para as emissões da Carteira de Identidade Nacional da Pessoa com Deficiência no estado do Rio de Janeiro na sua forma gratuita, FRISANDO DE ONDE PROVÉM O FINANCIAMENTO GOVERNAMENTAL.

> **Art. 4º As despesas decorrentes da aplicação desta Lei correrão por conta de dotações orçamentárias próprias, suplementadas, se necessário, facultando-se a utilização dos**

21 https://www.camara.leg.br/proposicoesWeb/prop_mostrarintegra?codteor=760368&filename=Tramitacao-PL%207188/2010

recursos do Fundo para a Política de Integração de Pessoa Portadora de Deficiência – FUDPE.[22]

Estranhei o fato de o organismo público do estado de Mato Grosso, emissor da minha Carteira de Identidade, ter usado a mesma lei estadual do Rio de Janeiro, anteriormente mencionada, e o PL nº 7.188/2010, para garantir o símbolo universal da acessibilidade da pessoa com deficiência no canto direito superior no documento, e não ter usado a mesma Lei para se valer da gratuidade na emissão.

¿PARA ONDE FOI O MEU DINHEIRO?

Anotei em meu caderno que, por este motivo, quando tivesse a oportunidade de conversar com algum parlamentar averiguaria as seguintes necessidades:

1) Solicitaria a regulamentação em uma única lei federal e, para isso acontecer, seria preciso:

2) Revogar a Lei Estadual nº 7.821/2017, do Rio de Janeiro, já existente e somente desta forma:

   2.a) A Lei Federal, apelidada de "**Lei Catherine Vecchi**", asseguraria que todas as pessoas com deficiência seriam beneficiadas equanimemente, garantindo o seu direito em lei, a isenção de qualquer taxa, de modo gratuito na emissão da 1ª via.

¿Justo?

22 https://leisestaduais.com.br/rj/lei-ordinaria-n-7821-2017-rio-de-janeiro-autoriza-o-poder-executivo-a-assegurar-as-pessoas-com-deficiencia-a-carteira-de-identidade-diferenciada-e-um-cracha-de-identificacao-que-reunam-informacoes-sobre-a-saude-do-portador.

Outra questão que tomei nota, porque senti a falta dessa informação na hora de realizar o pedido da CIN foi:

2.b) Indicação de doação de órgãos.

Baseei no fato de quando fiz o meu primeiro RG/CIN (Carteira de Identidade Nacional), em que uma das perguntas era justamente se eu seria doadora ou não de órgãos. Na ocasião, aos 12/13 anos, eu optei por ser NÃO DOADORA. Era tudo muito confuso, não sabia como funcionava direito e daí preferi me abster de ser doadora.

CAPÍTULO 35

Primavera do Leste, novembro de 2021 - Brasil

COLUNISTA DO JORNAL *O DIÁRIO* - PARTE II REFORMA DO SÍMBOLO UNIVERSAL DA ACESSIBILIDADE DA PESSOA COM DEFICIÊNCIA (PcD)

Depois de publicada **"A NOVA ERA DAS PREVENÇÕES"**, minha primeira matéria no jornal, um mês mais tarde, em novembro, finalmente, já estava com a ideia de expor ao público a necessidade de reformar o símbolo universal da acessibilidade para pessoas com deficiência (PcD), desejo que tenho desde 2018. Decidi que esse era o momento oportuno para continuar escrevendo a sequência na minha coluna. Aliás, tema esse da reforma do símbolo universal que agrupa a temática de todas as deficiências. Uns dias se passaram e finalmente o jornal chegou nas bancas e lá fui adquirir alguns exemplares:

Reforma do Símbolo Universal da Acessibilidade da Pessoa com Deficiência (PcD)

¿Já pensou sobre isso?

¡Ah! Que maravilha seria nosso mundo perfeito, inclusivo, educativo, extremamente higiênico, onde ninguém passasse fome ou comesse dos restos dos lixões a céu aberto. Onde não houvesse aterros sanitários, o saneamento básico chegasse a todas as casas, a população cuidasse das suas composteiras orgânicas, os edifícios públicos e privados, os condomínios e as residências reciclassem os lixos nas coletas seletivas, as indústrias repensassem as embalagens de forma verdadeiramente ecológica, as edificações fossem acessíveis para todos, com os serviços e sistemas funcionando sem qualquer erro humano ou tecnológico, pensando em todas as possibilidades para vivermos em harmonia com uma população dotada de um senso de justiça aguçado, preciso e determinado.

Só assim seríamos evoluídos num patamar onde não existiriam mais vítimas, agressores, corrupção, atrocidades ao meio ambiente, e o ser humano viveria uma vida absolutamente menos estressante e bem mais empolgante, sem as mazelas que encontramos pelo mundo. Conseguiríamos, dessa forma, melhor utilizar nossa intuição.

A busca pela perfeição é possível; por isso, acertamos mais do que erramos e, quando erramos, tendemos a nos corrigir. Se isso não fosse verdade, a sociedade continuaria vivendo em meio à barbárie e não conheceria a diplomacia. Porém, ainda estamos em busca da inserção de práticas lógicas para, a partir delas, conseguirmos solucionar problemas que inicialmente parecem não ser tão graves se observados do alto. Somente quando apontamos o zoom em direção à população é que começamos a perceber as severas implicações que estimulam os mais diversos tipos de sentimentos no tratamento de uma pessoa para com a outra. Entram aí no cenário a disputa, a competitividade, as mentiras e as intrigas propositais ou decorrentes da ignorância.

¡Vamos lá! Basta começar pensando que uma vida sem Filosofia é uma vida tolhida de sentimentos e experiências completas, é uma vida que passa a ter características engessadas (visíveis e invisíveis) e, por vezes, uma pessoa que seja capaz, mas não tenha compromisso com o pensamento crítico, raramente poderá questionar ou alterar uma ideia, um comportamento, uma conduta, uma crença, um serviço, um ambiente e, até mesmo, alguns tipos de acessibilidade. Por esse motivo, continuamos enfrentando problemas de exclusão em vez da inclusão das pessoas no meio em que vivem e, dessa forma, provocamos ruídos de comunicação, constrangimentos, ameaças e intolerâncias.

De fato, ao nos debruçar sobre o entendimento da palavra *desenho*, percebemos que, entre formas, cores, linhas e pontos obtemos uma figura 2D, bidimensional. Esses desenhos, quando impressos nos papéis, nas placas, nos textos informativos e nos cartazes esclarecem o que a mente pensou, o que a população vem observando ao longo dos tempos, como no símbolo para representar as pessoas com deficiência e que funciona na prática para o bem-estar e para facilitar o acesso às pessoas, que tanto servirá como foco para pessoas com alguma deficiência quanto para pessoas que se beneficiarão das boas práticas de acessibilidade. Contudo, o que quero mostrar é que este símbolo, apesar de ser conhecido universalmente, não representa todas as pessoas com deficiência. Por exemplo, ainda faltam muitas sinalizações para rampas e banheiros adaptados para pessoas em cadeiras de rodas, detectores de gás e fumaça em edificações públicas, privadas e residenciais, placas informativas de locais insalubres para pessoas que não sentem cheiro, pisos táteis e braile para pessoas que não enxergam e, assim, sucessivamente. ¿Vamos relembrar algo muito importante que está na Lei nº 13.146/2015 do Estatuto da Pessoa com Deficiência?

> **Art. 2º** Considera-se pessoa com deficiência aquela que tem impedimento de longo prazo de natureza física, mental, intelectual ou sensorial, o qual, em interação com uma ou mais barreiras, pode obstruir sua participação plena e efetiva na sociedade em igualdade de condições com as demais pessoas.

Vou começar com uma analogia: imagine que você esteja querendo comprar feijão. Você vê o anúncio de feijão, o pacote mostra feijão no rótulo, as especificações são de feijão e você adquire o produto e, quando abre, encontra cápsulas de café. Ou seja, o produto não corresponde com o que está sendo anunciado, ¿correto? Ironicamente, o símbolo utilizado para representar as pessoas com deficiência é, infelizmente, preconceituoso, pois notavelmente legitima apenas as pessoas com deficiência física e sensorial (tato): os cadeirantes.

A simbolização do cadeirante não representa todas as pessoas com deficiência, visto que ela é direcionada somente ao nicho de uma deficiência, gerando uma série de conflitos nas ruas, nas filas, nas vagas de estacionamento, o que dificulta o acesso das pessoas com outras deficiências ao tentarem fazer cumprir seus direitos que estão listados na Lei nº 13.146/2015.

Se pararmos para analisar, o símbolo criado em 1969 é totalmente robótico e não representa o contexto da humanização que todos merecem por respeito e dignidade.

Já o símbolo que a Organização das Nações Unidas (ONU) criou em 2015 para substituir o símbolo de cadeirante soa muito robótico também e, pior ainda, tem cunho infantil, recaindo no erro de que todas as pessoas com algum tipo de deficiência não têm habilidades, argumentos e atitudes de adultos.

Ambos os símbolos não representam o que deveriam representar: uma deficiência, uma incapacidade, uma limitação. E a verdadeira representação ocorre quando um símbolo é neutro ou imparcial, quando inclui, educa, ¡humaniza e fideliza o conteúdo e não a forma!

Para que uma campanha tenha valor em sua comercialização e alcance a conscientização mundial ela deve se valer do apoio do que de fato funciona, ou bem, assim deveria ser, ¿verdade? A imparcialidade, neste caso, deveria ser a balança soberana na definição do novo símbolo das pessoas com deficiência, pois está lidando com amplos tipos de PcD, o que já é bastante complexo.

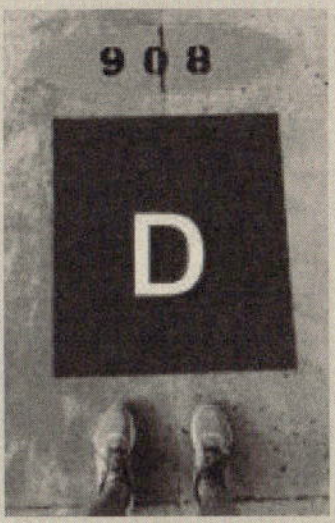

Contanto que não altere o significado próprio e agregue valor à causa que se representa, respeitando-a, humanizando o tratamento de cordialidade na teoria e na prática e tenha poder de inclusão social, a representação de um símbolo feita de forma honesta é, sem dúvida, algo que deve caracterizar todas as pessoas com deficiência. Sendo assim, partindo do princípio de que a palavra 'deficiência' se inicia com a letra D, tal qual se inicia com a letra D na língua inglesa (idioma mais conhecido mundialmente), sua escrita fica dessa forma ***Disabled People*** ←. Sendo de rápida e fácil associação e, claro, sem qualquer ofensa individual e alheia.

Apoiando-me também neste argumento, foi libertador constatar a representação da letra D para o novo símbolo universal da acessibilidade das pessoas com deficiência (PcD). Lembrando que não há escala nem monopólio da dor, não há deficiência pior ou menos ruim que outra, há a deficiência, há um ser humano que merece, acima de tudo, respeito e inclusão, de forma igualitária aos demais.

Eu sou Catherine Vecchi, paranaense, ítalo-brasileira, ex-modelo internacional, entusiasta da vida e das mudanças coletivas para o bem que favoreçam a todos. Antes de qualquer coisa, somos humanos e é com este olhar de cumplicidade que devemos estar atentos às nossas causas e às causas da legitimidade dos demais, para que consigamos uma sociedade aberta ao diálogo e à socialização, com princípios básicos e fundamentais, e o mínimo deve ser equivalente ao máximo; por isso, devemos conhecer nossos direitos e lutar por eles. Faço o convite para que você acesse o *site* www.catherinevecchi.com.br/vote, leia essa proposta e vote. A intenção é fazer você pensar comigo e estimular os demais a refletirem acerca do tema e a contribuírem com o voto, fazendo valer o apoio de uma união coletiva e funcional. A proposta é para reunir o máximo de pessoas conscientes e, depois, serão apresentadas às pastas dos Ministérios Público, do Desenvolvimento Social, da Educação, da Mulher, da Família e dos Direitos Humanos, à Secretaria Nacional dos Direitos da Pessoa com Deficiência, à Ouvidoria Nacional de Direitos Humanos e à ONU (Organização das Nações Unidas).

*

Reli meses mais tarde essa minha teoria publicada no jornal e em um momento de epifania reflexiva, encontrei um outro denominador comum e postei uma reavaliação no meu site, com **uma modificação**, confira:

O SÍMBOLO DO CADEIRANTE NÃO REPRESENTA TODAS AS PESSOAS COM DEFICIÊNCIA

Pensando em cada ponto de arranjo, vamos lá:

Já que o símbolo do cadeirante, de longe, não representa todas as pessoas com deficiência, pensei que, ao invés de apagar todo o simbolismo por trás e, já agarrada à ideia do D de "deficiente", acrescentaríamos o sinal do + junto à letra D, ou seja, D+, no topo do canto direito do símbolo já existente mundo afora. Pensando também pelo lado sustentável e simbólico, mantemos o símbolo do "cadeirante robótico", mais a letra "D" e o sinal "+". Assim, de fato, nos tornaremos todos inclusivos sem distinção.

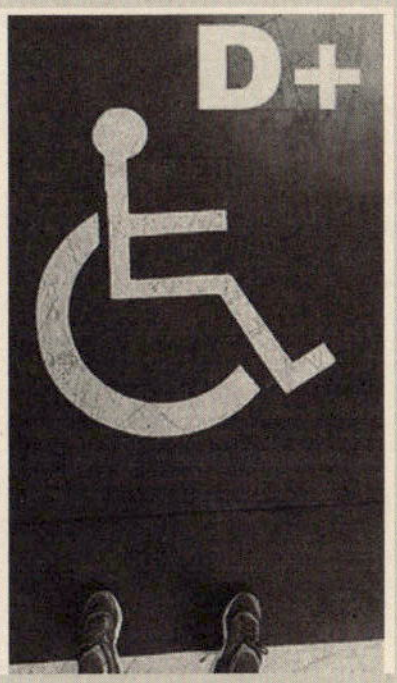

Se você concorda, por favor, vote a favor da mudança do SÍMBOLO UNIVERSAL DA ACESSIBILIDADE DAS PESSOAS COM DEFICIÊNCIA.

É importante que digite um CPF válido, nome completo, telefone de contato, para que o VOTO seja validado. Na omissão de qualquer um dos dados, o voto não será computado, pois perante a Constituição Federal, em seu artigo 5º, parágrafo IV: "É livre a manifestação do pensamento, sendo vedado o anonimato".

¿PORQUE TAMBÉM PENSEI EM MANTER TODA A SIMBOLOGIA DO PICTOGRAMA DO CADEIRANTE?

PORQUE SE EU FOSSE ALGUMA CHEFE DE ESTADO E RECEBESSE ESTE OFÍCIO, A PRIMEIRA COISA QUE EU ALERTARIA A PESSOA É:

¿VOCÊ SABE QUANTO CUSTARÁ AOS COFRES PÚBLICOS E A TODAS AS EMPRESAS SUBSTITUIR TODAS AS PLACAS E EXECUTAR REPINTURA NOS ESTACIONAMENTOS POR CAUSA DE UM PICTOGRAMA?

FOI PENSANDO EM MIM COMO SE FOSSE CHEFE DE ESTADO QUE BUSQUEI ALGO QUE FINANCEIRAMENTE TAMBÉM FOSSE VIÁVEL, SEM ONERAR DEMASIADAMENTE.

DAÍ PENSEI: SE TIVEREM QUE PINTAR A LETRA D+, É MENOS ONEROSO PARA QUE A REAL INCLUSÃO DA PESSOA COM DEFICIÊNCIA SEJA VÁLIDA. EM PLACAS COM PICTOGRAMAS, FICA SIMPLES TAMBÉM, SÓ ADESIVAR NO CANTO SUPERIOR DA DIREITA O D+, EM BRANCO.

Depois que anunciei as publicações, fui verificar se havia mais pessoas abordando o tema a respeito da confusão que o pictograma causava na vida das pessoas, e encontrei um levantamento importante na capital da minha terra natal, Curitiba, no estado do Paraná. Uma campanha patrocinada pela Prefeitura Municipal, publicada em 21 de dezembro de 2017:

Alerta Universal PcD: Campanha alerta: Símbolo da cadeira de rodas representa todas as deficiências.

Um em cada quatro brasileiros têm algum tipo de deficiência. São 45 milhões de pessoas. De acordo com os dados da Relação Anual de

Informações Sociais (Reais), 403.2 mil delas trabalham. Significa que compartilham os mesmos espaços públicos que as pessoas sem deficiência, como shopping center, farmácia, supermercado.

Mesmo assim, as pessoas com deficiência ainda passam por situações de preconceito e desrespeito. É o caso da Alexandra Forquim da Cunha Mannrich, 38 anos, e deficiente visual. "Chegamos ao supermercado e meu marido parou o carro na vaga especial para deficientes. No mesmo instante, parou outro carro na vaga de idoso e uma mulher desceu e começou a brigar comigo, dizendo que eu não tinha direito de estar ali, porque eu não apresentava nenhum problema e não estava na cadeira de rodas", **conta Alexandra e acrescenta, "Além disso, tenho direito de usar tanto quanto um cadeirante ou um surdo".** Em todo o mundo, o símbolo azul com o ícone de uma pessoa em cadeira de rodas representa todas as pessoas com deficiência. Para garantir o direito de acesso e estimular a construção de um olhar de respeito e livre de preconceitos sobre as pessoas com deficiência, foi lançada a campanha Este Símbolo Representa Mais do que Você Vê, pelo Conselho Municipal dos Direitos da Pessoa com Deficiência, a Fundação de Ação Social (FAS) e Prefeitura de Curitiba. A Campanha faz referência ao Dia Internacional da Pessoa com Deficiência (3 de dezembro) e reforça a importância de saber antes de julgar. A Lei nº 13.146/2015, em vigor desde janeiro, institui o Estatuto da Pessoa com Deficiência e garante direitos fundamentais de acessibilidade.[23]

Observe o imbróglio que o símbolo, monopolizando apenas a cadeira de rodas, causa. O estado do Paraná teve que criar uma Campanha afirmando que o símbolo da Acessibilidade Universal REPRESENTA TODAS AS

23 https://www.curitiba.pr.gov.br/noticias/campanha-alerta-simbolo-da-cadeira-de-rodas-representa-todas-as-deficiencias/44610.

PESSOAS COM DEFICIÊNCIA, E NÃO SOMENTE O CADEIRANTE. Por isso, reforço, **devemos REVOGAR O SÍMBOLO e acrescentar o D+, pois NÃO EXISTE ESCALA E NEM MONOPÓLIO DA DOR.**

Começo a pontuar que só a partir de muitos estudos e triagens do que funciona é que podemos eliminar retrocessos. Uma comunicação eficiente faz parte do meu envolvimento com o meu primeiro compromisso frente ao patrocínio da causa de alguns dos direitos das pessoas com deficiência, em que afirmo o debate para que haja a reforma do simbolismo do pictograma da identidade visual das pessoas com deficiência, que abarca pessoas com doenças raras, TEA, ficando assim evidente a urgência para que, além da acessibilidade das tecnologias assistivas, seja abordada a real necessidade inclusiva, social, econômica e de cidadania.

A começar por um símbolo justo, em que todas as pessoas se sintam representadas e não tenham que perder tempo e dinheiro em instruir os demais cidadãos. Isso quando não gera uma discussão desnecessária, tendo que provar que a pessoa tem direito em usar de sua garantia para estacionar na "vaga de cadeirante", mesmo não sendo cadeirante. É necessário endossar aqui essa minha opinião para começar a elucidar minha tese para o tema do porquê, novamente, eu discordo de que a cadeira de rodas REPRESENTA TODAS AS PcD.

CAPÍTULO 36

Primavera do Leste, dezembro de 2021 - Brasil

DOCUMENTO PcD PRONTO

Finalmente estava em posse da minha CARTEIRA DE IDENTIDADE NACIONAL DIFERENCIADA, com o símbolo da acessibilidade da pessoa com deficiência no canto superior direito. **No Capítulo 34**, apontei que usaram o art. 2º do Projeto de Lei nº 7.188/2010, porque regula o símbolo cadeirante como representante da pessoa com deficiência. Mesmo que na Cédula de Identidade PcD essa lei não seja mencionada, é importante frisar que a Lei nº 7.116/1983[24] é a que regula as emissões de Carteiras de Identidade, ou seja, são duas legislações complementares. Por esse motivo, é essa lei que prevalece na identificação da Cédula de Identidade da pessoa com ou sem deficiência; o que muda é apenas o pictograma anexado.

Além do mais, descobri que o embasamento para a gratuidade na primeira emissão da Carteira de Identidade Nacional é regulamentada pela Lei nº 7.116/1983, em seu art. 2º §3º, ou seja, se é a primeira vez que a pessoa com deficiência irá solicitar a emissão da sua identidade PcD, ela terá o direito da gratuidade na emissão. Tenho para mim que foi esse o raciocínio do Sr. Clóvis Fecury (PL nº 7.188/2010).

CAPÍTULO 37

Rio de Janeiro, março de 2022 - Brasil

PANDEMIA ACABANDO

Quando os contágios já estavam começando a ficar mais amenos, o meu íntimo começou a clamar por praia novamente, mas sentia que não deveria retornar à Europa naquele momento, até porque a pandemia não estava totalmente controlada e eu não queria correr

24 https://www2.camara.leg.br/legin/fed/lei/1980-1987/lei-7116-29-agosto-1983-356591-normaatualizada-pl.html

riscos desnecessários, ainda mais partindo só. Já vinha planejando a mudança para a Cidade Maravilhosa há sete meses, contudo, havia prometido para mim que só me moveria quando o cenário estivesse mais equilibrado. E foi em março que senti que era a hora certa.

Estava vacinada com as duas doses contra a Covid-19 e, claro, antes da minha viagem para o Rio de Janeiro, já marcada para o dia 3 de março, oito dias antes, tomei a 3ª dose (de reforço), no dia 24 de fevereiro. Comemorei o dia **8 de março** correndo pela orla da Barra da Tijuca de manhã cedinho e, nesse dia, além da comemoração pela luta das mulheres, que exercem um papel de grande importância na sociedade, bons ares trouxeram outra boa notícia: a primeira cidade do Brasil a liberar o uso das máscaras seria o Rio de Janeiro naquele dia. No dia seguinte, o mesmo aconteceu na capital de São Paulo.

Chegando à capital do Cristo Redentor, muitas coisas que estavam um pouco lentas começaram finalmente a se resolver. Continuei com a escrita deste livro, e todos os dias seguia com as minhas corridas matinais na orla. Que maravilha poder sentir a maresia, o mar, tomar água de coco e receber o frescor que só a natureza tem a nos oferecer. Procurei projetos para participar e encontrei a Route Brasil, que possui o objetivo de unir pessoas e propósitos. Como voluntária, atuei na limpeza de resíduos sólidos deixados nas areias das praias e limpando mangues. Foi muito satisfatório, em várias perspectivas, contribuir mais de perto com o meio ambiente e poder fazer novos conhecidos.

CAPÍTULO 38

Rio de Janeiro, maio de 2022 - Brasil

COLUNISTA DO JORNAL *O DIÁRIO* - PARTE III AS DEFICIÊNCIAS HUMANAS E SUAS SOLUÇÕES

Estava olhando os stories de alguns amigos meus e vi que eles estavam em solo brasileiro. ¿E adivinhe onde? ¡Exatamente! No Rio de Janeiro. Imediatamente, enviei mensagem avisando que estava morando ali. Responderam que passariam uma temporada na capital também e alguns dias depois me convidaram para um churrasco em uma mansão com vista para o Cristo Redentor. Passados alguns dias, uma pessoa muito importante e bem direcionada que ouviu minha história no churrasco, convencida da importância da missão, contatou-me por telefone e, quando atendi, estávamos em uma ligação com uma importantíssima figura da esfera política brasileira, e o pedido dessa aliança nem tinha partido de mim diretamente, pois eu nem sabia que essa pessoa conhecia qualquer parlamentar. Fiquei ainda mais confiante de que pudesse dar certo e a tríade aconteceu. ¡Só podia ser isso! Foi naquele churrasco que minha mudança de vida se iniciaria, e começaram a me provar que me levariam a uma estrada pavimentada e segura, reconhecendo o árduo trabalho para que a causa da **anosmia** fosse, de fato, reconhecida na esfera política, como eu tanto almejava. Eu precisava da chancela governamental para provar que minhas hipóteses, minhas teorias se fundiram tão bem que minhas teses precisavam ser aprovadas em leis federais. Decretei um ponto-final quando escrevi minha penúltima coluna no jornal *O Diário*, porque eu acreditei que já havia falado tudo que eu precisava expor nas matérias. Esse mês de maio foi de felicidade em dobro, porque me formei no curso de Computação Gráfica. Dessa vez, falei a respeito das deficiências humanas e suas soluções, e tive a supervisão do jornalista Wellington Camuci.

AS DEFICIÊNCIAS HUMANAS E SUAS SOLUÇÕES

O verdadeiro líder nem sempre quer ser tão vulnerável, já outros...

¡Bom dia, caros, assinantes e leitores! Rio de Janeiro, maio de 2022, exatamente às 11h27. À beira-mar, ouvindo os sons da natureza, vendo o mar quebrando ao pé do meu ouvido esquerdo com maior profundidade, captando as ondas que terminam ao encontro do bolsão de areia. Estou num *lounge* da Praia da Reserva, próxima de um parquete de madeira na lateral interna do bar central e perto de algumas famílias. Há um deque onde estão sobrepostos três silhões (poltronas), um deles na parte central da sala *lounge*, que se dispõe na área externa do bar, serve três lugares e é talhado em madeira para a área externa, trançado com corda azul-marinho e adornado com almofadas acolchoadas e encapadas com tecido piquet branco impermeável. Em seu extremo estão duas outras poltronas menores do mesmo conjunto.

Cheguei cumprimentando o *maître* com um "bom-dia" pedindo a ele a abençoada água de coco rica em sais minerais e avisando que estaria no *lounge*. Dia desses pisei na jaca, como dizem por aí..., mas isso não tem nada a ver, pois sempre volto para a rotina saudável e procuro me servir do mais natural licor aos lábios, doce na medida certa, fluída. Confesso que com o canudinho de papel essa experiência não é muito agradável, não "casa" muito bem, a impressão que tenho é a de estar bebendo água através de algum bambu. Pisei aqui pela primeira vez numa ação da Route Brasil, com apoio e parceria da Cia. Marítima Rio, no dia 30 de março deste mesmo ano. Tomando água de coco, escrevi estes dois parágrafos para dizer um pouco da minha rotina e retomar ao assunto que se iniciou nos jornais no mês passado, quando Milton Ribeiro deixou o Ministério da Educação, renunciou, perdeu o foro privilegiado, passou a ser julgado na esfera cível comum, e não mais pelo colegiado da corte máxima; além dos novos episódios que foram divulgados nas últimas semanas, quando ele atingiu acidentalmente uma mulher no aeroporto de Brasília. Dissimuladamente, com sua pasta de couro, tentou manipular a arma ainda com munição, distraiu-se, não sabendo manusear o objeto, incorrendo em um disparo que atingiu de raspão e feriu uma funcionária da GOL, que foi socorrida e está bem. As Regras da Agência Nacional de Aviação Civil (ANAC) determinam que o procedimento de esvaziamento da arma deve ser feito em um lugar específico. Obviamente, o que ocorre nas deficiências humanas é justamente traduzir em palavras algumas ações e escolhas pessoais ou coletivas. O que cada um faz no seu dia a dia gera uma reação (a maioria de nós já entende isso), gera uma consequência que causa malefícios ou, até mesmo, benefícios na vida de outra pessoa, seja este cidadão uma figura conhecida, ou não. Alguém em um aeroporto com porte de arma com registro de Caçador, Atirador Desportivo ou Colecionador (CAC), com munição e que alega desconhecimento das **normas**, assim como o fez o senhor Milton é, no mínimo, estranho e deve ser apurado. A **norma** é clara, sobretudo após o disparo 'acidental' do senhor Milton Ribeiro.

Por aqui acabou de chegar minha segunda água de coco (peço na fruta verde mesmo). Alguns visitantes surfistas apareceram na área, alguns puxaram papo e um deles disse que meu "escritório na praia estava ótimo". Observei meus pertences e olhei para o silhão central, onde havia deixado meu *laptop*. Quando fui abordada, estava em pé com a água de coco nas mãos, olhando a vista e pensando na costura deste capítulo e, de bate-pronto, respondi: "Ser escritora é uma das minhas profissões". Depois de alguns risos sinceros, o surfista e sua esposa foram comprar água de coco, assim como eu, e pediram para usar a ducha do local. Coincidentemente, a ducha era encapada com uma prancha de surfe que trazia o logotipo do quiosque.

Voltando para a pauta das comunicações sociais e algumas deficiências comportamentais humanas, sugiro algumas alternativas para contextualizar o que escrevo. Segue a primeira sugestão (e não vai ser a respeito da liberação ou não do porte de armas no país ou sobre qual sanção o senhor ex-ministro receberá nem nada relacionado a esses tipos de argumentos, contra-argumentos e conclusões). A questão aqui é o tema escolhido no subtítulo da terceira edição deste jornal do mês de maio a respeito da comunicação 'mal proferida e mal executada', onde moram e se alocam algumas das deficiências humanas comportamentais neurológicas ou criadas por hábitos, e quando um passo errado ou em falso pode gerar certos ruídos de comunicação e, vez ou outra, truncar para a litigância, ¡o que sempre é péssimo!

Não à toa, como comuniquei anteriormente, escolhi um local como o *lounge* na Praia da Reserva, que fica na Barra da Tijuca, no Rio de Janeiro. Esse bairro tem uma história com a reciclagem, que faço no meu possível e, hoje, dia 11, fiz rápidos cálculos e vi que já passaram 42 dias desde o primeiro evento que participei como voluntária pela Route Brasil. Recolhemos o lixo da praia e ajudamos os bares a limparem as entradas que, certas vezes, acumulam o lixo trazido pelo vento, pela maré, pelos visitantes e por quem circula por ali.

Tudo isso preparando para encaixar na rotina daqueles proprietários dos bares o hábito do descarte consciente. Fui como voluntária e, durante a ação, verifiquei que a equipe estava superpreparada; além dos materiais de apoio, como luvas, sacos de lixo (algo que poderia mudar, porque são plásticos. Confesso que não perguntei sobre a decisão de recolher plástico e usá-lo para recolher o que querem eliminar, mas poderia ser algo até mais sustentável, como sacolas de tecido, por exemplo). A organização tinha preparado uma mesa com frutas, comidas frescas e uma estrutura adequada para a atividade na areia, como música ao vivo. Ali estava um povo bonito, disciplinado, num clima amistoso. Era perceptível que aquelas pessoas tinham na mente o poder da mudança. Um timaço, em resumo.

Como nosso tema sempre gira em torno das melhorias, uma delas é colocar no poder alguém que seja capaz de criar novas diretrizes para o ensino formal brasileiro, lembrando que mais de 90% da população estudantil no país vem de escolas públicas. Ensinar e atuar dentro das escolas é a ferramenta principal para criar treinamentos e solidificar o que realmente pode acarretar mudanças, como implementar pontos de coleta de lixo em cada escola. Mas nem todas as pessoas estão interessadas em agir na base, porque pensam que dá muito trabalho organizar, pensar em benefícios, fazer a mensagem circular para valer a pena. É tempo de comunicar, de pensar nos gastos com publicidade de alertas, nas centenas de cadeias nessa história toda, desde as empresas que criam as embalagens dos produtos até o consumidor final. As responsabilidades são gigantescas e muitos pensam tanto que desistem de tentar mais um pouco. Devemos aproveitar a maré da conscientização em vez de jogar a bola para a população. Vamos conversar sobre as diretrizes mais eficazes para que as cidades sejam mais inteligentes e, para isso, precisamos de escolas mais inteligentes. Nessas instituições os exemplos são criados. É uma mistura de 'muitos sambas', desde a origem de cada aluno até a procedência dos organizadores, cada um com uma renda familiar diversa, exercendo diversas atividades laborais, com ideologias e teorias distintas. As instituições recebem verbas governamentais que variam entre as prefeituras. Não existe uma matemática como em uma empresa e suas filiais, tal qual na hierarquização de grandes empresas do ***real estate.*** ¿Por que não? Porque parece que a falta de planejamento, de estrutura e de educação é valorizada nesse cenário. Vou fazer uma simulação rápida sobre as causas práticas e, para não me delongar e ser o mais objetiva possível, começo com o povo, óbvio. Depois vem a Igreja, o Estado, os tributos, a administração pública e suas alíquotas...

¡Vamos lá! O Projeto de Lei nº 141/2019, pelo partido PODEMOS, busca implementar como obrigatoriedade curricular o Direito Constitucional desde a Educação Básica, e em todo o país. Um **líder**, ainda mais da **educação**, despreparado no seu trabalho como demonstrou ser, tal como na vida pessoal que, ao portar uma arma de fogo, acertou uma inocente e quase foi preso por esse motivo, não deveria assumir a responsabilidade de comandar um ministério.

Quando tinha por volta dos 15 anos, fazia minhas deduções e apostava em um novo método de ensino, o qual baseava-se na literatura e aplicava-se, quase que instantaneamente, aos moldes escolares. Naquela época, enquanto ainda estudava, insistia na criação de pontos coletores ecológicos e, depois que a maturidade chegou, percebo o quanto o assunto é pouco falado atualmente. Apesar de continuar com baixa adesão, os pontos coletores, as composteiras orgânicas, a jardinagem, a estrutura organizacional, as tarefas de limpeza e manutenção devem ser divulgadas tanto para os pais quanto para os alunos, os diretores e a sociedade civil e organizada. Bem, para isso, vamos relembrar que a Matemática Financeira aplicada em um sistema já existe nas empresas e deveria ser ensinada com exemplos práticos para os mais jovens também, a partir dos 14 anos ou até antes. Essa mudança pode contribuir para o sistema operacional de finanças do país, por meio da qualificação de jovens para uma expansão de investimentos externos com benefícios fiscais, tributários, distritais, taxas, impostos e afins, para que o sistema cresça organizado e eficiente, em termos circunstanciais. Outra análise iniciada lá atrás foi de convidar Primavera do Leste para ser o **Polo de Estudos Científicos, em torno da qualidade do ensino e da organização.** ¡Opa! Falando em Primavera, ela é aniversariante do mês e está completando 36 primaveras. Curiosamente, temos a mesma idade, sendo o município um mês mais velho que eu.

É perceptível o progresso em uma cidade de pessoas fortes, com senso ávido pela tecnologia, no agro, na vida urbana e nas viagens, pessoas que farejam inovações. Eis que o protótipo do **Polo Educacional** como modelo de negócios pode ser firmado por meio de uma parceria entre o público e o privado (PPP). ¡Imagine só que demais, né! Completando as festividades do mês, no dia 12 de maio comemora-se o Dia do Enfermeiro; por isso, deixo aqui os parabéns aos enfermeiros que, além da rotina de labor e cuidados já exercida, precisaram se reinventar para lidar com os casos de Covid-19 durante a pandemia. Seres humanos guerreiros e cujos depoimentos impressionantes alarmaram o globo terrestre. É sempre bom enaltecer os esforços de vocês, os quais contribuíram para salvar vidas. **Grandiosos esforços, gestos e doações.**

Portanto, fiquemos com as reflexões e, se possível, use o caderno publicado nas mídias sociais e no jornal impresso (o que é tão bom). Deixemos nele as cronologias pautadas sempre na busca por pesquisas, estudos, análises e troca de informações com teor sério, necessário, informativo e de grande relevância para as boas práticas, com único foco de unir as diferentes tribos e a floresta. Vamos, gente, que esse mês também é tempo do santo casamenteiro e, quem não se casou ainda, ¿será que vem o pedido esse ano? ¡Opa! ¡Quero aproveitar para felicitar o casal Cleamara e Carlos Vecchi pelos 42 anos de união e pela criação de três filhas incríveis dessa relação! Para o próximo mês (do romance, dos namorados), e também o mês em que nasci, vou pegar leve e falar de coisas que podemos manter facilmente para melhorar e construir; pelo menos quando a gente põe o pé no chão e foca nas deficiências humanas e nas suas soluções. Até o próximo capítulo.

Abraços, Catherine

CAPÍTULO 39

Rio de Janeiro, julho de 2022 - Brasil

COLUNISTA DO JORNAL *O DIÁRIO* - PARTE IV A DESPEDIDA - CARTA ABERTA AOS DOCENTES E DISCENTES

Depois de pensar um pouquinho a mais em como ajudar o nosso país a melhorar ao menos mais 1% do saneamento básico, resolvi publicar a minha última coluna e me despedir.

CARTA ABERTA AOS DOCENTES E DISCENTES

Brasileiros das esferas públicas, ¿desenhar às vezes faz mais sentido do que falar?

Bom, falando em falar, tenho novidades para anunciar para toda audiência do jornal *O Diário* (Clique F5), inclusive aos docentes e discentes brasileiros das esferas públicas. A notícia que venho anunciar será tratada nas considerações finais. ¡Serei breve e concisa!

Retomando o assunto do último mês, postado em maio, comentei sobre as notícias mais quentes do cenário político, pois movimentam grandes acontecimentos, e nossa vida é política, ciência, religião e lazer.

No mês de junho, um vento forte de nostalgia bateu à minha porta e eu curti em silêncio, porque foi meu aniversário, mês dos namorados e, então, como lá em maio, finalizei a matéria com o assunto da barraca do beijo (do romance, dos namorados, tempo do santo casamenteiro), que ocorre nas festividades tradicionais brasileiras. Como ainda estamos em julho, podemos continuar o papo por onde paramos mesmo. Por mais que a gente se estropeie num relacionamento, a gente se renova e os votos da crença no amor romântico reinam outra vez, e pode ser o próximo, a gente volta a se convencer disso, ¡muitas vezes!

E para começar com uma polêmica, vamos com aquela tia sem noção que chega numa criança e, sem nada de genial para perguntar, pergunta exatamente o que não deveria. Dispara uma frase e, acompanhada dos olhos curiosos da criança, esboça um sorriso largo e maquiavélico, faz uma voz mansa e aveludada, tenta ludibriar a criança como se estivesse segurando um pirulito em suas mãos e, tentando atrair a criança para uma tia que só pensa em namorar, pergunta se a criança já tem alguém em vista, algum namoradinho.

Parece inofensivo, mas não é nada inofensivo. É bem o oposto, é extremamente ofensivo, porque eu já fui criança e me lembro bem como meus colegas e eu nos sentíamos quando alguém perguntava isso pra gente. A vontade era de chutar a canela daquela pessoa, na maioria das vezes e, nas outras vezes, queríamos fingir não entender (quando a gente começou a entender o que era um namoradinho para os adultos). Entre os adolescentes, os namoricos são até tolerados, porque eu mesma conheço uma colega de classe que, depois da oitava série, quando assumiu o romance, melhorou o desempenho escolar. Com as crianças isso é uma aberração, pois elas não precisam ser constantemente estimuladas. **Voltando aos personagens do cenário da política brasileira, quando o senhor Pedro Guimarães anunciou, no Palácio do Planalto, em Brasília, na Comemoração do Dia Internacional da Pessoa com Deficiência, com um semblante calmo:**

"E quando nós viajamos pelo Brasil, eu, agora há três semanas, eu não, nós, visitamos alguns lixões e o que a gente viu é algo que eu nunca tinha pensado que existisse, pessoas morando nos lixões e vivendo no chorume."

Ao ouvir isso, tomei de assalto com a fala do presidente de uma instituição tão grande, que tem clientes populares, outros que trabalham para o governo, outros de classe média que necessitam de empréstimos financeiros e optam pela Caixa Econômica Federal para financiar e comprar bens — e que é a via para receberem seus benefícios. Escutar o senhor presidente de uma instituição pública financeira desse gabarito fingir desconhecimento ardilosamente foi preocupante naquele dia do discurso. Em julho de 2022, um ano e seis meses mais tarde, acompanho as últimas manchetes deste senhor usando o seu poder, ou melhor, o poder que tem a caneta do cargo, para aquele que é direcionado a exercê-lo com maestria e competência, ética e moral na instituição. Não me surpreendi ao saber que ele usava de melindres para sucumbir aos desejos, aos desejos unilaterais humanos, carnais e exploradores. Desrespeitando a posição de garoto de recado do presidente e desrespeitando a posição de ser o recado da presidência, pediu renúncia do cargo, contrariando a maioria do "centrão", que queria que ele fosse demitido. É estilo a mão divina trabalhando. Depois de Pedro Guimarães (ex-presidente da Caixa Econômica Federal), foi a vez de Milton Ribeiro (ex-ministro da Educação) ser desassociado das pastas ministeriais e demitido. A vez agora é da Agência Nacional de Saúde Suplementar (ANS) entrar na lista dos ofensores das PcD, dificultando o acesso das pessoas com deficiência, usando da malícia e aprovando o rol taxativo, no qual o Superior Tribunal de Justiça (STJ) limitava o acesso da população autista e, depois do escândalo que o Marcos Mion aprontou na mídia, no dia 23 de junho, isso foi aprovado. A partir do dia 1º de julho, métodos e procedimentos dentro das famílias autistas e neuro diversas não serão descontinuados. ¡Vemos que não adianta ficar calado mesmo! As consequências do rol exemplificativo são necessárias e não o rol taxativo; o taxativo deixa as pessoas reféns de terem que brigar por benefícios que já eram concedidos anteriormente no exemplificativo, usando de escudo o marasmo e os melindres do Poder Judiciário brasileiro.

Mas devemos tomar cuidado, pois nem todo mundo realmente tem os direitos que acreditam ter. Dia desses uma menina que se diz autista estava descrevendo exatamente os sintomas de qualquer outro ser humano: dizia que, se não ouvisse você chamar, poderia estar fingindo não te ouvir porque estava hiperfocada, como se isso fosse um problema gravíssimo provocado por uma anomalia, já que qualquer um que esteja hiperfocado em algo também pode "fingir" não ouvir justamente para não atrapalhar o raciocínio, e ela tem consciência disso. Outro exemplo é que ela pode se irritar facilmente com ruídos sonoros, porque tem uma hipersensibilidade sonora e, citando um temblar de batida de potinhos de plásticos uns contra os outros, disse que isso pode desencadear uma crise nela. Ora, ora, ¿em qual ser humano uma constância desses ruídos não poderia desencadear? Ou ela está se achando especial demais, considerando que só ela tem as necessidades próprias, ou está supondo que todo ser humano é autista.

Outro caso aconteceu com uma garota que se aproveitou da condição de autista para pedir ao segurança de um *shopping* deixá-la comer em paz, porque era autista, senão ia dizer que estava sendo maltratada. É por causa de pessoas assim que o rol taxativo deve ter sido criado. Eu defendo a ciência, a lógica, os traços comportamentais, os estudos, as pesquisas e os especialistas e, obviamente, os casos reais, porque, às vezes, alguns pais que também têm comportamentos narcisistas, por exemplo, às vezes interrompem as falas dos filhos, outras vezes os infantilizam, rebatem-nos com frases debochadas, o que gera um conflito e, quando isso acontece, os próprios pais começam a repetir falas infantis, utilizando termos que não são mais os da conversa, a fim de espezinhar a seriedade alheia, perdendo-se no assunto que era para ser discutido e resolvido, e causando traumas aos filhos, pois eles não conseguem desenvolver uma linha de raciocínio.

Em outros momentos, esses pais não se esforçam para ceder às vontades do filho ou estão tão assustados quanto as crianças, porque maternidade é por 24 horas e tem dias que todos estão exaustos; além disso, muitos se esquecem que médicos não são estudiosos do cérebro, já que há uma grande diferença entre médicos e neurocientistas. Muitos diagnosticam as crianças muito agitadas como hiperativas e receitam medicações como Ritalina sem antes testar outros acompanhamentos pedagógicos, desconsiderando fatores sociais que possam comprometer alguma área da vida. Por exemplo, uma criança muito isolada ou acuada pode demorar um pouco mais para aprender a ler, e isso não precisa recair no diagnóstico de alguma doença.

É como se a perfeição fosse buscada a todo custo, mas ela não existe. Tive colegas de infância que eram hiperativos, não tinham foco nas aulas, bagunçavam, eram umas pestes, mas legais e, na faculdade ou na vida adulta, perceberam que deveriam reaprender a se comportar, encontrar a maneira de estudar para enfrentar os desafios da vida, aprender com erros e acertos, ter opinião própria, também ser exemplo de pessoa com capacidade de socialização em grupo, ajudar em atividades ecológicas, entre outros tipos de inserção numa sociedade capitalista, dura e também maravilhosa. Ter incapacidades específicas significa ter limitações em outros âmbitos da vida, não quer dizer que não possam ter prazeres, habilidades, questionamentos, pois faz parte do processo seletivo humano, natural, tal como pessoas com comorbidades, com prejuízos reais. É importante salientar que, embora possamos preferir não acreditar, médicos erram nos diagnósticos, para mais ou para menos; mas, quando um diagnóstico é preciso, como numa deficiência, os exames médicos são uma das maiores provas que temos a nosso favor, pois até mesmo na ciência há dúvidas, a ciência surge a partir das dúvidas, e buscar a resposta é o caminho do compartilhamento.

E é com muita alegria que me despeço da coluna do jornal *O Diário*. Foram ótimos momentos de diálogo com vocês aqui comigo. **Meu conselho pessoal, na qualidade de cidadã patriota brasileira, é bem simples, objetivo, ecológico, inclusivo, educativo, didático e, o me-**

lhor, eficiente e que vai gerar benefício humano: comecemos por aqui, nesta linha de raciocínio, lembrando que a cada 1 real investido em saneamento básico, deixa-se de gastar 5 reais em saúde pública. Eu acredito que estejamos todos saturados das teorias, das palavras soltas dos nossos governantes e das infinitas brigas pelas licitações, mas a população tem que acordar e concordar que estamos iminentes a uma mudança radical e urgente, e precisamos trabalhar todos juntos, isso é inegociável, ¿certo? A mudança precisa ser feita, é totalmente possível e eu posso listar aqui diversos motivos para implementá-la a partir de hoje nas pautas políticas e com tempo curto para que seja aprovada uma lei federal, na qual o *caput* deve ser, resumidamente, só para pincelar aqui minha ideia, algo do tipo:

"Em todas as universidades públicas federais, estaduais e intermunicipais brasileiras, a partir do ano de 2023, os docentes dos cursos de Arquitetura, Engenharia Civil, Engenharia Florestal, *Design* de Interiores, entre outros (especificar outros), deverão criar, no primeiro ano letivo, em conjunto, um modelo de infraestrutura para o 'Plano Diretor de Reciclagem do Saneamento', respeitando o cumprimento da lei do Marco Legal do Saneamento Básico, e, no segundo ano letivo, será posta em prática a montagem das ecofossas, que são mais ecológicas e baratas que as tradicionais. Os trabalhos entre docentes e discentes serão iniciados pelos estados que precisam ser mais assistidos, como os da região nordeste. O prazo para a finalização é até 2030 e, assim como nos demais estados, terão como papel principal que as universidades batam as metas do Marco Legal, pois já são subsidiadas pelo Governo Federal do Brasil. Essa é uma das nossas missões, como

cidadãos patriotas brasileiros e como nação para zerar o problema do saneamento básico no Brasil até 2030". Se eu fosse eleita a voz do povo por apenas um dia, anunciaria em praça pública como nós, cidadãos patriotas brasileiros, somos apaixonados por essa terra, pelo povo, pelas culturas, pelo folclore, pelas tradições, pelas comidas típicas, pelas paisagens, pelos lugares, pelos célebres que nasceram ou vivem aqui nesta linda nação e, por tudo isso, devemos nos unir a partir de hoje... E prosseguiria com o meu discurso: Agora é oficial, meu primeiro livro infanto-juvenil, voltado para famílias e escolas, *As aventuras de Kate, a menina que não sente cheiros*, está disponível. Corre para o Instagram e para o *site*. A pré-venda acontecerá no dia 24 de julho de 2022, a partir do meio-dia (encerrada). ¡Obrigada por me acompanhar por essa jornada! Nos vemos pela estrada =) fiquem bem.

Acabei descontinuando a venda do livro em formato e-book. Muitas pessoas não estavam conseguindo entender a ligação que faço entre o saneamento básico com temas ligados à anosmia. A anosmia é a ausência dos cheiros, e, independentemente de alguém sofrer dessa deficiência, inala partículas inerentes à poluição do ar, fungos e mofos se estiverem presentes nos ambientes, e inalam mau cheiro, se houver uma rede de tratamento de esgoto que esteja poluída. Não é apenas sobre a anosmia e o saneamento básico, e nem é sobre a normosmia (olfato normal) e o saneamento básico puramente, mas sobre a qualidade do ar que respiramos, da água que consumimos e dos efluentes que descartamos, a pessoa em questão sentindo cheiros ou não possuindo a capacidade de senti-los. A minha questão é que o cheiro tem, sim, um dono, um culpado por provocar cheiros bons ou não. Nesse caso em questão, a contaminação aérea vem por meio de um mau odor fortíssimo, que impacta diretamente e negativamente a vida de mais de 49% da população brasileira sem saneamento básico e mais de 100 milhões de pessoas que não possuem sistema de tratamento de água e esgoto. Portanto, o Poder Público, sendo omisso, é culpado por provocar o mau odor, e a sua falta de gestão em sanear a qualidade de vida de centenas de milhares de pessoas é, sim, um prejuízo para o país, mantendo-o no terceiro mundo. Assim como a pandemia, a falta de assepsia nos lugares e nas pessoas eram o principal meio de contaminante, o mau cheiro também.

CAPÍTULO 40

Rio de Janeiro, agosto de 2022 - Brasil

A ESPERANÇA NA ESFERA POLÍTICA O 1º PROJETO DE LEI PcD/ANOSMIA

Sempre fui muito determinada e estudiosa, e nunca olhei apenas para o meu "umbigo". Sou persistente e consegui avançar graças às minhas experiências empíricas, aos argumentos bem embasados, à motivação que me impulsionava e às inúmeras horas de trabalho intenso. Enfrentei muitos "nãos" ao longo do caminho, mas também recebi importantes "sins". Mesmo com os "pés calejados", sem forças em alguns momentos, sempre busquei inspiração para retomar de onde havia parado. Dava a mim mesma o tempo necessário para que a energia vital voltasse — no fim das contas, somos nossa única mola propulsora. **A concepção deste livro dependia exclusivamente de**

mim. Por maior que fosse o apoio que eu recebia dos meus pais e de outras pessoas, eles não estavam no meu lugar: sou eu que tenho a doença rara. Sou eu que vivenciei as histórias. Eu que deveria pensar mais a fundo a respeito das possibilidades que poderiam ajudar na causa, e eu já vinha fazendo isso há tanto tempo...

Com a chegada da pessoa querida que, de fato, sentiu o propósito da causa da anosmia, querendo e podendo ajudar no processo, outro fio de esperança na esfera política se formou em mim. Mas, no meu íntimo, confesso, estava a ponto de bala para desistir, porque de qualquer forma foram muitos desgastes emocionais até essa etapa, muito dinheiro pessoal investido, muitas abdicações para seguir lutando e vencendo. Com essa ajuda por parte do parlamentar, o reconhecimento de que a anosmia precisava estava ganhando mais aliados, ao mesmo passo em que eu estava decretando falência da causa, pois estávamos ainda só nas reuniões.

Existe uma anedota muito comum no nosso país, uma expressão usada quando alguém promete algo e este algo demora a se cumprir. Geralmente, quando não há um consenso entre as pessoas da data efetiva de algum acontecimento ou quando algo parece ser impossível de se alcançar, essa frase surge no diálogo entre as partes: "¿Quando isso vai acontecer? ¿Só em agosto de Deus?". Essa expressão vem acompanhada de algo muito utópico, de uma simbologia de que nem adianta a pessoa esperar, porque vai tardar demais, ou as promessas vão ficar só nas promessas. Até mesmo quando alguém, por exemplo, demora muito a se casar, é comum ouvir outra pessoa caçoar e, novamente, surge o tal... "¿O casamento vai acontecer em agosto?", e a resposta também vem com sarcasmo: "¡Sim, a gosto de Deus!".

Como tudo pode acontecer, coincidentemente aconteceu "a gosto de Deus" e em "agosto de Deus", naquele belo 2022, para a gratidão de felicidades minhas e alheias. Como sou apartidária, e as minhas lutas são humanitárias e não partidárias, se em qualquer partido político houver algum projeto de lei proveitoso, eu sou a primeira a aderir. Por isso fiquei honrada em conhecer o Deputado Federal Otto Alencar Filho. É impossível, em palavras, expressar a prestatividade que o deputado nos proporcionou ao embarcar na missão para o reconhecimento da luta para as pessoas que não sentem cheiros. Ele se dispôs a exercer, como parlamentar, o que eu vinha há tempos pedindo aos demais nos bastidores. Por ser uma missão dele dentro da vida pública, ele quis entender melhor essa minha condição. Claro que, com a entrada da pandemia anteriormente, estava mais fácil falar do assunto, porque o mundo todo já conhecia a perda do olfato/paladar. Desde então, confidenciei tudo o que passei durante minha vida, exatamente as pautas deste livro, em longas conversas em que ele ouvia com atenção, extremamente paciente e solidário. Apesar disso, eu ainda tinha a esperança em acreditar que seria diferente das outras vezes, com outras frentes parlamentares que se diziam solidárias à causa, que era importante, inclusiva e nobre, e mesmo com o apelo, nada faziam.

Por menos tempo do que eu imaginava, no dia 2 de agosto, Otto já havia protocolado o Projeto de Lei nº 2.127/2022 e me encaminhado o arquivo. No dia 5 de agosto, o então presidente da Câmara, Arthur Lira, já havia assinado o recebimento da pauta e, no dia 24 de agosto, ¡o pedido estava oficializado no site da câmara legislativa em caráter conclusivo!

Confira o Projeto de Lei nº 2.127/2022 na íntegra:[25]

25 https://www.camara.leg.br/proposicoesWeb/prop_mostrarintegra?codteor=2200747

PROJETO DE LEI Nº 2.127 DE 2022

(Do Sr. Otto Alencar Filho)

Dispõe sobre o diagnóstico e tratamento da anosmia e da hiposmia no âmbito do Sistema Único de Saúde e dá outras providências.

O CONGRESSO NACIONAL decreta:

Art. 1º O diagnóstico, o tratamento e a reabilitação das alterações provocadas pela anosmia e hiposmia passam a integrar as ações de saúde a serem oferecidas aos pacientes nas unidades de saúde no âmbito do Sistema Único de Saúde.

Art. 2º Para os efeitos desta Lei, entende-se como "anosmia" a perda total e "hiposmia" a perda parcial do olfato.

Art. 3º O tratamento das alterações provocadas pela anosmia e da hiposmia são de responsabilidade de profissionais capacitados, segundo regulamentação, devidamente habilitados pelo respectivo Conselho Profissional.

Art. 4º Esta Lei entra em vigor na data de sua publicação.

JUSTIFICAÇÃO

A anosmia e a hiposmia são expressões utilizadas para descrever a perda total ou parcial do olfato. Essa perda pode estar relacionada com situações temporárias, como acontece durante um quadro gripal ou resfriado, mas também pode aparecer por alterações mais graves ou permanentes. A permanente não é comum, podendo ocorrer desde o nascimento ou em razão de problemas psicossomáticos, traumas na cabeça, problemas neurológicos, cirurgias nasais, sinusite ou por doenças respiratórias, situações onde há comprometimento dos receptores de odor.

Como o olfato está diretamente relacionado com o paladar, a pessoa acometida com a anosmia e com a hiposmia, normalmente, também não conseguem diferenciar os sabores. A frustração de não se ter o prazer de sentir cheiro e gostos pode levar a pessoa à perda de apetite, distúrbios alimentares e até quadro depressivo, agravando ainda mais a saúde do indivíduo.

Com a pandemia do coronavírus as pessoas prestaram mais atenção ao olfato. A sua perda é um dos sintomas da Covid-19 e pode persistir com o paciente mesmo após o fim da infecção. Não são raros os casos de pacientes que após a contaminação levam meses e até anos para a retomada do sentido.

Segundo o Otorrinolaringologista, Dr. Fabrizio Ricci Romano, vice-presidente da Associação Brasileira de Otorrinolaringologia e médico do Hospital Moriah, situado na cidade de São Paulo, a procura por consultas cresceu nos últimos dois anos.

Em 23 de junho do corrente ano, o site da USP publicou matéria a respeito do tema.

COVID LONGA: INDIVÍDUOS INFECTADOS NO INÍCIO DA PANDEMIA AINDA RELATAM A PERDA DO OLFATO.

Variantes delta e alfa foram as que mais causaram esse tipo de sequela sobre a qual fala Mayana Zatz

Uma pesquisa feita nos Estados Unidos com mais de 600 mil pessoas traz boas e más notícias: 50% indivíduos americanos que tiveram Covid-19 e que foram infectados pela variante original, a alfa, relataram ainda ter deficiência olfatória. Essa proporção caiu para 44%, com a variante delta, e só para 17% com a ômicron.

*Por outro lado, o estudo mostrou que um grupo significativo de **pessoas que foram infectadas no início da pandemia ainda tem uma deficiência olfatória.***

Em Decodificando o DNA de hoje (23) Mayana Zatz, diretora do Centro de Estudos sobre o Genoma Humano e Células-Tronco (CEGH-CEL) da USP, traz outros estudos – finalizados e em andamento – que investigam os mecanismos responsáveis pela perda olfatória em pacientes infectados pelo novo coronavírus.

"Como a perda de olfato não é um sintoma grave, as pesquisas estão indo em um ritmo mais lento", diz a geneticista. "Se pensarmos, por outro lado, que mais de 500 milhões de pessoas tiveram Covid-19 e dezenas de milhões ainda têm problemas olfatórios, parece algo de menor importância. Mas não sentir gosto da comida, o odor de um perfume ou de flores, pode ser emocionalmente impactante", finaliza.

Importante ressaltar que, pessoas acometidas pela perda total ou parcial do olfato, encontram dificuldades em detectar situações corriqueiras como a deterioração de alimentos, vazamentos de gás, entre outros. Situações como essas, não observadas, poderão colocar em risco a integridade física ou prejudicar ainda mais a saúde do cidadão.

Assim, por entender que o tema é meritório e sabendo que a maioria da população brasileira não possui plano de saúde particular, apresento o presente projeto de lei com o objetivo de integrar a anosmia e a hiposmia nas ações de saúde oferecidas aos pacientes nas unidades de saúde no âmbito do Sistema Único de Saúde – SUS.

Ante o exposto, conto com a aprovação desta proposta pelos eminentes Pares.

Sala das Sessões, em 2 de agosto de 2022.
Deputado Otto Alencar Filho PSD-BA

*

No dia 21 de agosto, pesquisei novamente sobre a **Lei nº 4.120/2019**, que regulamenta os detectores de gás e fumaça nas residências brasileiras, em que mencionei nos Capítulos 1 e 3. Essa era uma das leis que eu queria revogar, já que possui alguns indícios prejudiciais. Por exemplo, exige a instalação de dispositivos de detecção de gás e fumaça em residências que utilizam aquecedores de água e calefatores a gás. No entanto, situações igualmente perigosas — como o uso de velas acesas em locais inadequados — não são contempladas na regulamentação, embora também possam causar incêndios domésticos. Só que, dessa vez, em uma nova pesquisa, os algoritmos me direcionaram para a página do projeto do então Deputado Rubens Bueno (Cidadania-PR), e de relatoria do então Deputado Marcelo Nilo (PSB-BA).

Durante a leitura, o terceiro parágrafo se destacou e precisei relê-lo. ¿Era isso mesmo? Definitivamente era, sim. **Entre praticamente 212 milhões**

de pessoas no Brasil, um cidadão de Campo Mourão, meu conterrâneo, sugeriu que uma lei fosse criada para que dispositivos eletrônicos de detecção de gás e fumaça fossem instalados em residências:

"Rubens Bueno explica que esse tipo de acidente é comum em vários países em que se utiliza aquecimento a gás, incluindo o Brasil. 'Dois meses antes do acidente em Santo André, seis turistas brasileiros, quatro adultos e dois adolescentes, morreram em um apartamento no Chile, também, segundo informação das autoridades daquele país, asfixiados pela inalação de monóxido de carbono. Na Argentina são registradas 250 mortes e 2.000 casos de intoxicação pelo gás tóxico todos os anos', ressalta o deputado, que apresentou o projeto após sugestão do eleitor Miécio Tezelli, do Município de Campo Mourão, no Paraná."[26]

De acordo com o ditado popular, "prevenir é melhor do que remediar".

Quando fui revisitar todos os links para a curadoria do livro, em setembro de 2023, notei que o que conferia a nota de Miécio Tezelli já havia expirado e entrei em desespero. Entrei no site novamente e escrevi um pedido ao gabinete de Rubens Bueno, pedindo explicações. Tomei o número de telefone e preferi ligar. Falei com uma funcionária supersolícita e educada, que tomou nota do fato e, na sequência, pediu que o senhor Tiago Mourão, que é um dos assessores, entrasse em contato. Mourão me telefonou e explicou o ocorrido, informando que o site estava passando por uma manutenção e que assim que resolvessem a questão, encaminharia o link atualizado para eu compor esta peça. Expliquei a Mourão

26 https://cidadania23.org.br/2019/07/projeto-de-rubens-bueno-exige-detector-de-monoxido-de-carbono-em-residencias/

sucintamente o episódio da coincidência de Rubens Bueno ter voltado ao meu destino, bem como o curioso caso de Miécio ter sugerido o PL e das famílias serem próximas dos meus pais e, ainda outra coincidência, Mourão, também era natural de Campo Mourão, nossa cidade natal. Dito e feito, no dia 25 do mesmo mês, encaminhou no meu *WhatsApp* o link correto, demonstrando o devido comprometimento.[27]

CURIOSIDADES

Rubens Bueno, quando prefeito da minha cidade natal, foi convidado para palestrar na minha escola Santa Cruz, no ano de 1993. A professora já havia nos informado que deveríamos estudar a história da nossa cidade e que o Prefeito faria perguntas no final de seu discurso. Lembro-me perfeitamente de conversar com meu pai explicando detalhes da nossa cidade. Também me recordo que papai me deu as instruções tão corretamente que, no dia do evento, quando o Sr. Rubens Bueno fez a pergunta, fui uma das primeiras a sinalizar que poderia me chamar para respondê-la, e fui a felizarda que acertou e, como prêmio, ganhei um broche com o brasão de Campo Mourão e posei ao seu lado para uma foto oficial. Naquele dia, algo mexeu fortemente comigo, porque eu adorava participar desde aquela pouca idade dos movimentos estudantis e da comunidade. Ao ficar ao lado do prefeito, senti que meu papel de cidadã era um ato heroico, ¡e na memória permaneceu (Capítulo 1)!

Pensar que nossos caminhos se cruzariam 29 anos mais tarde, justamente com a autoria do projeto de lei para instalação de dispositivos de detectores de gás e fumaça nas residências brasileiras, é realmente,

27 https://www.rubensbueno.com.br/noticias/aprovado-projeto-de-rubens-bueno-que-exige-detector-de-monxido-de-carbono-em-residncias.

impressionante tamanha coincidência, ¡que não para por aí! No dia que tomei conhecimento da Lei nº 4.120/2019, encontrei o perfil do meu conterrâneo, que tinha uma amiga em comum, e abordei Miécio por mensagem no Instagram e o questionei se ele também havia nascido sem o sentido do olfato ou havia perdido por outros motivos, para ter sugerido tal projeto de lei. Ele respondeu minha mensagem um tempo mais tarde e disse que possui o olfato em pleno estado funcional, mas que por observar tantas vítimas contaminadas pela inalação de gás, das quais muitas tiveram suas vidas ceifadas, sentiu-se comovido e, por esse motivo, sugeriu a Rubens Bueno que pensasse nessa questão, pois um simples dispositivo poderia ter salvado aquelas vítimas fatais. Para prevenir acidentes, o projeto de lei foi protocolado e aprovado.

Por incrível que pareça, a família de Miécio é muito próxima da minha e eu não fazia ideia disso. Seus tios foram padrinhos de casamento dos meus pais, e só fui tomar conhecimento porque fui feliz da vida falar para minha mãe da história, e foi ela quem me contou, mostrando-os nas fotos do álbum de casamento. Aliás, minha mãe também disse que Rubens Bueno e meu pai são conhecidos desde a infância, o que jamais imaginaria. Também disse que o pai de Miécio, prefeito pela quarta vez de Campo Mourão, Tauillo Tezelli, e sua esposa, Hosana Tezelli, também são amigos deles, e eu também desconhecia tal informação. ¿O que isso muda? Não muda nada, obviamente. Porém, é muito legal saber que um desconhecido lutando pela mesma causa, e que nem tivera seu olfato tolhido, estava sensibilizado na promoção para instalação de detectores de gás e fumaça em residências. Propôs o PL exatamente um ano mais tarde de eu ter voltado de Los Angeles com a lei da Califórnia para me basear nela e escrever a proposta para um projeto de lei (Capítulo 19). Nós éramos mais próximos um do outro do que eu poderia ter imaginado. É só uma questão pessoal essa vontade em expor mais detalhes da relação entre nossas famílias, ¡e julguei importante compartilhar com você, caro(a) leitor(a)!

CAPÍTULO 41

Rio de Janeiro, setembro de 2022 - Brasil

O 2º PROJETO DE LEI PcD CARTEIRA DE IDENTIDADE NACIONAL DA PESSOA COM DEFICIÊNCIA

¿Lembra da Carteira de Identidade Nacional "diferenciada" que me deixou insatisfeita? Fui reportar a queixa, e novamente, em contato com o Deputado Federal Otto Alencar Filho, voltei aos assuntos colaterais, para expor uma outra sugestão de pauta, e pedi a Otto que analisasse os meus questionamentos envolvendo a emissão da Carteira de Identidade, e de não ter indicação de órgãos, como anos antes houvera a menção de indicação de órgão (DOADOR ou NÃO DOADOR) em toda emissão de RG, e do porquê utilizarem a lei estadual do Rio de Janeiro e dela não utilizarem a isenção da taxa para a emissão do documento também (Capítulos 31 e 34). Ao final dos meus apontamentos, Otto imediatamente considerou procedente o meu pedido e decidiu, de uma vez por todas, protocolar o **Projeto de Lei nº 2.473/2022**, propondo a alteração da Lei nº 13.444/2017, que dispõe sobre a Identificação Civil Nacional (ICN), para estabelecer a inclusão na Carteira de Identidade Nacional a informação sobre a condição de pessoa com deficiência. Na alteração da Lei nº 13.146/2015, que institui a Lei Brasileira de Inclusão da Pessoa com Deficiência, acrescentamos o

§ 3º ao art. 2º, especificando o que são as deficiências sensoriais. Além do mais, acrescentamos ao nosso projeto de lei o art. 8º-A, no inciso X, a indicação de doação de órgãos. O nosso projeto de lei é apensado ao Projeto de Lei nº 7.188/2010, que confere a gratuidade do documento civil por parte do solicitante com a deficiência. Confira o art. 2º, § 3º:

> "§ 3º A carteira de identidade para os portadores de deficiência será expedida gratuitamente e terá validade em todo o território nacional, devendo ser revista e reexpedida a cada cinco anos ou em período inferior, conforme constar do laudo médico, sempre que a deficiência for reversível ou provisória."

Confira o nosso Projeto de Lei nº 2.473/2022 já protocolado[28]:

PROJETO DE LEI Nº 2.473, de 2022

(Do Sr. OTTO ALENCAR FILHO)

> Altera a Lei nº 13.444, de 11 de maio de 2017, que dispõe sobre a Identificação Civil Nacional (ICN), para estabelecer a inclusão no Documento Nacional de Identidade a informação sobre a condição de pessoa com deficiência; e Lei nº 13.146, de 6 de julho de 2015, que institui a Lei Brasileira de Inclusão da Pessoa com Deficiência (Estatuto da Pessoa com Deficiência).

28 https://www.camara.leg.br/proposicoesWeb/prop_mostrarintegra?codteor=2206797&filename=Tramitacao-PL%202473/2022)

O Congresso Nacional decreta:

Art. 1º Esta Lei tem por fim incluir o art. 8º-A na Lei nº 13.444, de 11 de maio de 2017, que dispõe sobre a Identificação Civil Nacional (ICN), para estabelecer a inclusão, no Documento Nacional de Identidade, a informação sobre a condição de pessoa com deficiência, acompanhada de um crachá descritivo, que contenha informações a respeito da deficiência do titular. Inclui, ainda, um § 3º ao artigo 2º, da Lei nº 13.146, de 6 de julho de 2015, que instituiu o Estatuto da Pessoa com Deficiência, dispondo sobre a deficiência sensorial.

Art. 2º A Lei nº 13.444, de 11 de maio de 2017, passa a vigorar acrescida do seguinte art. 8º-A:

> Art. 8º-A Fica assegurado às pessoas com deficiência, caso manifestem interesse, a inclusão no Documento Nacional de Identidade (DNI) a informação sobre a condição de pessoa com deficiência, acompanhado de um crachá descritivo, que contenha informações a respeito da deficiência do titular.
>
> § 1º No Documento Nacional de Identidade constará a informação "pessoa com deficiência" e, a requerimento do titular, ou de seu representante legal, o número dos seguintes documentos:
>
> I - CPF;
>
> II - Programa de Integração Social – PIS;
>
> III - Programa de Formação do Patrimônio do Servidor Público – PASEP;
>
> IV - Identificação Social – NIS;
>
> V - Cartão Nacional de Saúde – CNS;

VI - Título de Eleitor;

VII - Carteira de Trabalho e Previdência Social;

VIII - Carteira Nacional de Habilitação;

IX - Certificado Militar para as pessoas com deficiência do sexo masculino;

X - A indicação de doação de órgãos.

§ 2º O crachá de identificação de que trata o *caput* reproduzirá os dados contidos no Documento Nacional de Identidade, e será emitido com o objetivo de conferir maior independência e proteção em casos de abordagem policial e ocorrência de sinistros, facilitando a apresentação de informações essenciais à saúde do portador.

§ 3º No crachá de identificação, além das informações contidas no Documento Nacional de Identidade, poderá constar:

I - O tipo de deficiência do titular;

II - A necessidade de uso de remédio continuado;

III - A indicação de substâncias que provoquem alergia alimentar ou medicamentosa;

IV - A indicação de contatos pessoais a serem utilizados em casos de emergência;

V - O Código de Internacional da Doença – CID;

VI - As informações adicionais que se fizerem necessárias.

§ 4º Para emissão do Documento Nacional de Identidade (DNI) com a informação sobre a condição de pessoa com deficiência, o conceito de Pessoa com Deficiência será o definido pelo Estatuto da Pessoa com Deficiência, Lei nº 13.146, de 6 de julho de 2015.

Art. 3º O artigo 2º, da Lei nº 13.146, de 6 de julho de 2015, passa a vigorar acrescido do seguinte §3º:

"Art. 2º ....

....

§ 3º Compreende-se como deficiência sensorial, de que trata o *caput* do art. 2º, a perda permanente ou temporária dos sentidos:

I - Olfato e ou anosmia;

II - Auditiva;

III - Visão;

IV - Paladar;

V - tato." (NR)

Art. 4º Esta lei entra em vigor na data de sua publicação.

JUSTIFICATIVA

O presente projeto de lei visa assegurar às pessoas com deficiência um documento de identidade diferenciado, indicando o tipo de deficiência e o número de diversos documentos civis, para o pleno exercício da cidadania.

Estabelece, ainda, que as pessoas com deficiência, no momento da requisição do documento, farão jus a um crachá descritivo contendo informações a respeito da deficiência. Também poderá conter dados adicionais como: a necessidade de uso de remédio continuado, indicação de substâncias que provoquem alergia alimentar ou medicamentosa, indicação de contatos pessoais a serem utilizados em casos de emergência etc.

O Documento de Identidade aqui proposto se diferencia do convencional por conter informações a respeito do tipo da deficiência do portador. Por sua vez, o cartão da pessoa com deficiência (PcD) é o documento que descreve informações sobre a saúde do cidadão.

A presente proposição pretende conferir maior independência e proteção em casos de abordagem policial e ocorrência de sinistros, facilitando a apresentação de informações essenciais à saúde do portador.

Ressaltamos que, ao inserir às informações relativas à deficiência do cidadão no Documento e no crachá do PcD, permitiremos que o exercício dos direitos seja garantido nacionalmente, por um documento de caráter permanente.

Na cidade do Rio de Janeiro, a Lei Estadual nº 7.821, de 20 de dezembro de 2017, garante esse direito às pessoas com deficiência daquele estado, o que se pretende é estender a todos os cidadãos tal garantia.

O projeto de lei também propõe alterar o Estatuto da Pessoa com Deficiência, Lei nº 13.146, de 6 de julho de 2015, com a inclusão de um parágrafo elencando critérios para a definição de deficiência sensorial.

Desta forma, a perda permanente ou temporária do olfato e ou anosmia, a perda auditiva, a perda da visão, do paladar ou do tato passam a ser, para todos os efeitos, considerados como deficiência sensorial.

Certos que estamos contribuindo para a promoção da justiça e para melhorar a condição de vida das pessoas deficientes em todo o país, esperamos contar com o apoio de nossos pares na aprovação deste projeto.

Sala das Sessões, em 15 de setembro de 2022.
Deputado OTTO ALENCAR FILHO PSD-BA

CAPÍTULO 42

Rio de Janeiro, setembro de 2022 - Brasil

DEPUTADA FEDERAL ENGAJADA NA ANOSMIA

Após receber essas supernovíssimas dos projetos de leis protocolados, as minhas certezas foram reavivadas pelas promessas que havia feito lá na cidade de Aparecida, em 2018 (Capítulo 18). Demorou, mas valeu a pena. Enquanto a vida ia acontecendo naturalmente, eu sempre buscava atualizações, até que encontrei a notícia da então Deputada Norma Ayub durante uma dessas visitas virtuais.

À época, quatro meses antes dos nossos projetos de leis protocolados, enquanto eu ainda estava por conhecer Otto, ela já havia protocolado o PL nº 921/2022,[29] com a proposta que prevê isenção de Imposto de Renda para aposentados com a perda do olfato, e os

29 https://www.camara.leg.br/proposicoesWeb/prop_mostrarintegra?codteor=2158129

algoritmos só me direcionaram essa notícia no mês de setembro.[30]

PROJETO DE LEI Nº 921, DE 2022

(Da Sra. NORMA AYUB)

Altera o art. 151 da Lei nº 8.213, de 24 de julho de 1991, para incluir a anosmia entre as doenças que permitem a concessão, sem período de carência, de auxílio por incapacidade temporária e aposentadoria por incapacidade permanente; e modifica o art. 6º da Lei nº 7.713, de 22 de dezembro de 1988, para prever a isenção dos rendimentos decorrentes de aposentadoria, reforma ou pensão auferidos por pessoas com anosmia.

O Congresso Nacional decreta:

Art. 1º Esta Lei dispõe sobre regras de benefícios previdenciários e tributários destinadas a pessoas com deficiência olfativa.

Art. 2º O art. 151 da Lei nº 8.213, de 24 de julho de 1991, passa a vigorar com a seguinte redação:

"Art. 151. Até que seja elaborada a lista de doenças mencionada no inciso II do art. 26, independe de carência a concessão de auxílio por incapacidade

30 https://www.camara.leg.br/noticias/868067-proposta-preve-isencao-de-ir-para-aposentados-com-perda-do-olfato.

> temporária e aposentadoria por incapacidade permanente ao segurado que, após filiar-se ao Regime Geral de Previdência Social, for acometido das seguintes doenças: tuberculose ativa; hanseníase; alienação mental; esclerose múltipla; hepatopatia grave; neoplasia maligna; cegueira; paralisia irreversível e incapacitante; cardiopatia grave; doença de Parkinson; espondiloartrose anquilosante; nefropatia grave; estado avançado da doença de Paget (osteíte deformante); síndrome da deficiência imunológica adquirida (aids); **anosmia**; ou contaminação por radiação, com base em conclusão da medicina especializada." (NR)

Art. 3º O art. 6º da Lei nº 7.713, de 22 de dezembro de 1988, passa a vigorar com a seguinte modificação:

> "Art. 6º ....
>
> ....
>
> XIV – os proventos de aposentadoria ou reforma motivada por acidente em serviço e os percebidos pelos portadores de moléstia profissional, tuberculose ativa, alienação mental, esclerose múltipla, neoplasia maligna, cegueira, hanseníase, paralisia irreversível e incapacitante, cardiopatia grave, doença de Parkinson, espondiloartrose anquilosante, nefropatia grave, hepatopatia grave, estados avançados da doença de

Paget (osteíte deformante), contaminação por radiação, síndrome da imunodeficiência adquirida, ou anosmia, com base em conclusão da medicina especializada, mesmo que a doença tenha sido contraída depois da aposentadoria ou reforma;

...." (NR)

Art. 4º Esta Lei entra em vigor na data de sua publicação.

JUSTIFICAÇÃO

A anosmia é a perda do olfato. Ela pode ser um problema por si só ou um sintoma de outra complicação na saúde, podendo haver sequelas permanentes. Além da incapacidade de sentir odores, outro sintoma da anosmia é o paladar prejudicado. Não existem tratamentos para anosmia. Alarmes de fumaça, importantes em todos os lares, são ainda mais essenciais para pacientes com anosmia. Os pacientes devem ser advertidos sobre o consumo de alimentos armazenados e uso de gás natural para cozinhar ou aquecimento, pois eles têm dificuldade em detectar deterioração de alimentos ou vazamentos de gás.

Por meio da ratificação da Convenção de Nova York sobre os Direitos das Pessoas com Deficiência e de seu Protocolo Facultativo, o Brasil se obrigou a adotar as medidas necessárias a garantir o exercício pleno dos direitos humanos e liberdades fundamentais por todas as pessoas com deficiência, assim entendidas aquelas que têm impedimentos de longo prazo de natureza física, mental, intelectual ou sensorial, os quais, em interação com diversas barreiras, podem obstruir sua participação na sociedade em igualdade de condições com as demais.

A Lei nº 13.146, de 6 de julho de 2015 (Lei Brasileira de Inclusão), fundada na Convenção sobre os Direitos das Pessoas com Deficiência e em seu Protocolo Facultativo, ratificados pelo Congresso Nacional por meio do Decreto Legislativo nº 186, de 9 de julho de 2008, tem por objetivo "assegurar e promover, em condições de igualdade, o exercício dos direitos e das liberdades fundamentais por pessoa com deficiência, visando à sua inclusão social e cidadania", conforme resta assentado em seu art. 1º.

Nesse sentido, a legislação brasileira contempla diversas obrigações e benefícios destinados a suprir ou compensar diversas modalidades de impedimentos. A nosso ver, contudo, as medidas atualmente existentes não atendem adequadamente os casos de anosmia, que devem ser considerados como deficiência olfativa.

Por essas razões, apresentamos este projeto de lei, o qual estabelece regras sobre benefícios previdenciários destinadas a contemplar melhor a situação das pessoas que apresentam restrições em relação ao sentido do olfato.

A partir dessa análise, entende-se que a doença citada atende, em sua plenitude, aos critérios de estigma, deformação, mutilação ou deficiência, que lhe confira especificidade e gravidade que mereça tratamento particularizado por parte da Previdência Social (art. 26, II, da Lei nº 8.213, de 1991).

Importante destacar que o art. 151 da Lei nº 8.213, de 1991, ao listar as doenças que permitem aos seus portadores a isenção de carência para a obtenção de benefícios previdenciários, tais como o auxílio por incapacidade temporária e a aposentadoria por incapacidade permanente, também delega ao Poder Executivo a elaboração da lista definitiva das doenças que devem receber tratamento diferenciado no âmbito do Regime Geral de Previdência Social – RGPS. Nesse sentido, coube à Portaria do Ministério da Saúde e da Previdência Social nº 2.998, de 23 de agosto de 2001, listar as doenças que isentam seus portadores do cumprimento da carência para a obtenção de aposentadoria por invalidez e auxílio-doença.

Considerando o exposto, sugerimos, portanto, a inclusão da anosmia entre aquelas doenças que são isentas de carência, de acordo com o art. 151 da Lei nº 8.213, de 24 de julho de 1991, que dispõe sobre os Planos de Benefícios da Previdência Social.

Em complemento, nosso projeto prevê a isenção, do imposto de renda da pessoa física, dos rendimentos percebidos pelas pessoas com anosmia a título de aposentadoria, reforma ou pensão, tal como ocorre com outras formas de deficiência, tais como a cegueira, a cardiopatia grave e a doença de Parkinson.

Diante do impacto positivo da medida, solicitamos o apoio dos nobres Pares para a aprovação desta relevante proposição.

Sala das Sessões, em 13 de abril de 2022.
Deputada NORMA AYUB

No dia 29 de setembro busquei o seu perfil pela rede social Instagram para me apresentar e parabenizá-la pelo apoio à causa e, por óbvio, questionei a sua motivação. Norma gentilmente aceitou meu pedido e me respondeu no dia 1º de outubro:

"Foi em função das consequências da Covid, que foi protocolado o PL em 13/04/2022... Beijos, fique com Deus (acrescentou um emoji de Smiles com três corações em volta)." Agradeci e começamos a nos seguir na rede social.

CAPÍTULO 43

Rio de Janeiro, outubro de 2022 - Brasil

PUBLICAÇÃO NA REDE SOCIAL DO DEPUTADO FEDERAL SOBRE O 2º PROJETO DE LEI PcD

Com os dois projetos de leis protocolados e já oficializados na Câmara dos Deputados, o PL nº 2.473/2022 foi postado, quatro dias mais tarde, no dia 19 de outubro, quando o Deputado Otto anunciou em seu Instagram com a postagem transcrita a seguir:[31]

> Dei entrada na Câmara no PL nº 2.473/2022, que garante às pessoas com deficiência um DOCUMENTO DE IDENTIDADE DIFERENCIADO, indicando o tipo de deficiência e o número de diversos documentos civis, para o pleno exercício da cidadania.
>
> ▶ A proposição pretende conferir maior independência e proteção em casos de abordagem policial e ocorrência de sinistros,

31 https://www.instagram.com/reel/Cj5QBdxAjWi/?igsh=MTc4MnRwdTkzaWI0

facilitando a apresentação de informações essenciais à saúde do portador.

▶ O projeto também altera o Estatuto da Pessoa com Deficiência, considerando como deficiência sensorial a perda permanente ou temporária do olfato e ou anosmia, a perda auditiva, a perda da visão e do paladar.

É preciso promover a justiça social, a acessibilidade e melhorar a condição de vida das pessoas deficientes em todo o país.

A nova geração do trabalho.

#ottoalencarfilho

*

É muito importante que a pessoa com deficiência manifeste interesse em adquirir esse documento para identificar sua deficiência, conforme o símbolo representado na figura do cadeirante. No canto superior direito, o símbolo que aparece é do cadeirante em azul, que continua em evidência em todo o país e no mundo, por isso a inclusão do crachá descritivo é importante para o(a) solicitante explicitar informações mais precisas, ficando a cargo do(a) próprio(a) solicitante descrever o que é de seu interesse. Por exemplo, se faz uso de medicamentos, ou se possui alergia a algum medicamento ou alimentar, tipo sanguíneo, entre outras, como já explicado em textos anteriores. Só é importante que eu frise mesmo.

As leis precisam ser revisitadas a cada cinco anos, pois como tenho observado, a própria Lei Brasileira de Inclusão, no Estatuto da Pessoa com Deficiência, foi promulgada em 2015, o que é recente se compararmos com a Lei de Cotas, de 1991.

São 24 anos de espaço entre uma e a outra. Isso tem um motivo óbvio: são com grandes avanços na sociedade que os temas se tornam relevantes. Percebo claramente que tudo a ser conquistado requer muito esforço, embora tenha sido uma escolha pessoal minha detalhar os meus passos e comprimi-los o máximo possível, formatando em palavras e imagens as minhas conquistas, vivências, obstáculos, aprendizados e muita reflexão para que, assim como eu, outras pessoas tenham neste guia literário um norte para entender um pouco melhor como são os bastidores da vida real, independentemente da seara em que se estão inseridas. ¿Quem poderia imaginar que um ano antes, ao acessar o site da POLITEC para realizar o 1º pedido da Carteira de Identidade Nacional Diferenciada, os meus projetos de leis já estariam protocolados no ano seguinte? Eu não sabia o dia e nem o ano, porém decretei para mim mesma e decretei lá no centro da POLITEC, junto aos funcionários públicos, que eu faria acontecer. E deu certo, porque tinha que dar certo. E uma das lições que tirei disso foi a seguinte: às vezes demora, porque precisamos encontrar as pessoas certas que também estão dispostas a vestir a camisa pela causa. Já com as pessoas erradas, tudo dá errado. ¡O importante é saber quais batalhas lutar e ao lado de quem!

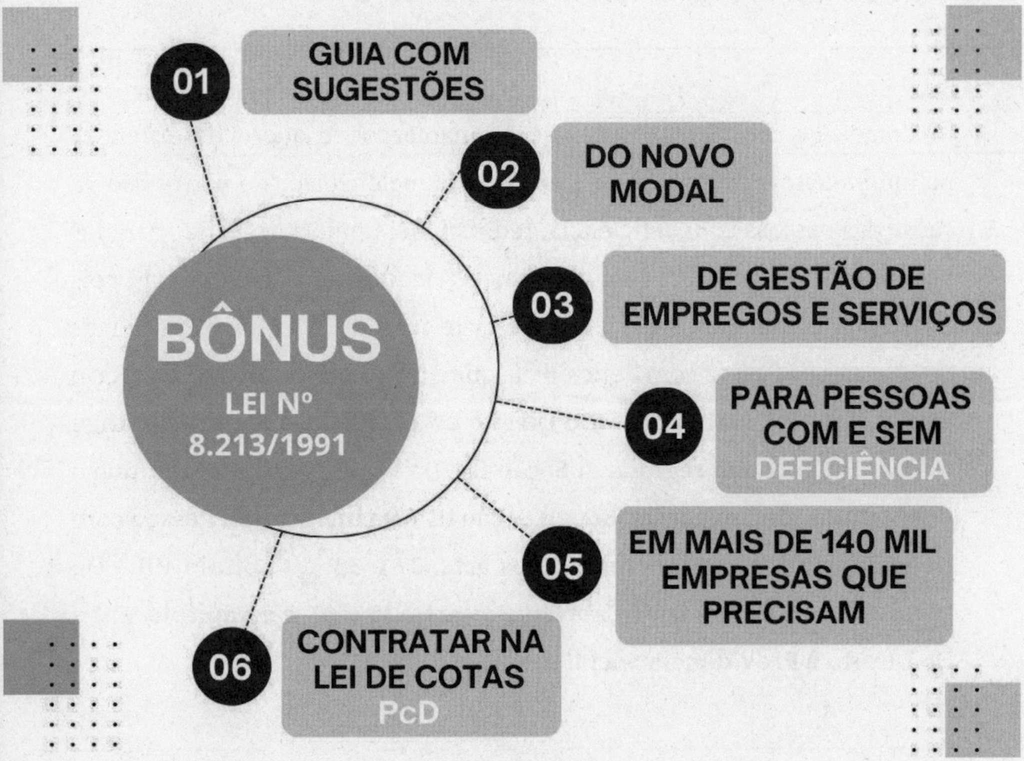
BÔNUS
LEI Nº
8.213/1991
01
GUIA COM SUGESTÕES
02
DO NOVO MODAL
03
DE GESTÃO DE EMPREGOS E SERVIÇOS
04
PARA PESSOAS COM E SEM DEFICIÊNCIA
05
EM MAIS DE 140 MIL EMPRESAS QUE PRECISAM
06
CONTRATAR NA LEI DE COTAS PcD

CAPÍTULO 44

Rio de Janeiro, novembro de 2022 - Brasil

BÔNUS: GUIA COM SUGESTÕES DO NOVO MODAL DE EMPREGOS E SERVIÇOS PARA PESSOAS COM E SEM DEFICIÊNCIA

Comecei a ampliar os meus questionamentos, e querendo entender na minha autogestão onde mais eu poderia me envolver no patrocínio da causa das pessoas com deficiência, redirecionei minhas pesquisas para ler depoimentos das pessoas com outras necessidades que não as minhas, pois essas eu já as conheço. Já havia lido e escrito em meu caderno os 127 artigos do Estatuto da Pessoa com Deficiência, que é um grande marco civilizatório para o país. No **Capítulo VI – Do Direito ao Trabalho, a Seção I abrange os arts. 34 e 35. Em seguida, a Seção II – Da Habilitação e Reabilitação Profissional abrange o art. 36, e a Seção III – Da Inclusão da Pessoa com Deficiência no Trabalho abrange os arts. 37 e 38. O Capítulo VII – Do Direito à Assistência Social abrange os arts. 39 e 40, e o Capítulo VIII – Do Direito à Previdência Social abrange o art. 41.**

Seção III

Da Inclusão da Pessoa com Deficiência no Trabalho

Art. 37 Constitui modo de inclusão da pessoa com deficiência no trabalho a colocação competitiva, em igualdade de oportunidades com as demais pessoas, nos termos da legislação trabalhista e previdenciária, na qual **devem ser atendidas as regras de acessibilidade, o forneci-**

mento de recursos de tecnologia assistiva e a adaptação razoável no ambiente de trabalho.

Parágrafo único. A colocação competitiva da pessoa com deficiência pode ocorrer por meio de trabalho com apoio, observadas as seguintes diretrizes:

> I - prioridade no atendimento à pessoa com deficiência com maior dificuldade de inserção no campo de trabalho;
>
> II - provisão de suportes individualizados, que atendam a necessidades específicas da pessoa com deficiência, inclusive a disponibilização de recursos de tecnologia assistiva de agente facilitador e de apoio no ambiente de trabalho;
>
> III - respeito ao perfil vocacional e ao interesse da pessoa com deficiência apoiada;
>
> IV - oferta de aconselhamento e de apoio aos empregadores, com vistas à definição de estratégias de inclusão e de superação de barreiras, inclusive atitudinais;
>
> V - realização de avaliações periódicas;
>
> VI - articulação intersetorial das políticas públicas;
>
> VII - possibilidade de participação de organizações da sociedade civil.

Art. 38 A entidade contratada para a realização de processo seletivo público ou privado para cargo, função ou emprego está obrigada à observância do disposto nesta Lei e em outras normas de acessibilidade vigentes.

CAPÍTULO VII
DO DIREITO À ASSISTÊNCIA SOCIAL

Art. 39 Os serviços, os programas, os projetos e os benefícios no âmbito da política pública de assistência social à pessoa com deficiência e sua família têm como objetivo a garantia da segurança de renda, da acolhida, da habilitação e da reabilitação, do desenvolvimento da autonomia e da convivência familiar e comunitária, para a promoção do acesso a direitos e da plena participação social.

§ 1º A assistência social à pessoa com deficiência, nos termos do *caput* deste artigo, deve envolver conjunto articulado de serviços do âmbito da Proteção Social Básica e da Proteção Social Especial, ofertados pelo Suas (Sistema Único de Assistência Social), para a garantia de segurança fundamentais no enfrentamento de situações de vulnerabilidade e de risco, por fragilização de vínculos e ameaça ou violação de direitos.

§ 2º Os serviços socioassistenciais destinados à pessoa com deficiência em situação de dependência deverão contar com cuidadores sociais para prestar-lhe cuidados básicos e instrumentais.

Art. 40 É assegurado à pessoa com deficiência que não possua meios para prover sua subsistência nem de tê-la provida por sua família o benefício mensal de 1 (um) salário mínimo, nos termos da Lei nº 8.742, de 7 de dezembro de 1993.

CAPÍTULO VIII
DO DIREITO À PREVIDÊNCIA SOCIAL

Art. 41 A pessoa com deficiência segurada do Regime Geral de Previdência Social (RGPS) tem direito à aposentadoria nos termos da Lei Complementar nº 142, de 8 de maio de 2013.

Passei a ficar curiosa em uma outra seara, e fui buscar me aprofundar na legislação para as cotas de emprego para as pessoas com deficiência, estabelecida no art. 93 da Lei nº 8.213/1991. Na verdade, achei bem fraquinha, uma metodologia girando em torno apenas da empregabilidade da PcD, sem sequer atribuir às necessidades anteriores para que essa pessoa esteja apta para buscar um emprego, uma recolocação laboral ou até mesmo melhorar seu atual emprego.

Em outras palavras, defendo o fato de que o plano diretor da Lei de Cotas deve ser revisto e reformado para o bem da população PcD e dos empresários. Porque as pessoas com deficiências que ainda precisam de apoio sempre ficarão atrás das pessoas com deficiência que já estão aptas ao trabalho.

Logo a seguir, você poderá compreender melhor o que penso e, ao longo deste capítulo, criei infográficos atribuindo mais detalhadamente o meu plano diretor.

Cheguei a publicar um vídeo na plataforma do meu site:

www.catherinevecchi.com.br/reforma-art-93-lei-8213-1991

No vídeo publicado, consta o início da minha linha de raciocínio, como um "aperitivo" da minha curadoria estratégica e de governança, porque o restante do meu raciocínio esmiuçado viria para o livro. E a mensagem foi a seguinte:

Oi, pessoal, vamos de jogo rápido.

¿Quem sabe qual é o **art. 93 da Lei nº 8.213/1991**?

O artigo em questão é a Lei de Cotas para a Pessoa com Deficiência, sigla PcD. No ano em que ela foi criada, eu tinha 5 anos. Bom, apesar de todo esse tempo, essa lei ainda carece de cumprimento da auditoria do trabalho, da fiscalização, dos próprios empresários, da marcha das pessoas com deficiência. Pensando nisso: ¿Por que não cumprem a obrigatoriedade da Lei de Cotas, art. 93 dessa lei? Eu acredito que seja porque falta um pouco mais de colaboração das pessoas com deficiência, que deveriam instruir os empresários. ¡¿Ok?!

Então, nosso jogo rápido é o seguinte: Existe Lei de Cotas. ¡Isso já é sabido! Pessoas não empregam e pessoas não são empregadas. ¡¿Ok?! Mas vamos lá: ¿Quem tem mais autonomia entre as pessoas com deficiência? Um cadeirante tem mais autonomia que um cego, pois um cego precisa de auxílio dentro da empresa, durante a jornada de trabalho. Uma pessoa surda ou muda precisa de intérprete de libras; então, refletindo sobre o assunto, observei que, para ambientes de trabalho com 100 a 200 funcionários, a empresa precisa empregar 2%; com 201 funcionários a 500 funcionários, a empresa precisa empregar 3%; com 501 até 1.000 funcionários, são 4%; e com 1.001 funcionários, assim por diante, 5%. Isso está na lei e muitos já sabem.

Agora é a hora do pulo do gato. ¿Quem sabe não seja melhor ratear a Lei de Cotas que já existe em ½?

¿O que eu quero dizer com isso? Se uma empresa de 100 a 200 funcionários precisa de, vamos supor, dois empregados, então ela tem que empregar uma PcD; supondo que essa pessoa seja cega, a empresa deverá contratar um(a) auxiliar sem deficiência para auxiliá-la. Pela lei, como um surdo ou um mudo precisam de intérprete de libras, em uma empresa de 201 a 500 funcionários, isso representaria 3%, ou seja, 15 funcionários (este número é uma prévia, porque deve ser calculado pelo número de empregados já registrados). Vamos supor que a empresa tenha 1.001 funcionários; então, o empresário precisa contratar 50 empregados com deficiência. Dividindo essa quantidade pela metade, são 25 PcD e 25 não PcD.

Mas é o combo. ¿Por quê?

As 25 PcD terão auxiliares junto delas, todo dia na rotina de trabalho; então, em vez de terem que deslocar os funcionários já existentes na empresa para auxiliar as PcD, os novos contratados entram nessa cota.

¿Vocês estão conseguindo entender o que estou querendo dizer? Então, essa mudança facilita a vida dos empresários, daqueles que vão ser empregados e dos outros (empregados) que vão auxiliar as PcD. Para ficar mais fácil de compreender, sabe quando aparece a seguinte mensagem na compra no cartão: "¿Você quer complementar sua compra no cartão em dois cartões para faturar uma compra só?"

Seria mais ou menos isso. ¡**O peso 2**!

Na cota, seria o(a) auxiliar e a PcD. Muitas vezes, o(a) auxiliar pode ter algum domínio que talvez a PcD não tenha e vice-versa, ou seja, eles vão se ajudar mutuamente. ¿Compreende?

Acredito que, dessa forma, as empresas vão empregar mais. Essa mudança poderá reduzir a indiferença com a causa das pessoas com deficiência e diminuir o preconceito no ambiente laboral; a auditoria fiscal do trabalho também poderá ter mais prazer em auditar as empresas; os empresários não precisarão pagar a multa e manterão seu nome limpo, porque cumprirão a Lei de Cotas. Lei essa que já existe e que nem sempre é cumprida, mesmo com a obrigatoriedade. Cooperaremos com uma inclusão social justa. As pessoas empregadas poderão ter mais autonomia e se sentirão mais seguras tendo uma pessoa auxiliar, sem precisar pedir favor para colegas de trabalho, o que pode ser cansativo para quem solicita ajuda e para quem, a todo momento, precisa interromper sua função para ajudar. Vamos imaginar o caso de uma pessoa cega, que precisa de uma organização ímpar, um mapa mental que, às vezes, os demais funcionários não têm. Nesse caso, a pessoa auxiliar será a profissional responsável por auxiliá-la. Então, por ter bem definidas as funções de cada um, não será necessário pedir "favor" a toda hora. ¿Entende?

Acho que é isto, um complementa o outro na jornada laboral, a PcD e a auxiliar se complementam mutuamente. Os empresários abrem mais vagas para pessoas com deficiência e pessoas sem deficiência, já que o intérprete de libras, por exemplo, provavelmente não tem deficiência, apesar de trabalhar para proporcionar que as pessoas com deficiência tenham a oportunidade de exercer sua função. Um complementa o outro. ¿Você está entendendo?

Bom para todos: empresários, empregados, sociedade e auditorias das 27 regiões, as quais precisam das secretarias que cooperem, facilitem e exemplifiquem. Melhor que isso é unir forças e dar espaço para pessoas com deficiência pensarem por elas mesmas e ajudar aqueles que estão contratando.

Vejo que há muita falha também em criar um programa ou um projeto para quem está contratando a PcD. Não reconhecer as dificuldades abre um campo que limita ainda mais a contratação da pessoa com deficiência. ¡É isso!

Eu sou Catherine Vecchi e hoje é dia 4 de novembro (2022). São 8h47 do horário de Brasília – Rio de Janeiro.

Fiquem bem, fiquem com Deus e com muita saúde. Emprego já, já.

Ao terminar de editar o vídeo que gravei com o conteúdo acima e abastecer o meu site, fiquei pensando... pensando mesmo. Logo após expor a minha sugestão no "PESO 2" rabisquei outros pilares estruturais para a sequência de desenvolvimento desse meu projeto-piloto experimental para aperfeiçoar e melhorar, por exemplo, o que já está em andamento pelo plano diretor do Governo Federal/Sistema Único de Saúde (SUS) e do Instituto Nacional do Seguro Social (INSS).

Por isso, é extremamente importante que as pessoas com deficiência ou os seus responsáveis leiam, compreendam e aceitem esse esboço e se manifestem positivamente para que haja a implementação desse projeto-piloto como um experimento social de pelo menos 24 meses e, na sequência, se for viável, poderemos fazer alterações na redação que disciplina a Lei de Cotas, instituída no art. 93 da Lei nº 8.213/1991, para desburocratizar a maneira de contratações que nem sempre são respeitadas e cumpridas pelas empresas. Quem sofre são as empresas por pagarem multa e os trabalhadores por estarem desempregados, o único ente que leva vantagem sempre é o erário, que cumprindo a lei ou não, FATURA.

Após pensar no Peso 2, pensei também em ampliar para o Peso 3 e manter a contratação única que já vem sendo praticada. O infográfico ficou desta maneira:

Acompanhe na **Figura 1:**

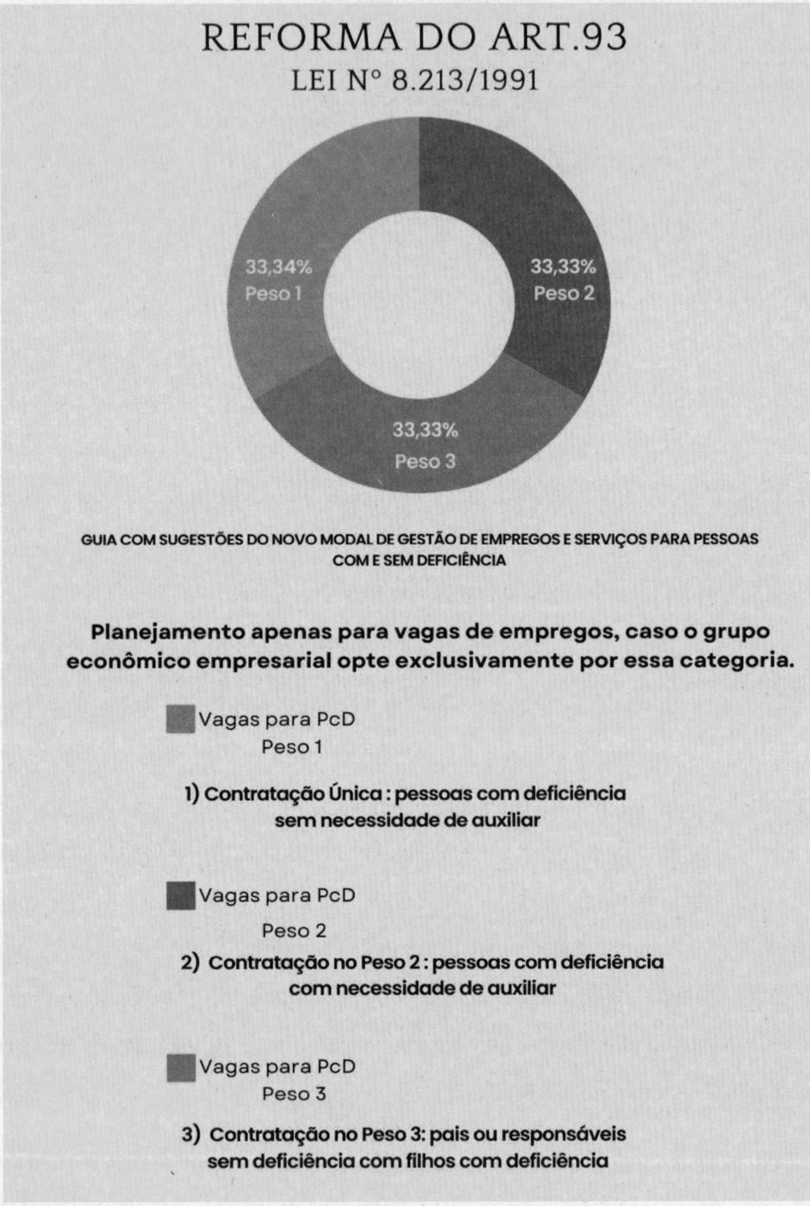

Fonte: a autora.

Para melhor compreensão do **percentual de empregabilidade,** conforme o art. 93 da Lei nº 8.213/1991, a obrigatoriedade para empresas com mais de 100 funcionários deve variar entre **2% e 5%**, confira o quadro:

Quadro 1

Porte da empresa	**Percentual mínimo de contratação de PcD**
De 100 a 200 funcionários	2% (Nível II)
De 201 a 500 funcionários	3% (Nível III)
De 501 a 1.000 funcionários	4% (Nível IV)
De 1.001 funcionários em diante	5% (Nível V)

Fonte: a autora.

Os níveis II, III, IV e V foram criados por mim para identificar melhor o percentual de controle.

Pensei logo na sequência em um modelo de negócios complementar para melhorar também a qualidade de vida das pessoas com deficiência. Por exemplo: uma empresa X que possui 20 mil funcionários está no grupo de nível V de contratação da PcD. São necessárias mil vagas para funcionários com deficiência. Vamos supor que o salário médio destinado a essas vagas seja em torno de R$3.282,00 (três mil, duzentos e oitenta e dois reais). Mensalmente, a empresa deverá ter em caixa o valor de R$3.282,00 (três mil, duzentos e oitenta e dois reais), para pagar cada um dos funcionários (sem levar em conta tributos governamentais, ¿ok?). O montante mensal em caixa para o pagamento dos mil funcionários será de R$3.282.000,00 (três milhões, duzentos e oitenta e dois mil reais), já o valor anual será de R$39.384.000,00 (trinta e nove milhões, trezentos e oitenta e quatro reais). Observe no gráfico que ilustrei por categoria e respectivo percentual proporcional:

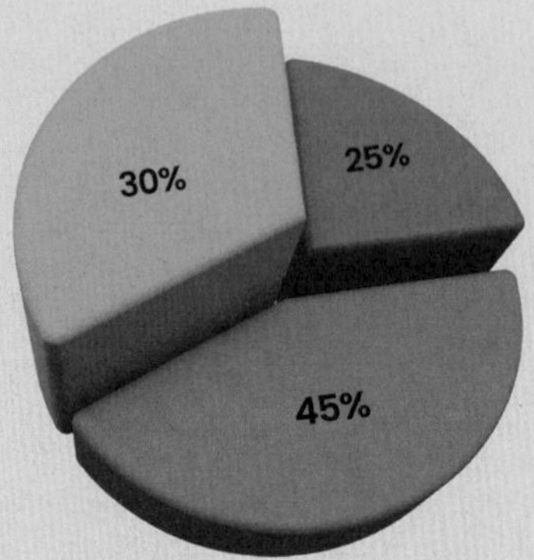

Os percentuais poderão ser reajustados conforme necessidade de cada grupo econômico empresarial.

GUIA COM SUGESTÕES DO NOVO MODAL DE GESTÃO DE EMPREGOS E SERVIÇOS PARA PESSOAS COM E SEM DEFICIÊNCIA

30% **Investimento em postos de trabalho - Categoria A**

O rateio de 30% para os postos de trabalho será subdividido em 3 grupos:
1) Contratação Única: pessoas com deficiência sem necessidade de auxiliar.
2) Contratação no Peso 2: pessoas com deficiência com necessidade de auxiliar.
3) Contratação no Peso 3: pais ou responsáveis sem deficiência com filhos com deficiência.

25% **Investimento em tecnologias assistivas e arquitetônicas Categoria B**

O rateio de 25% será atribuído para o modelo de negócios B2B, em soluções de tecnologias assistivas, em conformidade a Portaria nº 142/2006, que institui o Comitê de Ajudas Técnicas (CAT), e o Decreto nº 5.296/2004, que define o conceito de ajudas técnicas vinculadas às tecnologias assistivas.
Ex.: cadeiras de rodas; scooters elétricas; próteses/órteses, computador com software de leitura, entre outros, direcionados diretamente para as pessoas com deficiência, contratados pelas respectivas empresas.
O rateio do investimento deverá contemplar reformas necessárias para a acessibilidade arquitetônica dentro do grupo econômico empresarial, como a instalação de detectores de gás e fumaça sonoros e sinalizadores com luzes, reforma de banheiros para pessoas com deficiência, pisos táteis, entre outros.

45% **Investimento em Infraestruturas hospitalares - Categoria C**

O rateio de 45% ficará disponível para investimento em infraestrutura hospitalar, bem como em programas de *Fellowship* médicos, com bolsa de estudos, diagnósticos, tratamentos, reabilitações e outras providências, tanto para o suporte às PcD contratadas que vierem a necessitar, quanto para as PcD que, não estando contempladas na empresa doadora, tenham comprovada necessidade pela rede hospitalar.

Fonte: a autora.

O objetivo é ajudar ambas as partes: as empresas que irão contratar e as pessoas que serão contratadas.

A ideia central é entregar soluções aos empresários no modal de contratações de empregos e serviços destinadas às pessoas com deficiência, na categoria A.

As categorias B + C, quando aderidas, terão as vagas convertidas em números (valores monetários).

Dito isso, quando as empresas manifestarem interesse pelo projeto-piloto experimental, meu time e eu enviaremos uma proposta para os seus respectivos departamentos jurídicos, para que, juntos, possamos analisar as melhores opções e categorias a serem aplicadas no quadro de planejamento de negócios do grupo econômico.

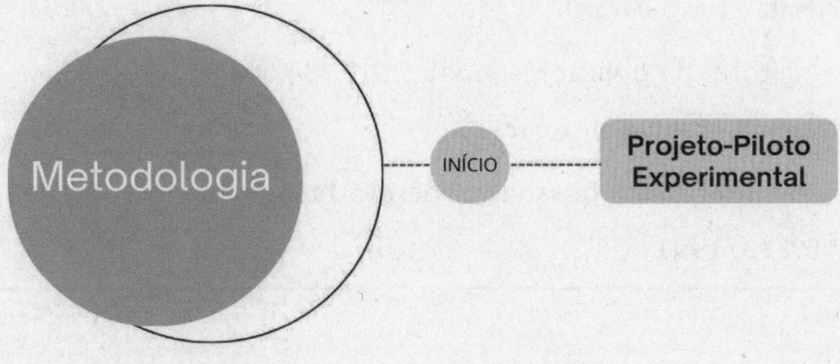

AS FÓRMULAS proporcionais das opções e categorias são as seguintes:

Opção 1: a empresa contratante analisou o modal e gostaria de manter a contratação das pessoas com deficiência dentro do art. 93 da Lei nº 8.213/1991, na forma já disciplinada, que são as contratações CHEIAS, apenas para as vagas destinadas às pessoas com deficiência.

Neste caso, a empresa deverá manter os 100% do modal destinados apenas para as pessoas com deficiência à distribuição ajustada:

Contratação Única pelo art. 93, reservando 100% das vagas.

- Valor salarial individual: R$3.282,00 (três mil, duzentos e oitenta e dois reais).
- Valor total da operação mensal: R$3.282.000,00 (três milhões, duzentos e oitenta e dois mil reais).
- Valor total da operação anual: R$39.384.000,00 (trinta e nove milhões, trezentos e oitenta e quatro reais).
- **Resultado: 1.000 pessoas contratadas na Opção 1, art. 93 da Lei nº 8.213/1991.**

Opção 2: a empresa contratante analisou o modal e gostaria de aderir ao programa na nova regra, escolhendo a **Categoria A** como seu objetivo.

Neste caso, a empresa deverá manter os 100% do modal destinados à distribuição ajustada:

2.1.1 Contratação Única, reservando 33,6% das vagas.

2.1.2 Contratação no Peso 2, reservando 33,2% das vagas.

2.1.3 Contratação no Peso 3, reservando 33,2% das vagas

- Contratação Única: **336 pessoas com deficiência contratadas.**
- Contratação Peso 2: **332 pessoas com e sem deficiência contratadas.**
- Contratação Peso 3: **332 pessoas sem deficiência com filhos com deficiência contratadas.**
- Valor salarial individual: R$3.282,00 (três mil, duzentos e oitenta e dois reais).
- Valor total da operação mensal: R$3.282.000,00 (três milhões, duzentos e oitenta e dois mil reais).
- Valor total da operação anual: R$39.384.000,00 (trinta e nove milhões, trezentos e oitenta e quatro reais).
- **Resultado: 1.000 pessoas contratadas na Categoria A.**

Opção 3: a empresa contratante analisou o modal e gostaria de aderir ao programa na nova regra, escolhendo as Categorias A + B como seu objetivo.

3.1 Categoria A

Neste caso, a empresa deverá dispor de 50% do modal destinado à distribuição ajustada:

3.1.1 Contratação Única: reservando 16,8% das vagas.

3.1.2 Contratação Peso 2: reservando 16,6% das vagas.

3.1.3 Contratação Peso 3: reservando 16,6% das vagas.

- Contratação Única: **168 pessoas com deficiência contratadas.**
- Contratação Peso 2: **166 pessoas com e sem deficiência contratadas.**
- Contratação Peso 3: **166 pessoas sem deficiência com filhos com deficiência contratadas.**
- Valor salarial individual: R$3.282,00 (três mil, duzentos e oitenta e dois reais).
- Valor total da operação mensal: R$1.641.000,00 (um milhão, seiscentos e quarenta e um mil reais).
- Valor total da operação anual: R$19.692.000,00 (dezenove milhões, seiscentos e noventa e dois mil reais).
- **Resultado: 500 pessoas contratadas na Categoria A.**

3.2 Categoria B

Neste caso, a empresa deverá dispor de 50% do modal destinado às vagas, que deverão ser convertidas em números (valores monetários), para suprir as necessidades das pessoas com deficiência empregadas na Categoria A, de acordo com a Portaria nº 142/2006, que institui o Comitê de Ajudas Técnicas (CAT), e o Decreto nº 5.296/2004, que define o conceito de ajudas técnicas vinculadas às tecnologias assistivas. Além disso, deverão ser realizadas reformas dentro da empresa, a fim de atender às necessidades das pessoas com deficiência.

3.2.1 Contratação Única: reservando 16,8% das vagas.

3.2.2 Contratação Peso 2: reservando 16,6% das vagas.

3.2.3 Contratação Peso 3: reservando 16,6% das vagas.

- Contratação Única: **168 pessoas com deficiência** convertidas em números (valores monetários).
- Contratação Peso 2: **166 pessoas com e sem deficiência** convertidas em números (valores monetários).
- Contratação Peso 3: **166 pessoas sem deficiência com filhos com deficiência** convertidas em números (valores monetários).
- Valor salarial individual: R$3.282,00 (três mil, duzentos e oitenta e dois reais).
- Valor total da operação mensal: R$1.641.000,00 (um milhão, seiscentos e quarenta e um mil reais).
- Valor total da operação anual: R$19.692.000,00 (dezenove milhões, seiscentos e noventa e dois mil reais).
- **Resultado: 500 vagas convertidas em números (valores monetários) na Categoria B.**

Opção 4: a empresa contratante analisou o modal e gostaria de aderir ao programa na nova regra, escolhendo as **Categorias A + B + C** como seu objetivo.

4.1 A empresa deverá dispor de 33,2 % do modal destinado às vagas das pessoas com deficiência na contratação, sendo 11,2% para Contratação Única; 11,0% para Contratação no Peso 2; 11,0% para Contratação no Peso 3, na **Categoria A.**

4.2. A empresa deverá dispor de 33,4% remanescente do modal destinado às vagas, que deverão ser convertidas em números (valores monetários), para suprir às necessidades das pessoas com deficiência empregadas na Categoria A, de acordo com a Portaria nº 142/2006, que institui o Comitê de Ajudas Técnicas (CAT), e o Decreto nº 5.296/2004, que define o conceito de ajudas técnicas vinculadas às tecnologias assistivas. Além disso, deverão ser realizadas reformas dentro da empresa, a fim de atender às necessidades das pessoas com deficiência, na **Categoria B.**

4.3. A empresa deverá dispor de 33,4 % remanescente do modal destinado às vagas, que deverão ser convertidas em números (valores monetários), para investimentos em infraestruturas hospitalares que participam ativamente na promoção de assistência destinadas às pessoas com deficiência. Por exemplo, a destinação da verba orçamentária poderá ser realizada para o Hospital Universitário de Sergipe (HUS), que atende pacientes com anosmia no tratamento cirúrgico para a recuperação do olfato em pacientes habilitados que perderam a capacidade olfativa devido ao contágio viral SARS-CoV-2 durante a Covid-19, na **Categoria C.**

4.1 Categoria A

Neste caso, a empresa deverá manter os 33,2% do modal destinados à distribuição ajustada:

4.1.1 Contratação Única: reservando 11,2 % das vagas.

4.1.2 Contratação Peso 2: reservando 11,0 % das vagas.

4.1.3 Contratação Peso 3: reservando 11,0 % das vagas.

- Contratação Única: **112 pessoas com deficiência contratadas.**
- Contratação Peso 2: **110 pessoas com e sem deficiência contratadas.**
- Contratação Peso 3: **110 pessoas sem deficiência com filhos com deficiência contratadas.**
- Valor salarial individual: R$3.282,00 (três mil, duzentos e oitenta e dois reais).
- Valor total da operação mensal: R$1.089.624,00 (um milhão, oitenta e nove mil, seiscentos e vinte e quatro reais).
- Valor total da operação anual: R$13.075.488,00 (treze milhões, setenta e cinco mil, quatrocentos e oitenta e oito reais).
- **Resultado: 332 pessoas contratadas na Categoria A.**

4.2 Categoria B

Neste caso, a empresa deverá dispor de 33,4% do modal destinado às vagas, que deverão ser convertidas em números (valores monetários) para suprir as necessidades das pessoas com deficiência empregadas na Categoria A, de acordo com a Portaria nº 142/2006, que institui o Comitê de Ajudas Técnicas (CAT), e o Decreto nº 5.296/2004, que define o conceito de ajudas técnicas vinculadas às tecnologias assistivas. Além disso, deverão ser realizadas reformas dentro da empresa, a fim de atender às necessidades das pessoas com deficiência.

4.2.1 Contratação Única: reservando 11,2 % das vagas.

4.2.2 Contratação Peso 2: reservando 11,1 % das vagas.

4.2.3 Contratação Peso 3: reservando 11,1 % das vagas.

- Contratação Única: **112 pessoas com deficiência** convertidas em números (valores monetários).
- Contratação Peso 2: **111 pessoas com e sem deficiência** convertidas em números (valores monetários).
- Contratação Peso 3: **111 pessoas sem deficiência com filhos com deficiência** convertidas em números (valores monetários).
- Valor salarial individual: R$3.282,00 (três mil, duzentos e oitenta e dois reais).
- Valor total da operação mensal: R$1.096.188,00 (um milhão, noventa e seis mil, cento e oitenta e oito reais).
- Valor total da operação anual: R$13.154.256,00 (treze milhões, cento e cinquenta e quatro mil, duzentos e cinquenta e seis reais).
- **Resultado: 334 vagas convertidas em números (valores monetários) na Categoria B.**

4.3 Categoria C

Neste caso, a empresa deverá dispor de 33,4% do modal destinado às vagas, que deverão ser convertidas em números (valores monetários), para investimentos em infraestruturas hospitalares que participam ativamente na promoção de assistência às pessoas com deficiência que atuam dentro da empresa.

4.3.1 Contratação Única: reservando 11,2 % das vagas.

4.3.2 Contratação Peso 2: reservando 11,1 % das vagas.

4.3.3 Contratação Peso 3: reservando 11,1 % das vagas.

- Contratação Única: **112 pessoas com deficiência** convertidas em números (valores monetários).
- Contratação Peso 2: **111 pessoas com e sem deficiência** convertidas em números (valores monetários).
- Contratação Peso 3: **111 pessoas sem deficiência com filhos com deficiência** convertidas em números (valores monetários).
- Valor salarial individual: R$3.282,00 (três mil, duzentos e oitenta e dois reais).
- Valor total da operação mensal: R$1.096.188,00 (um milhão, noventa e seis mil, cento e oitenta e oito reais).
- Valor total da operação anual: R$13.154.256,00 (treze milhões, cento e cinquenta e quatro mil, duzentos e cinquenta e seis reais).

Resultado: 334 vagas convertidas em números (valores monetários) na Categoria C.

Em uma empresa com 20 mil funcionários, por exemplo, é necessária a contratação de 1.000 (mil) pessoas com deficiência. Portanto, as pessoas com deficiência que ocuparem cargos dentro dessa empresa poderão captar seus leads dos próprios colaboradores de sua respectiva empresa e/ou de terceiros, para preencher uma das funções de trabalho na categoria ESG. **Veja na ilustração abaixo a respeito de uma das regras de simulação do regulamento.** ¿Vamos colorir juntos os nossos lares e comércios? ¡O país que é considerado o pulmão do mundo precisa dar o exemplo dentro de casa!

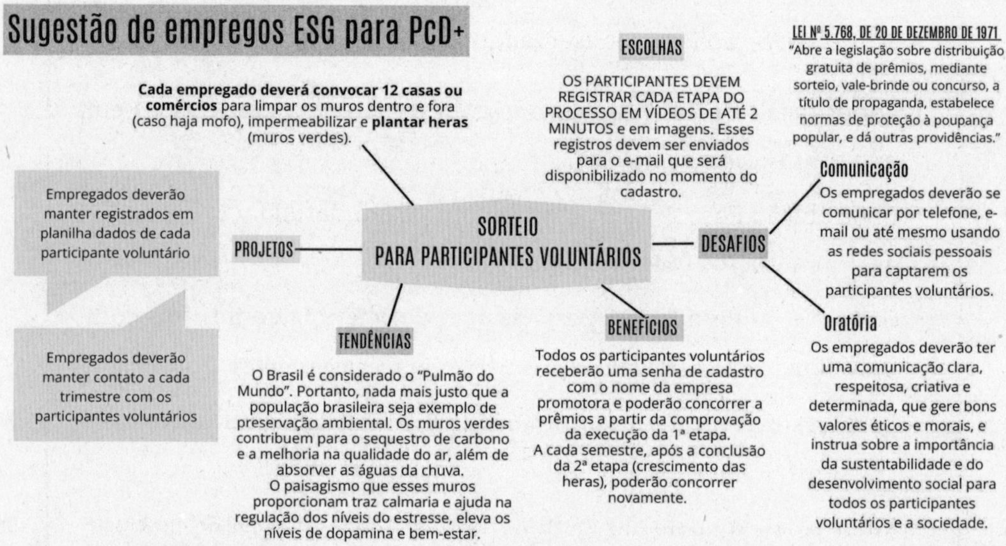

Fonte: a autora.

Demonstrado uma das possíveis funções de vagas em que as empresas poderão criar dentro da Cota PcD, como na categoria ESG, agora vou demonstrar um infográfico para melhor compreensão do que são as tecnologias assistivas e os tipos de investimentos nas infraestruturas hospitalares e suas necessidades:

INFOGRÁFICO REFORMA DO ART. 93 DA LEI Nº 8.213/1991

Idealizadora do projeto: Catherine Vecchi

Projeto-piloto experimental contemplando a Lei Brasileira de Inclusão

Estatuto da Pessoa com Deficiência nº 13.146/2015

1 DEFICIÊNCIA DA VISÃO

R$1.000,00	CURSOS DE SISTEMA BRAILLE.
R$200,00 + R$120,00	EQUIPAMENTOS: PUNÇÃO E REGLETE.
R$35.000,00 + R$15.000,00	INVESTIMENTOS EM INSTITUIÇÕES ESPECIALIZADAS PARA TREINAMENTO DE CÃES-GUIA.
R$5.000,00	CURSO DE ORIENTAÇÃO E MOBILIDADE (O.M.).
R$2.000,00	PRÓTESE OCULAR (RESINA ACRÍLICA).
R$7.500,00	MÁQUINA DE ESCREVER BRAILLE.

2 DEFICIÊNCIA DO OLFATO

R$1.200,00	EXAMES DE RESSONÂNCIA MAGNÉTICA DO CRÂNIO.
R$5.000,00	SEQUENCIAMENTO GENÉTICO.
R$20.000,00	CIRURGIA DE RECUPERAÇÃO DO OLFATO.
R$150.000,00/ano	*FELLOWSHIP* EM MICROCIRURGIA COM BOLSA DE ESTUDOS.
R$2.500.000,00	AMPLIAÇÃO DO HU/UFS: AMBULATÓRIO, LEITOS, INSTRUMENTAÇÃO.
R$200,00	DISPOSITIVOS DE DETECÇÃO DE GÁS E FUMAÇA.

3 DEFICIÊNCIA DO PALADAR

R$2.000,00	EXAMES CLÍNICOS (TOMOGRAFIA), OTORRINOLARINGOLOGISTA E CIRURGIÃO-DENTISTA.
R$2.000,00	SUPLEMENTAÇÃO VITAMÍNICA E ALIMENTAR.
R$600,00	TRATAMENTOS MEDICAMENTOSOS.

4 DEFICIÊNCIA DO OUVIDO

R$1.900,00	EXAMES: TRIAGEM AUDITIVA NEONATAL UNIVERSAL (TANU).
R$1.900,00	EXAMES: TRIAGEM AUDITIVA BERA (Exame do Potencial Evocado Auditivo do Tronco Encefálico).
R$10.000,00	REABILITAÇÃO AUDITIVA.
R$150.000,00/ano	*FELLOWSHIP* EM MICROCIRURGIA COM BOLSA DE ESTUDOS.
R$2.500.000,00	AMPLIAÇÃO DO HU/UFS: AMBULATÓRIO, LEITOS, INSTRUMENTAÇÃO.
R$110.000,00	CIRURGIA DE IMPLANTE COCLEAR.
R$80.000,00	IMPLANTES COCLEARES.
R$2.000,00	CURSOS DE LÍNGUA BRASILEIRA DE SINAIS (LIBRAS).

5 DEFICIÊNCIA DO TATO

R$4.000,00	EXAMES ESPECÍFICOS.
R$150.000,00/ano	*FELLOWSHIP* EM MICROCIRURGIA COM BOLSA DE ESTUDOS.
R$2.500.000,00	AMPLIAÇÃO DO HU/UFS: AMBULATÓRIO, LEITOS, INSTRUMENTAÇÃO.
R$7.000,00/R$10.000,00/R$15.000,00/ R$8.000,00/R$10.000,00	TECNOLOGIAS ASSISTIVAS: PRÓTESES; ÓRTESES; CADEIRAS DE RODAS COM ENCOSTO ANATÔMICO; ANDADORES; CAMAS ELÉTRICAS; SCOOTER ELÉTRICA; PRÓTESE ESTÉTICA; REVESTIMENTO ESTÉTICO; ENTRE OUTROS.
R$3.500,00/R$30.000,00/R$ 8.000,00	INFRAESTRUTURA ARQUITETÔNICA: BANHEIROS, ELEVADORES, EQUIPAMENTOS ELÉTRICOS DE TRANSFERÊNCIA PARA PESSOAS COM DEFICIÊNCIA FÍSICA.

* Valores estimados.

Fonte: a autora.

Obviamente, outro obstáculo na objeção pessoal da pessoa com deficiência em buscar um trabalho vem acompanhado com o baixo grau de escolaridade, e as vagas disponíveis serão aquelas com os salários menos atraentes. As pessoas com deficiência, necessitando ainda mais de atenção, tanto de locomoção quanto da ausência de profissionais habilitados na ocupação de auxiliares/cuidadores dentro do ambiente corporativo, sentem-se desestimuladas para irem cumprir um trabalho sem qualquer retorno financeiro proveitoso, e com essa mesma baixa escolaridade, a possibilidade de um plano de carreira promissor acaba sendo uma ilusão.

E por essas dificuldades, as empresas também são oneradas e multas são aplicadas aos empresários pelo Ministério do Trabalho e Emprego (MTE), e muitas delas vêm sendo anuladas, pois, notoriamente, as empresas conseguem demonstrar que as vagas estão abertas, mas que são as pessoas com deficiência que não buscam por elas.

¿COMO FUNCIONAM AS MULTAS DE EMPRESAS QUE NÃO PREENCHEM AS VAGAS DESTINADAS ÀS PESSOAS COM DEFICIÊNCIA DENTRO DA LEI DE COTAS Nº 8.213/1991?

Em matéria publicada pela Câmara Paulista para inclusão da pessoa com deficiência[32] é informado que: "O valor passou a ser, conforme a gravidade da infração, de R$3.215,07 (três mil, duzentos e quinze reais e sete centavos) a R$ 321.505,87 (trezentos e vinte e um mil, quinhentos e cinco reais e oitenta e sete centavos). **Os novos valores valem a partir de 11 de janeiro de 2024**".

Fui pesquisar para onde vai o dinheiro arrecadado pelo Ministério Público do Trabalho (MPT).[33] O dinheiro arrecadado vai para o Tesouro Nacional no Conselho Federal, porque ainda não existe um fundo gestor. Além do mais, há muita dificuldade no acesso a essas informações no Portal da Transparência do Ministério Público do Trabalho e Emprego

32 https://www.camarainclusao.com.br/noticias/novo-valor-da-multa-por-descumprimento-da-lei-de-cotas/.

33 https://www.migalhas.com.br/quentes/285384/para-onde-vai-o-dinheiro-que-o-mpt-arrecada.

(MTE), não sendo possível identificar informações relativas a esses valores. Tudo muito obscuro. Por isso, friso: é importante esse programa que estou criando ser testado para reverter de fato os verdadeiros benefícios às pessoas com deficiência antes delas buscarem um posto de trabalho e ou, já em um posto de trabalho, para se prepararem para uma jornada virtuosa e competente. Veja bem, o valor inicial da MULTA É DE 2 SALÁRIOS MÍNIMOS, MAS MUITAS PESSOAS COM DEFICIÊNCIA INICIAM SEUS EMPREGOS, COM APENAS 1 SALÁRIO MÍNIMO. Contraditório, no mínimo. Ali no início do Capítulo 44, destaquei o art. 40 da Assistência Social, que garante a assistência de 1 salário mínimo para as pessoas com deficiência que não possuem meios para prover sua própria existência.

Aqui talvez seja importante fazer a ressalva de que a assistência social faz parte da seguridade social e está prevista na Constituição. O problema, portanto, não está na existência da assistência em si, mas em como ela se articula (ou não) com a promoção da autonomia e da inclusão produtiva. Dessa forma, devemos criar mecanismos para a necessidade de melhorar a integração entre assistência social e políticas de empregabilidade, educação e qualificação profissional.

E É ISSO QUE AQUI TENTO MUDAR. Mesclar entre a ajuda assistencial governamental e, em contrapartida, sugerir ferramentas e atributos aos empregadores para animar o povo a ter condições para irem trabalhar, aprender ou melhorar seu ofício, conversar com pessoas, socializar, fazer uma nação mais próspera, circular mais moeda no mercado e trazer vida aos que ficam muito tempo escondidos em seus casulos.

Vamos entender para onde vai o dinheiro que o Ministério Público do Trabalho (MPT) arrecada. Na nota de rodapé da página anterior está o site que nos guia até o art. 13 da Lei nº 7.347/1985:

> Art. 13. Havendo condenação em dinheiro, a indenização pelo dano causado reverterá a um fundo gerido por um Conselho Federal ou por Conselhos Estaduais de que participarão necessariamente o Ministério Público e representantes da comunidade, sendo seus recursos destinados à reconstituição dos bens lesados.
>
> § 1º Enquanto o fundo não for regulamentado, o dinheiro ficará depositado em estabelecimento oficial de crédito, em conta com correção monetária. (Renumerado do parágrafo único pela Lei nº 12.288, de 2010).
>
> § 2º Havendo acordo ou condenação com fundamento em dano causado por ato de discriminação étnica nos termos do disposto no art. 1º desta Lei, a prestação em dinheiro reverterá diretamente ao fundo de que trata o *caput* e será utilizada para ações de promoção da igualdade étnica, conforme definição do Conselho Nacional de Promoção da Igualdade Racial, na hipótese de extensão nacional, ou dos Conselhos de Promoção de Igualdade Racial estaduais ou locais, nas hipóteses de danos com extensão regional ou local, respectivamente. (Incluído pela Lei nº 12.288, de 2010)

Agora vamos desmembrar e contra-argumentar o *caput* e seus dois parágrafos:

> Art. 13. Havendo condenação em dinheiro, a indenização pelo dano causado reverterá a um fundo gerido por um Conselho Federal ou por Conselhos Estaduais de que participarão necessariamente o Ministério Público e representantes da comunidade, sendo seus recursos destinados à reconstituição dos bens lesados.

- "Havendo condenação em dinheiro, a indenização pelo dano causado reverterá a um fundo gerido por um Conselho Federal ou por Conselhos Estaduais":

Resposta: como expresso anteriormente no art. 13 da Lei nº 7.347/1985.

O FUNDO GESTOR GERIDO PELO CONSELHO FEDERAL AINDA NÃO EXISTE.

Por este motivo, aqui dentro do projeto-piloto experimental, eu pergunto:

¿Deveríamos incluir um pente fino na fiscalização da alocação financeira desde o ano de 1991, quando a Lei de Cotas passou a vigorar? Acredito que não. Eu faria a partir dos últimos cinco anos no máximo ou nem mesmo faria; iniciaria a partir de uma nova gestão em paralelo.

¿PARA ONDE IRÁ ESTE RECURSO?

¿COMO APLICARÃO O RECURSO?

¿ONDE ESTÁ A TRANSPARÊNCIA DAS INFORMAÇÕES, COM UM DOSSIÊ DE PRESTAÇÕES DE CONTAS DAS APLICABILIDADES DESSES RECURSOS?

¡São muitas perguntas para poucas respostas!

Acompanhe:

Vamos analisar o caso de uma empresa do grupo The Coca-Cola Company, a Recofarma Indústria do Amazonas Ltda., que foi multada em

R$250.000,00 (duzentos e cinquenta mil reais) por não cumprir com a Cota PcD, art. 93 da Lei nº 8.213/1991.[34]

Brasília – O Tribunal Superior do Trabalho (TST) confirmou o entendimento estabelecido no Tribunal Regional do Trabalho da 10ª Região (TRT10) e condenou a Recofarma Indústria do Amazonas Ltda. (empresa do grupo The Coca-Cola Company) por não cumprir a cota estabelecida no art. 93 da Lei nº 8.213/1991.

De acordo com a legislação, empresa que possua mais de 500 empregados e menos de 1.000 deve preencher o percentual mínimo de 4% de seu quadro com pessoas com deficiência (PcD).

Em 2013, o Ministério Público do Trabalho no Distrito Federal (MPT-DF), representado pelo procurador Adélio Justino Lucas, constatou realidade diversa. Apesar de estar obrigada a contratar pelo menos 22 PcD, a Recofarma tinha em seu quadro apenas quatro trabalhadores.

Em sua defesa, a empresa alega que não há no mercado PcD qualificado para o cumprimento dos postos vagos e que, apesar de o empenho em cumprir a cota, não é possível a contratação do número mínimo, pois os candidatos não apresentaram os requisitos para o exercício das funções.

Segundo o procurador Adélio Justino Lucas, há contingente de pessoas com deficiência no País que necessitam ingressar no mercado de trabalho e a alegada falta de qualificação não justifica o descumprimento da cota.

Ele lembra que o objetivo não é apenas garantir o atingimento mínimo estabelecido na lei, mas também promover a inclusão dessas pessoas

34 https://www.jusbrasil.com.br/noticias/coca-cola-e-condenada-por-nao-cumprir-cota-legal-de-pcd/553246279

no mercado. "A deficiência não é, em si, um fator limitativo em especial no que diz respeito ao trabalho. O que limita é o preconceito. A ideia preconcebida de que a pessoa com deficiência tem um potencial de desenvolvimento menor do que aqueles que não possuem tais características", complementa o procurador.

Em primeira instância, o juiz do Trabalho Francisco Luciano de Azevedo Frota condenou a empresa a contratar, dentro de seis meses, o percentual mínimo de 4% estabelecido em lei, sob pena de multa de R$1 mil por trabalhador não contratado. Ele também determinou que a saída de um PcD do quadro só pode ser efetuada após se providenciar "a contratação de substituto em condição semelhante". Ainda, fixou multa de R$250 mil, a título de dano moral coletivo.

Para o magistrado, "não houvesse a intervenção estatal para garantir aos portadores de deficiência e/ou reabilitados a inclusão no mercado de trabalho, certamente ainda estaríamos vivendo as agruras de um passado recente no Brasil, em que os homens sem capacidade física plena para o trabalho eram simplesmente descartados, pois não serviam para os fins exploratórios do sistema".

Ele também critica a defesa da empresa, que alegou que não existem pessoas com deficiência disponíveis e defendeu que a própria Recofarma pode promover a capacitação de tais profissionais. "Inescusável a justificativa trazida pela defesa para a não contratação das pessoas portadoras de deficiência ou reabilitadas. Estando eventualmente o problema na falta de capacidade técnica, a solução está nas mãos da própria empresa".

A empresa do grupo Coca-Cola Company recorreu e teve seu pedido analisado pela Quarta Turma do TRT10. No entanto, seus argumentos foram refutados pelos desembargadores do segundo grau. Na época do Recurso, a empresa chegou a contratar 12 PcD.

O fato, segundo o desembargador relator Douglas Alencar Rodrigues, comprova que ela poderia, no passado, ter atingido o percentual mínimo definido em lei. O magistrado citou processo seletivo interno para admissão de trabalhadores para o posto de operador de empilhadeira, a fim de exemplificar o porquê da cota legal nunca ser atingida. Em referida seleção, a empresa colocou, em igualdade de condição, candidatos com ou sem deficiência, com a exigência de pelo menos 24 meses de experiência na função.

"É óbvio que a submissão dos PcD a critérios idênticos aos exigidos dos demais trabalhadores não conduzirá à inclusão dessas pessoas. A ré possui condições de, por si só, capacitar portadores de necessidades especiais, não sendo condizente com essas condições o oferecimento de vagas com critérios iguais aos exigidos dos demais trabalhadores", finaliza.

Mesmo com as novas contratações, a cota não fora satisfeita. A empresa recorreu novamente, dessa vez ao Tribunal Superior do Trabalho (TST). Entretanto, a Primeira Turma do Tribunal manteve o entendimento do que fora estabelecido na 10ª Região.

¿O que daria para fazer com R$250.000,00 dentro das tecnologias assistivas no projeto-piloto experimental?

1) Sete cães-guia no valor de R$35.000,00.
2) 12 cirurgias de recuperação do olfato no valor de R$20.000,00.
3) 25 cadeiras de rodas no valor de R$10.000,00.

4) 31 próteses mecânicas de membros inferiores ou superiores no valor de R$8.000,00.

5) 33 máquinas de escrever Braille no valor de R$7.500,00.

6) 50 Cursos de Orientação e Mobilidade (O.M.) para cegos no valor de R$5.000,00.

7) 83 Computadores adaptados para pessoas com deficiência visual no valor de R$3.000,00.

8) 125 próteses oculares no valor de R$2.000,00.

9) 1.250 dispositivos de detectores de gás e fumaça no valor de R$200,00.

O valor da multa de R$250 mil, dividido pelos 18 empregados que faltavam completar as vagas, custou R$13.888,88 (treze mil, oitocentos e oitenta e oito reais). Se cada empregado recebesse o valor de 1 salário-mínimo ao mês, o valor total por empregado, em um ano, seria de R$18.144,00 (dezoito mil, cento e quarenta e quatro reais). A empresa pagou R$4.255,12 (quatro mil, duzentos e cinquenta e cinco com doze centavos) a menos do que ter mantido um empregado (sem contar com 13º e encargos tributários). Somente posteriormente a empresa contratou mais 12 PcD. O valor calculado com base em 1 salário mínimo foi de R$1.512,00 (um mil, quinhentos e doze reais).

Os valores oriundos das multas arrecadadas por parte do Ministério do Trabalho e Emprego ao autuar as empresas que descumprem a legalidade da Lei de Cotas PcD poderiam facilmente ter suas aplicabilidades e benefícios para a real destinação de inclusão para as pessoas com deficiência, em vez **das pessoas com deficiência servirem para arrecadar multas, na maioria das vezes, não servem para receber**

tais benefícios, porque a própria secretaria do Ministério do Trabalho e Emprego (MTE) não fornece transparência na destinação dos valores arrecadados e, como já foi explicitado pela reportagem**, o Fundo gestor para gerir os recursos AINDA NÃO FOI CRIADO.**

Demonstrei maneiras diversas das quais, desde 1991, estão implementados no mercado de trabalho benefícios para as pessoas com deficiência que, na realidade, pouco funcionam, devido à má gestão da própria Lei de Cotas, que não fornece solução alguma aos empresários e apenas os obriga a contratar.

É como se um professor pedisse a uma criança que ainda não saiba escrever e ler que prestasse uma homenagem natalina aos seus pais, escrevendo uma carta a eles.

Veja como não faz sentido algum decretar uma ordem sem instrução. Primeiro, o professor deve ensinar quais são os fundamentos da gramática e introduzir, dia a dia, toda a fundamentação das letras para formação das palavras. Depois de entendidas as regras é que seria possível a criança render uma homenagem natalina aos seus pais em forma de carta.

Por isso, para que vários elos possam ser suplantados, para que as pessoas com deficiência tenham oportunidades realistas dentro dos seus postos de trabalho, é necessário que tecnologias assistivas sejam disponibilizadas dentro do ambiente profissional, custeadas pela própria empresa, sem que o ônus recaia sobre o trabalhador ou dependa exclusivamente de reformas estruturais. Na minha opinião, não é justo obrigar os empresários a contratarem e ainda terem que fazer as adequações em edificações, por exemplo, pois as reformas serão realizadas para as vagas disponibilizadas. Por isso desenvolvi o raciocínio para reformar o art. 93. Aquelas empresas que já possuem pessoas com deficiência empregadas e ainda sobram algumas vagas a serem preenchidas, poderão manifestar interesse em participar do projeto também.

Se algo bom ainda não existe, criamos. Se algo bom já existe, alinhamos e melhoramos.

Lembre-se:

DIVIDIMOS PARA CONQUISTAR

Acredito que tudo deve vir com uma contrapartida. Já que podemos melhorar a qualidade de vida das pessoas e das empresas, também devemos melhorar a qualidade de vida em nosso entorno. **Dessa forma, imaginei que para as pessoas beneficiadas retribuírem suas participações nos benefícios recebidos, que compensem o meio ambiente, haja vista que todas as empresas estão aplicando as questões do ESG.**

Todas as empresas e seus funcionários, bem como seus clientes finais, utilizam recursos do meio ambiente e, por isso, são solidários a prestar melhorias no desenvolvimento social.

Observe que a sigla, em inglês, reúne os três pilares desse movimento:[35]

- **E**nvironmental (meio ambiente).
- **S**ocial.
- **G**overnance (governança).

35 Adaptado de TOTVS. Guia do ESG: o que é, pilares, investimentos e mais!. TOTVS, São Paulo, 9 de junho de 2025. Disponível em: https://www.totvs.com/blog/negocios/esg/. Acesso em: 13 ago. 2025.

AMBIENTAL

O critério ambiental inclui exigências nesse campo, como:

- Gestão de resíduos.
- Política de desmatamento (caso aplicável).
- Uso de fontes de energia renováveis pela empresa.
- Posicionamento da empresa em relação a questões de mudanças climáticas.

Além disso, o critério ambiental pode também se estender ao controle exercido pela empresa nas terras que possui, se há ações para melhorar e preservar a biodiversidade, por exemplo.

É uma sigla que diz respeito **à integração da geração de valor econômico aliado à preocupação com as questões ambientais**, sociais e de governança corporativa por parte das empresas. Na prática, é uma forma de mostrar responsabilidade e comprometimento com o mercado em que atuam, seus consumidores, fornecedores, colaboradores e seus investidores. Essa agenda tem sido cada vez mais relevante na pauta da sociedade, dos conselhos de administração das empresas, na transformação dos negócios, e vem influenciando as tomadas de decisões de investidores por todo o mundo.

*

É com ideais que conseguimos transformar o que anda travado e realizar um melhor panorama de contratação, como organizei e demonstrei. É possível, sim, melhorarmos o modal de contratação e serviços, basta todos os pares concordarem e cooperarem.

CAPÍTULO 45

São Paulo, fevereiro de 2023 - Brasil

¿O DIAGNÓSTICO DO "SUPEROLFATO" MOSTRA RELAÇÃO DE FATO COM O AUTISMO (TEA)?

O TESTE DO OLFATO

Conheci "O teste do olfato", depois que já vinha escrevendo o livro e fazendo toda força-tarefa nos bastidores da vida real e em minhas incessantes buscas pelas novidades sobre a anosmia. Fiquei maravilhada que o olfato pudesse de fato afastar os pseudo-diagnósticos das pessoas com autismo. O experimento possui até 81% de assertividade para diagnosticar a condição do Transtorno do Espectro Autista (TEA) e foi amplamente divulgado no mundo, tendo sua publicação no Brasil no ano de 2015 pelo Correio Braziliense,[36] e distribuído em outros meios de comunicação. Vamos às análises:

> **Estudo mostra que CRIANÇAS COM AUTISMO NÃO REAGEM A ODORES DESAGRADÁVEIS.**
>
> **A descoberta deve levar a exames que ajudem a identificar o problema ainda nos primeiros meses de vida.** Diferentes aromas foram administrados nas crianças enquanto elas assistiam a desenhos animados.

36 https://www.correiobraziliense.com.br/app/noticia/ciencia-e-saude/2015/07/06/interna_ciencia_saude,489079/estudo-mostra-que-criancas-com-autismo-nao-reagem-a-odores-desagradave.shtml

A testa se franze, os olhos quase se fecham e os lábios, cerrados, se aproximam do nariz, como se quisessem protegê-lo. Isso quando os dedos não concretizam a intenção e se apressam em tapar as narinas. Poucas reações são tão difíceis de evitar quanto a desencadeada por um cheiro ruim. Essa resposta natural e imediata a odores desagradáveis, porém, não acontece da mesma maneira em crianças com o transtorno do espectro autista, revela **estudo publicado na edição mais recente da revista especializada *Current Biology*.**[37] **Liderado por especialistas do Instituto Weizmann de Ciência, em Israel**, o artigo sugere que é possível elaborar testes não verbais que ajudem no diagnóstico precoce desse distúrbio. **Os autores do trabalho partiram de evidências de que o cérebro de autistas tem desajustes em mecanismos que coordenam ações motoras e os cinco sentidos.** Não estava claro, no entanto, se essa falta de sintonia apareceria em um exame da resposta olfativa. Para tirar a dúvida, os cientistas liderados por **Noam Sobel** elaboraram o seguinte experimento: após selecionar 18 crianças saudáveis e 18 diagnosticadas com o transtorno, eles convidaram os voluntários a se sentarem em uma poltrona confortável enquanto assistiam a desenhos animados por 10 minutos. Dois finos tubos ficavam posicionados perto das narinas dos pequenos. Um deles levava diferentes cheiros; alguns desagradáveis, outros não; até as narinas. A segunda mangueira servia para que os pesquisadores monitorassem a respiração. Quando as crianças sem o transtorno eram expostas a um cheiro ruim, elas logo ajustavam a respiração, parando, por exemplo, de inspirar pelo nariz. Essa resposta era imediata, demorando apenas 305 milissegundos, em média, para acontecer. Já os voluntários com o espectro autista não agiam da mesma maneira.

37 https://pubmed.ncbi.nlm.nih.gov/26144969/.

A diferença entre o padrão olfativo das crianças com um desenvolvimento típico e o daquelas com autismo foi gritante; diz, em um comunicado, Noam Sobel, líder do estudo. Se o experimento constituísse um teste para diagnosticar o autismo no grupo de 36 crianças, ele acertaria em 81% das vezes. Além disso, os voluntários que apresentaram as respostas mais diferentes, demorando mais tempo para mudar a respiração, por exemplo, eram aqueles que, cotidianamente, apresentavam maiores dificuldades de interação social e sintomas mais severos do transtorno.

*

Ao contrário do que pregam os pseudo-diagnósticos de que as pessoas com autismo possuem um superolfato, que é também uma disfunção do sentido do olfato tecnicamente conhecida como HIPEROSMIA, o estudo experimental do Instituto Weizmann prova justamente o contrário: as pessoas com autismo não conseguem reagir aos odores desagradáveis com a mesma eficiência que as pessoas com normosmia (olfato normal). Ou seja, é mais seguro afirmar que pessoas com anosmia ou hiposmia sejam mais propensas a receberem o diagnóstico de autismo do que as pessoas que sentem bem os cheiros serem autistas. Conclui-se que devemos começar A REALIZAR O TESTE DO OLFATO PARA AJUDAR NO VERDADEIRO DIAGNÓSTICO DO AUTISMO (TEA). Em outras palavras, muitos dos diagnósticos do Transtorno do Espectro Autista (TEA) são sumariamente confundidos entre a síndrome sensorial e a superdotação.

CAPÍTULO 46

São Paulo, dezembro de 2023 - Brasil

O MILAGRE - 1ª CIRURGIA NO MUNDO PARA A RECUPERAÇÃO DO OLFATO/ANOSMIA

No dia 4 de dezembro fui buscar pela internet mais pesquisas acerca da anosmia e checar se havia mais novidades. Clamei publicamente na minha primeira coluna do jornal *O Diário*, no Capítulo 33. Quando redigi a seguinte frase da minha coluna para o jornal, "Vale lembrar que, ao que tudo indica cientificamente, apenas 5% das pessoas que adquiriam anosmia na pandemia ficarão sem sentir cheiro para o resto da vida ou **até que descubram a cura dessa doença rara**", sabia que mesmo que a cura viesse para as pessoas que perderam o olfato durante a pandemia, essa cura, infelizmente, não seria destinada ao meu caso e o de dezenas de milhares de pessoas que nasceram como eu. Só que felizmente já estou conformada com isso, por isso, de igual forma, sigo lutando para que as pessoas que possam passar pela intervenção cirúrgica consigam, ao menos, a tentativa de poder ter novamente seu sentido do olfato de volta.

¡Eis que o milagre que clamei, e provavelmente outras pessoas clamaram, chegou!

CIRURGIA PIONEIRA E INOVADORA NO MUNDO[38]
RECUPERAÇÃO DA ANOSMIA

"Em setembro de 2021, nós tivemos nosso projeto de pesquisa aprovado para a solução da ANOSMIA, através de uma técnica cirúrgica nova de transferência nervosa e fizemos nossa cirurgia no início de 2022, nossa primeira cirurgia", relata o Dr. Ronaldo Carvalho, professor Associado e Chefe do Serviço de Otorrino do Hospital Universitário da UFS (Universidade Federal de Sergipe), com endereço Avenida Gonçalo Prado Rollemberg, 211, sala 412, Bairro São José, Aracaju/SE.

A primeira paciente a ser operada foi a senhorita Vanessa Silva, farmacêutica, e concedeu uma entrevista.

"Eu tive Covid-19, três vezes confirmadas. Desde o primeiro contato com o vírus, eu já perdi o olfato; não totalmente, mas de forma gradual, e juntamente com o olfato eu perdi o paladar.

Fiz muita terapia alternativa (treinamento do olfato), tratamento medicamentoso, mas sem solução.

Para fazer o procedimento precisa retirar um nervo da perna (uma ponte nervosa, obtida do nervo sural), para fazer o enxerto.

E na região do nervo supraorbitário, próximo à sobrancelha. Mas eu fiquei bem tranquila, fiz o pós-operatório corretamente, tomei os medicamentos no horário, foi bem sossegado. **Eu me sinto muito honrada e muito grata, porque estava afetando meu lado profissional, meu lado pessoal** e era algo que não tinha saída, ¿né? E aí chegou o Dr. Ronaldo com algo inovador, e nenhum profissional realiza este procedimento no mundo, foi o primeiro procedimento

38 https://www.youtube.com/watch?v=YrUIN83tEmw

realizado, ¡e me sinto muito honrada de ter sido a primeira paciente, muito mesmo!"

¿COMO FUNCIONA A CIRURGIA?

"A técnica permite duas opções ao organismo. O neuroepitélio olfatório pode se regenerar, como esperado, ou o indivíduo pode passar a sentir o cheiro das coisas a partir da nova ligação criada, uma vez que o nervo supraorbitário, que está vivo, passa ser direcionado a essa nova função. Isso significa que o olfato pode chegar ao sistema nervoso central por outra via, devido à plasticidade do nosso cérebro", descreve Ronaldo. A ideia para desenvolver um procedimento cirúrgico que devolvesse o olfato aos pacientes pós-Covid nasceu da análise de um artigo científico, em que a equipe do professor Ronaldo Carvalho cogitou adaptar uma técnica utilizada para corrigir a anosmia decorrente de acidentes e outros tipos de traumatismo. Desde que o projeto de pesquisa foi autorizado pelo Comitê de Ética do HU-UFS/EBSERH, foram operados, além da Vanessa, mais sete pacientes que seguem em acompanhamento.

"Os resultados são promissores. Conseguimos medir o olfato do paciente antes e depois da cirurgia, com testes mundialmente validados pela comunidade científica. Como a cirurgia envolve terminações nervosas, é natural que o paciente leve um certo tempo para recuperar o olfato. O tempo esperado para uma regeneração nervosa é de até dois anos. Porém, é muito satisfatório saber que os pacientes estão evoluindo bem. Essa é a retaguarda que precisamos para continuar a nossa pesquisa", garante Ronaldo.

Para o residente em otorrinolaringologia, Anderson Anjos, a pesquisa estimula a formação da sua especialidade médica. "É um ganho enorme podermos aprender coisas tão inovadoras num programa de residência. Colocamos o nosso foco na inovação, no que podemos nos transformar como profissionais especializados. Vejo como uma vitória para a academia e para a sociedade como um todo", assegura o médico. Por enquanto, o serviço é oferecido na modalidade de demanda espontânea, também chamada de "porta aberta". Qualquer pessoa domiciliada em Aracaju que sofra de anosmia pós-Covid pode procurar o Ambulatório de Otorrinolaringologia do HU-UFS/EBSERH e agendar uma avaliação com um dos especialistas. Quem tem domicílio em outro município ou estado deve procurar a Secretaria da Saúde local para verificar a possibilidade de tratamento fora do domicílio (TFD) via Sistema Único de Saúde (SUS).[39]

Terminei de ler a matéria e a reli repetidas vezes. Sabia que eu não era uma paciente habilitada para a cirurgia porque não possuo o neuroepitélio olfatório e mesmo assim fiquei maravilhada com a notícia, porque uma das primeiras linhas do meu primeiro manuscrito foi exatamente clamando para que a ala médica investisse tempo e dinheiro para a recuperação do olfato. Em tempos modernos, tratei logo de ir buscar o perfil do Dr. Ronaldo Carvalho nas redes sociais, pelo Instagram, e encontrei o perfil @prof.dr.ronaldocarvalho. Sem pensar duas vezes, escrevi a seguinte mensagem para ele:

39 https://www.gov.br/ebserh/pt-br/hospitais-universitarios/regiao-nordeste/hu-ufs/comunicacao/noticias/cirurgia-pioneira-em-hospital-da-ebserh-em-aracaju-recupera-o-olfato-de-pacientes-afetados-pela-covid-19

Boa tarde, Dr. Ronaldo. Permita me apresentar, eu me chamo Catherine Vecchi e nasci com anosmia congênita (hipoplasia dos bulbos olfatórios). Diante disso, durante cinco anos escrevendo um livro, finalmente consegui a chancela governamental para dois projetos de leis federais: o PL nº 2.127/2022, para o reconhecimento da anosmia como deficiência sensorial, e o PL nº 2.473/2022 para o DNI (Documento Nacional de Identidade) diferenciado para todas as pessoas com deficiência no Brasil que manifestarem interesse, que corre em caráter conclusivo. Continuo pesquisando avanços acerca da ciência e dos célebres doutores debruçados nesta seara e me deparo com uma impactante e emocionante notícia de que o senhor é o pioneiro em cirurgias de recuperação do olfato em pessoas com anosmia, infectadas pela Covid-19, com avanços surpreendentes. ¡Gostaria de parabenizá-lo junto à sua equipe! ¡Parabéns! Se não for pedir muito, ¿seria possível gravar um vídeo onde o senhor pode explicar um pouquinho da cirurgia e como foi o processo interno para chegar à execução e aos resultados? O nosso PL nº 2.127/2022 tem como premissa incluir o diagnóstico, o tratamento e a reabilitação das pessoas com a anosmia e outras disfunções sensoriais olfativas dentro do âmbito do SUS. Intitulei-me porta-voz da anosmia em 2018. Com todo o meu respeito,

Catherine.

Best Regards

Entre os dias 4 de dezembro, quando enviei a mensagem ao Dr. Ronaldo, até o dia 13 de dezembro, não obtive resposta. No dia 13 de dezembro, enviei em seu *direct* um print da tela em conversa com o Otto Alencar Filho, em que eu havia encaminhado essa reportagem da recuperação do olfato, a fim de instigar que o Dr. Ronaldo me respondesse. Nela, Otto dizia:

¡Ótimas notícias Cathe! ¿Como estão as coisas? ¡Espero que bem!

E na sequência eu respondo:

¡Muito, né! Uma bênção, ainda mais sendo os doutores brasileiros neste avanço que o mundo todo ganha. Vai contribuir demais com o nosso PL nº 2.127/2022.

Após o envio da mensagem, continuei sem resposta.

*

Utilizando o caso da paciente Vanessa Silva, com a cirurgia da recuperação do olfato, vamos voltar para o conteúdo abordado lá no Capítulo 44, em que proponho a reforma do art. 93 da Lei nº 8.213/1991. Ela foi a primeira paciente habilitada para recuperar o seu sentido do olfato e teve que se submeter a praticamente três cirurgias, como fora explicado nas reportagens. Foi justamente pensando no pós-operatório que, além de buscarmos tanto a promoção do retorno de poder sentir cheiros, como no caso de Vanessa, devemos lembrar que a aparência estética também é superimportante.

Muitos pacientes podem se sentir desconfortáveis pelas cicatrizes. Talvez tenham que responder muitos questionamentos ou dar satisfação a terceiros. Talvez se vejam obrigados a cobrir essas cicatrizes com tatuagens, algo que, antes disso, nem cogitariam fazer porque também teriam que dar satisfação a terceiros, ou poderiam ter reações alérgicas. Além disso, tatuagem é algo permanente. Eu mesma tenho uma, e me arrependo disso, apesar de ser uma frase bonita de minha autoria e em um local que eu gostava, mas enjoei (risos).

Portanto, para não criarmos outros problemas de fatores psicológicos, é importante considerar que os pacientes que recuperaram o sentido do olfato, e outros que vierem a recuperá-lo, com a cirurgia do Dr. Ronaldo Carvalho e sua equipe, já passaram por muitas dores emocionais, além de dificuldades no campo alimentar, pois a perda olfativa pode afetar o paladar (ageusia).

Devemos lembrar que, se um problema será solucionado, não devemos trazer outro problema em outra esfera para a vida dessa pessoa, que já lutou muito para obter novamente o controle dos seus sentidos e o eixo da sua vida.

E é aqui que a empresa que estiver dentro do programa do projeto-piloto experimental poderá ajudar seus colaboradores, financiando as cirurgias e até mesmo o pós-operatório, por meio de sessões com laser para igualar a tonalidade das manchas cicatriciais e atenuar as próprias cicatrizes. Portanto, a empresa terá a liberdade de utilizar as Categorias B e C, para que as cicatrizes remanescentes também sejam parte do tratamento.

CAPÍTULO 47

São Paulo, maio de 2024 - Brasil

EVENTO LITERÁRIO E UMA ILUMINAÇÃO

Em maio, estava em contato com o Anderson Locatelli, um amigo meu, empresário do ramo de tecnologia, fundador da Troco Fácil, que depois virou a Sled. Eu havia tentado vender para ele uma das cotas de um plano de negócios literário que desenvolvi. Como ele estava na fase de *earn-out* da empresa que acabara de vender para um grupo americano, recusou a investida e declinou da compra de cotas do meu plano de negócios, apesar de ter achado a ideia fantástica. Poucos dias mais tarde, Locatelli me ligou propondo que eu fizesse o lançamento do seu livro ***A Geração Z está reinventando a sua empresa e você precisa entender como*** e, sem pensar duas vezes, topei o desafio. Acertamos as cláusulas e assinamos o contrato. Decidi deixar meu livro engavetado porque, como me comprometi com Locatelli, não daria tempo de cuidar de tantos afazeres simultaneamente. Ao total, foram mais de dez fornecedores com uma equipe de 17 pessoas presenciais durante o evento, e realmente seria uma oportunidade única de trabalho para mim, porque já teria o meu primeiro cliente e, dessa forma, corroboraria com a ideia do meu futuro projeto para o mercado editorial, sendo possível provar na prática a importância e eficiência do escopo do meu projeto e o impacto com os meus futuros clientes, também escritores. Mas isso não vem ao caso neste momento.

Estou contando essa história agora porque foi o pedido do Locatelli para que eu negociasse a contratação de uma empresa especializada no mercado editorial para realizar a divulgação do livro, com foco em assessoria de imprensa, que a iluminação que conto a seguir surgiu. Assim fiz: entrei em contato com uma empresa que me foi amplamente recomendada.

No dia 15 de maio, recebi em minha residência o livro da escritora Lilian Cardoso, que me presenteou com a sua primeira obra, intitulada ***O livro secreto do escritor***, a fim de conhecer melhor o seu trabalho, para contratá-la para o release e divulgação da obra do meu amigo. Assim que recebi, já comecei a ler. No dia seguinte, 16 de maio, desci para academia e estava me exercitando na bicicleta ergométrica enquanto lia, quando, de repente, já na página 106, havia uma série de 17 questões que Lilian elaborou para que os leitores e futuros escritores pudessem se apoiar na construção de suas obras literárias, e ficaria a critério de cada um respondê-las. Lendo as perguntas, eu tive um insight, uma iluminação, e o Dr. Ronaldo me veio à mente. Depois de 40 minutos pedalando, parei, me apressei para pegar minha mochila no vestiário, fui até o *Starbucks* pegar meu *caramel macchiato,* e de lá, enquanto aguardava minha bebida ficar pronta, escrevi a seguinte mensagem ao Dr. Ronaldo:

> Boa tarde, Dr. Ronaldo. Estive falando com o Deputado Federal Otto Alencar Filho para ele insistir com seus pares no âmbito da política e acelerar a apresentação, a discussão e a aprovação do projeto de lei que insere a Anosmia/Hiposmia, bem como outras disfunções do olfato para o diagnóstico, tratamento, reabilitação, cirurgia e outras providências no SUS, haja vista que o senhor e sua equipe, de maneira pioneira, conseguiram com a cirurgia avanços na recuperação do olfato em pessoas pós Covid-19. Gostaria muito que o senhor me ajudasse (obviamente, uma assessora da sua equipe, devido à sua agenda), entrasse em contato comigo, ou me passe um contato, para que juntas(os), possamos formalizar uma planilha orçamentária, bem como necessidades no pré e pós-operatório. Preciso, como porta-voz da anosmia no Brasil, apresentar elementos técnicos, fundamentos acadêmicos-científicos para que o PL nº 2.127/2022 seja apresentado na comissão parlamentar para que faça valer nosso direito à vida. ¿O senhor consegue me ajudar?

O envio desta mensagem ocorreu às 13h34 do horário de Brasília.

Foi o tempo certinho praticamente do meu nome ser anunciado e eu retirar o meu *caramel macchiato*. Fui até o balcão e, de repente, recebi uma mensagem no celular.

Às 13h40, exatamente seis minutos depois, eu recebi a mensagem que eu tanto esperava, depois de cinco meses. ¡O Dr. Ronaldo Carvalho havia respondido! Foi um dos dias mais felizes da minha vida.

> Olá, boa tarde. Sou gerente de redes sociais do Dr. Ronaldo Carvalho, passei sua mensagem e ele pediu para entrar em contato via *WhatsApp* no número (79) 9.XXXX-XXXX.

Bem, a primeira coisa que qualquer um faria era ler e responder, mas eu li e comecei a chorar.

A minha emoção foi tão grande que eu chorei por quase cinco minutos de tamanha alegria. Recuperei meu fôlego e tratei de responder à mensagem o mais rápido possível.

> Boa tarde. Que excelente notícia. ¡Estimava muito receber um retorno! Agradeço demais que entrou em contato. Farei contato. De antemão, agradeça muito ao Dr. Ronaldo pelo aceite. ¡Tenha um ótimo dia!

Essa mensagem foi encaminhada às 13h53 e, às 13h57, quatro minutos após, recebo do seu gerente de redes sociais a seguinte mensagem:

— Obrigado, para você também.

Respondo na sequência — Obrigada.

Enquanto tomava o meu café, fui adicionar o número do Dr. Ronaldo na minha lista de contatos e o chamei via *WhatsApp:*

Continuei lendo a Lilian e passou pouco menos de meia hora. De repente, o Dr. Ronaldo estava me chamando ao telefone.

Superfeliz, atendi empolgada.

Como uma boa escritora que sou, sempre tenho uma caneta comigo, porque gosto de fazer anotações nos livros que estou lendo. Abri uma página aleatória no livro de Lilian, que serviu como rascunho para essa grande chamada. Nas páginas 258 e 259 um mar de informações foram aparecendo enquanto eu rascunhava por onde Dr. Ronaldo Carvalho me guiava.

Nossa conversa durou 1 hora e 4 minutos.

Dr. Ronaldo, na sequência, me encaminhou o resumo do trabalho da anosmia, com 20 páginas. Encaminhou também três mensagens com o trabalho realizado por ele e sua equipe que será publicado no *Jornal Europeu de Cirurgias Plásticas* (*European Journal of Plastic Surgery*).

Sem demora, já encaminhei ao Otto as novidades que obtive junto ao Dr. Ronaldo. Expliquei tudo o que havíamos conversado ao telefone e começamos novas tratativas. Depois de quase 3 horas de conversa escrevendo no *WhatsApp,* Otto e eu chegamos a um denominador comum, de que o Dr. Ronaldo deveria fazer um ofício e encaminhar para ele, indicando as melhorias necessárias para ampliar as possibilidades nos atendimentos aos pacientes com anosmia via SUS, e assim que Otto recebesse o ofício, faria indicação ao Ministério da Saúde, para despachar com a então Ministra Nísia Trindade, gerando um processo numerado para abrirmos uma outra frente além do PL nº 2.127/2022, via cobrança administrativa.

E assim eu fiz. Intermediei a conversa e passei ao Dr. Ronaldo no dia 20 de maio, com nove itens a serem respondidos.

No dia 24 de maio às 7h38, o Dr. Ronaldo encaminhou um áudio de 2 minutos e 26 segundos:

> Bom dia, Catherine, ¿tudo bem? Então Catherine, é como eu lhe falei, eu prefiro não me envolver nessa questão política, mas pode contar com o meu apoio, ¿entendeu? Até porque eu não tenho muito tempo para isso, mas você pode contar com meu apoio; se você quiser preparar o ofício colocando essas coisas aí mesmo, que nós discutimos, ¿né? Inclusive esses pontos que você passou aí pra mim, ¿tá?
>
> Não seria residência, seria o *Fellow* (*Fellowship*) em microcirurgia com bolsa, enfim, com leitos, tudo como você colocou aí, a gente pode estar fazendo no ofício. **Inclusive você também assinar o ofício, ¿né? Como porta-voz da anosmia.** Você manda, eu dou uma corrigida, dou uma olhada, vejo se tem que acrescentar alguma coisa e aí **a gente pode estar**

assinando, você também pode estar assinando como porta-voz da anosmia. Eu acredito que não tenha problema, ¿Ok? Mas qualquer coisa estou à disposição. Agora, realmente, eu estar à frente, correndo atrás disso, preparando ofícios, eu realmente... para mim é complicado, sabe Catherine, é questão realmente de disponibilidade, de tempo, enfim..., mas a gente tá aqui para dar o maior apoio, qualquer documento que a gente precisar assinar, a gente dá uma lida antes, podendo melhorar também o ofício, a gente fará sugestões, ¿Ok? Até porque, é como eu lhe falei, essa questão de conseguir o *Fellow*, as vagas... isso aí a gente tem como solicitar aqui por vias naturais, na Universidade e tentar conseguir isso aí. Lógico que com esse reforço, por conta da anosmia, do ponto da anosmia, a gente poderia agilizar isso aí. Então eu não vejo nada disso, também estar nas entrelinhas... no ofício, ¿né? E aí, a gente também, por essa via, tentar agilizar todo esse processo da Universidade, em termos de *Fellow*/Bolsas, leitos, ambulatório, tudo direcionado ao paciente com anosmia, ¿Ok? ¡Grande abraço!

CAPÍTULO 48

São Paulo, junho de 2024 - Brasil

ELABORAÇÃO DOS OFÍCIOS AOS MINISTÉRIOS DA SAÚDE E TRABALHO E EMPREGO

Oito dias se passaram, já era chegado o mês do meu aniversário, e eu havia apenas rascunhado o ofício ao Ministério da Saúde. Geralmente, sou muito detalhista, gosto de ser bem entendida e detesto ser mal interpretada, e muitas vezes isso me faz parecer "prolixa" e resumir tudo me cansa.

Portanto, entre um rascunho e outro para começar o ofício para a então Ministra Nísia Trindade, eu ainda permeava nos assuntos anteriores que ainda estavam pendentes na minha lista de prioridades, como, por exemplo, conhecer as evidências de coletas de dados mais próximos possíveis de quantas pessoas com deficiência são empregadas e quantas empresas empregam essas pessoas. Nem tudo a gente consegue checar pelos dados abertos da internet, então, por causa do ofício que eu deveria redigir e encaminhar ao Deputado Federal Otto Alencar Filho, na seara da saúde para a anosmia, eu tive um insight.

Comecei rascunhando um outro ofício, este para o Ministério do Trabalho e Emprego (MTE), que é o órgão responsável pela política de trabalho e emprego no Brasil.

Desde o dia em que recebi a missão por parte de Otto e do Dr. Ronaldo para confeccionar o ofício para o Ministério da Saúde, isso me fez ter clareza para oficiar o Ministério do Trabalho e Emprego, e me tomou dois dias. No dia 3 de junho, entrei na plataforma integrada de ouvidoria e acesso à informação, realizei meu cadastro e publiquei a minha manifestação ao MTE.

Enquanto aguardava a resposta do Ministério do Trabalho e Emprego, retomei o rascunho da fabricação do ofício para a saúde.

No dia 19 de junho, 17 dias mais tarde, recebi um e-mail com o seguinte conteúdo:

Prezado(a) Senhor(a), o prazo de resposta do seu pedido de acesso à informação, **registrado com o número de protocolo 19955.031522/2024-88**, foi prorrogado na data de 19/06/2024 por mais 10 dias, com fundamento no art. 11, § 2º, da Lei nº 12.527/2011.

Novo Prazo de Atendimento: 04/07/2024

Motivo da Prorrogação: complexidade para elaborar resposta.

Justificativa da Prorrogação: conforme necessidade de área técnica, solicita-se prorrogação no prazo de resposta, para que transcorra melhor atendimento à demanda. Para obter detalhes do pedido de acesso à informação, clique no número do protocolo informado, poderão ser exigidos usuário e senha para acessar o sistema. A situação do seu pedido poderá ser verificada, sempre que desejar, por meio da opção "Acesso no menu do sistema à Informação/Meus Pedidos e Recursos",

Visite o site https://www.gov.br/acessoainformacao/pt-br, para obter maiores informações.

Logo, no dia 21 de junho, a resposta chegou:

A resposta da manifestação foi atendida parcialmente.

Responderam item a item, e com um direcionamento pontual. Obviamente, contendo tantas informações, ainda fiquei em processo de análise dos dados e estatísticas, porém, a resposta foi satisfatória.

Era como se eu tivesse tirado a cruz das costas. Sabendo mais detalhes das informações, porém com menos informações das quais gostaria de saber com mais assertividade, o próprio ofício que encaminhei ao Ministério do Trabalho e Emprego e obter resposta, apesar de satisfatório em certas partes, não conseguiu com eficiência responder os dados entregues, e no site indicado em carta não encontrei nada favorável.

Com base nessa réplica do MTE, consegui entender um pouco melhor o gargalo na modalidade de empregos para PcD e me **certifiquei de que a minha ideia para reformar a Lei de Cotas, apresentada no Capítulo 44, era totalmente procedente.** Feito isso, só assim consegui focar no ofício da Saúde. Então escrevi cinco páginas, em média de 7 horas de trabalho consecutivos, e conseguir selar o documento. Encaminhei ao Deputado Federal Otto Alencar Filho às 18h23, na sexta-feira, 21 de junho. Por motivo de segurança e segredo de Estado, com termo de confidencialidade, este documento ainda não pode ser compartilhado publicamente porque está em análise. Receber a resposta do despacho com diligência à minha manifestação para o Ministério do Trabalho e Emprego foi a injeção de ânimo que eu precisava para terminar o ofício da saúde. E, ao mesmo tempo, consegui elaborar ambos.

Tão logo encaminhei ao Otto, ele prontamente me respondeu, dizendo que iria dar andamento, e já encaminhou o contato do seu assessor de gabinete, indicando que entraria em contato no tempo oportuno. Explicou-me também que iria fazer a indicação com ofício em anexo e marcar uma reunião para irmos juntos com o Dr. Ronaldo Carvalho ao Ministério da Saúde e me tranquilizou de que tudo estava correndo bem. Na segunda-feira, dia 24 de junho, Otto enviou o protocolamento do nosso ofício que acabara de ter sido encaminhado à então Ministra da Saúde, Nísia Trindade. Agradeci e estamos aguardando a reunião ser agendada pelo Ministério da Saúde.

CAPÍTULO 49

São Paulo, novembro de 2024 - Brasil

GANHA-GANHA - SELO EMPRESA INCLUSIVA

Excelente notícia para as pessoas com deficiência ligadas ao mundo corporativo. No dia 11 de novembro de 2024, o **Projeto de Lei nº 4.346/2024, de autoria do Deputado Federal Duarte Jr.**, foi apresentado na Câmara dos Deputados, visando **regulamentar o SELO EMPRESA INCLUSIVA no estado de São Paulo, um ganha-ganha. Ganha a empresa que contrata, ganha o(a) empregado(a) contratado(a).** O Selo Empresa Inclusiva vai proporcionar incentivos fiscais, com redução de até 10% no Imposto de Renda da Pessoa Jurídica (IRPJ), e a empresa terá prioridade em licitações públicas, conforme regulamentação específica, de acordo com o art. 3º do PL:

> Art. 3º As empresas certificadas pelo Selo Empresa Inclusiva terão direito a:
>
> I - Incentivos fiscais, com redução de até 10% no Imposto de Renda da Pessoa Jurídica (IRPJ);
>
> II - Priorização em licitações públicas, conforme regulamentação específica.

Quando redigi as propostas para a reforma da Lei de Cotas para as Pessoas com Deficiência, foi justamente para ampliar a inclusão para PcD.

Observe o art. 1º:

> Art. 1º Fica instituído o Selo Empresa Inclusiva, que será concedido anualmente às empresas que cumprirem os critérios de inclusão de pessoas com deficiência em seu ambiente de trabalho.

A maioria das empresas se queixa de não conseguir mão de obra de pessoas com deficiência para preencherem as vagas. No modal que desenhei, as vagas serão preenchidas e, melhor ainda, com melhor qualidade.

No art. 2º:

> Art. 2º Para obtenção do selo, a empresa deverá:
>
> I - Contratar pessoas com deficiência em percentual igual ou superior a 5% do total de funcionários;
>
> II - Oferecer programas de capacitação e treinamento para esses colaboradores;
>
> III - Promover acessibilidade plena em suas instalações e em canais digitais;
>
> IV - Garantir oportunidades de crescimento profissional por meio de planos de carreira inclusivos.

A empresa usará a Categoria B do meu projeto-piloto experimental, para destinar verba para "oferecer programas de capacitação e treinamento para esses colaboradores".

Além disso, a empresa não precisará retirar verbas de outras áreas ou usar verbas de reserva de contingência, por exemplo, para ter que provisionar verbas necessárias para "promover a acessibilidade plena em suas instalações", porque é justamente utilizando a Categoria B que aquelas vagas transformadas em números (valores monetários) serão destinadas para as pessoas que trabalham na empresa. O valor de qualquer reforma em uma empresa de grande porte, para ter no seu quadro mais de 100 funcionários, é enorme. Imagine a empresa ter que empregar e ainda retirar verbas de outros setores para suprir reformas e manutenções, sendo que é melhor reverter com algum percentual vagas a serem contratadas para que sobre dinheiro para as necessidades das pessoas contratadas que estão trabalhando... Senão, não faz sentido, por exemplo, a isenção de apenas 10% da redução do Imposto de Renda, porque a empresa teria que utilizar o prêmio para suprir nas infraestruturas específicas, não teria sequer motivação alguma para participar, haja vista que a fiscalização do Ministério do Trabalho e Emprego às vezes demora para auditá-las. Resumindo a história, ficaria mais barato pagar a multa do que ter que contratar as pessoas dentro da cota de emprego PcD e ainda ter que gastar milhares de reais com uma reforma predial/industrial.

Confira o Projeto de Lei nº 4.346/2024 na íntegra:[40]

40 https://www.camara.leg.br/proposicoesWeb/prop_mostrarintegra?codteor=2861682&filename=Avulso%20PL%204346/2024

CÂMARA DOS DEPUTADOS
Deputado Federal DUARTE JR

PROJETO DE LEI Nº 4.346, DE 2024

(Do Sr. DUARTE JR.)

Institui o Selo Empresa Inclusiva e dá outras providências.

O **CONGRESSO NACIONAL** decreta:

Art. 1º Fica instituído o Selo Empresa Inclusiva, que será concedido anualmente às empresas que cumprirem os critérios de inclusão de pessoas com deficiência em seu ambiente de trabalho.

Art. 2º Para obtenção do selo, a empresa deverá:

I - Contratar pessoas com deficiência em percentual igual ou superior a 5% do total de funcionários;

II - Oferecer programas de capacitação e treinamento para esses colaboradores;

III - Promover acessibilidade plena em suas instalações e em canais digitais;

IV - Garantir oportunidades de crescimento profissional por meio de planos de carreira inclusivos.

Art. 3º As empresas certificadas pelo Selo Empresa Inclusiva terão direito a:

I - Incentivos fiscais, com redução de até 10% no Imposto de Renda da Pessoa Jurídica (IRPJ);

II - Priorização em licitações públicas, conforme regulamentação específica.

Art. 4º O Selo será emitido pelo Ministério do Trabalho e Previdência, com validade de um ano, podendo ser renovado mediante nova avaliação.

Art. 5º Esta lei entra em vigor na data de sua publicação.

JUSTIFICATIVA

O projeto de lei que institui o Selo Empresa Inclusiva é fundamentado no princípio constitucional de promoção do bem comum e da igualdade de oportunidades, conforme o art. 3º, inciso IV, da Constituição Federal, que estabelece como objetivos fundamentais da República Federativa do Brasil a construção de uma sociedade livre, justa e solidária, sem preconceitos e discriminações.

Essa iniciativa busca incentivar empresas a adotarem práticas efetivas de inclusão e acessibilidade, promovendo a integração de pessoas com deficiência no mercado de trabalho. O Selo Empresa Inclusiva reconhecerá e premiará as organizações que vão além das exigências legais, implementando programas de capacitação, adaptação de instalações e criação de planos de carreira que permitam o desenvolvimento e a valorização profissional desses colaboradores.

Ao oferecer incentivos fiscais e vantagens em processos licitatórios para as empresas certificadas, o projeto almeja não apenas reconhecer os esforços inclusivos, mas também motivar outras empresas a investirem em ações de inclusão, tornando a cultura corporativa brasileira mais diversa e acessível. A criação do Selo Empresa Inclusiva, portanto, representa um avanço significativo no combate à discriminação e na promoção de uma sociedade mais justa e igualitária para todos.

Esse projeto não apenas cumpre um papel social relevante, mas também favorece o ambiente de negócios, ao fortalecer a imagem das empresas e promover práticas de responsabilidade social corporativa, essenciais para um desenvolvimento econômico inclusivo e sustentável.

Sala das Sessões, 12 de novembro de 2024.

Deputado Federal DUARTE JR PSB-MA

*

A PONTE E O CONSELHO

"A ponte é segura, mesmo que você não sinta o cheiro da madeira sendo talhada, mesmo que você não a enxergue sendo construída, mesmo que você não ouça os pregos sendo batidos, mesmo que você não sinta o toque do seu corpo na ponte e, mesmo que você não consiga entender como é capaz de construir uma ponte, ainda assim, acredite.

O Criador está construindo uma ponte segura para você atravessar e, quando chegar ao seu destino, você poderá encontrar pessoas louváveis e se sentar à mesa para celebrar com o que de melhor existe: a verdadeira amizade, as idealizações e as realizações das boas obras, para, daí sim, poder compartilhar da Santa Ceia, mesmo que o gosto lhe pareça não existir. Mesmo assim, acredite, sempre há o lado bom para aproveitar e pessoas de boa-fé para lhe complementar.

E é assim que encontramos o afago no nosso coração. Por mais que pensemos ser impossível quando nos deparamos com barreiras, é só quando nos debruçamos de verdade sobre o assunto e passamos a crer que inúmeras soluções virão, que elas poderão ser criadas. Procure também buscar soluções por si mesmo(a) ou oriundas de outras mentes brilhantes, que as coisas se tornarão reais e a vida ficará muito mais aprazível. Até as pessoas mais céticas, exercendo a disciplina do autoconhecimento e das ajudas mútuas, começam a receber os milagres da fé.

¡Creia-me!"

Escrito por Catherine Vecchi em 2020.

CAPÍTULO 50

São Paulo, maio de 2025 - Brasil

SÍMBOLO PcD ONU VS. LINGUAGEM CORPORAL

Enquanto o livro estava em produção no departamento editorial, uma notícia foi publicada nos canais de mídias do Instagram. Em um primeiro momento, deparei-me com uma suposta boa notícia no *feed* de notícias, por meio do título que me atraiu, sinalizando que o Senado Federal da República

Federativa do Brasil havia aprovado o Projeto de Lei nº 2.199, de 2022,[41] que diz respeito a uma proposta para a mudança do símbolo de acessibilidade para pessoas com deficiência. Ao ler a manchete e abrir a matéria, cresceu meu inconformismo com a decisão do Senado Federal de aprovar o retrocesso representado pelo símbolo sugerido pela ONU (Organização das Nações Unidas) em 2015. A matéria, na verdade, tinha sido oficializada no dia 29 de abril de 2025, mas eu só tomei conhecimento na segunda quinzena do mês de maio, quando os algoritmos encaminharam-me a matéria.

Com a leitura da matéria na íntegra, fui auditar o projeto de lei e saber quais seriam as suas consequências orçamentárias para os cofres públicos (erário). A matéria que acompanhei pela rede social apenas notificava que o "novo símbolo" era aquele cuja característica se assemelha a um bonequinho infantilizado, com os braços e pernas abertas dentro de um círculo, escolhido pela ONU e nada mais, que é o mesmo símbolo que cito no Capítulo 35, e expliquei o porquê desse símbolo (pictograma) tampouco remeter a real inclusão das pessoas com deficiência.

Contextualizando o Capítulo 35:

Para você que chegou até aqui, vai se lembrar de eu ter apresentado as minhas teses para a REAL NECESSIDADE de reformar o antigo símbolo (pictograma) que faz referência direta a um bonequinho sentado em uma cadeira de rodas, e no declínio da sugestão do "novo" símbolo (pictograma) que foi sugerido pela ONU. O conteúdo na íntegra foi divulgado publicamente na primeira quinzena do mês de novembro de 2021, quando fui colunista para o jornal *O Diário*. Fiz os cálculos e notei que já havia passado 3 anos e 6 meses desde a publicação sobre o assunto.

---

41 https://www12.senado.leg.br/noticias/materias/2025/04/29/senado-aprova-novo-simbolo-internacional-de-acessibilidade

Lá atrás, na primeira proposta que sugeri ao público em minha coluna jornalística, o meu raciocínio primário e, de certa forma, até ingênuo, foi ter pensado apenas no pictograma (desenho) e não no custo da nova mudança caso fosse aprovada a mudar o símbolo (pictograma) do cadeirante pela LETRA D (Deficiência/*Disabled*). Depois de muito pensar, ainda àquela época, após a publicação na coluna jornalística, coloquei à prova real a minha própria ideia e percebi que o impacto orçamentário aos cofres públicos e às iniciativas privadas no Brasil seriam na casa de milhões.

Não elaborei, nem por alto, uma planilha orçamentária, porque já daria para calcular "de cabeça" o volume total que caberia ao ente público: trocar todas as placas de sinalização em edificações, em vias públicas e pintar vagas de estacionamento. O gasto orçamentário não compensaria "apenas" para incluir, por incluir, uma formação da mentalidade moral, já que o tema da inclusão social por si só já ecoa por aí. Esse recurso seria mais bem aproveitado se revertido para outras áreas, como a melhoria da infraestrutura das escolas e a contratação de mais professores auxiliares, a fim de garantir que crianças, jovens e adultos com alguma deficiência tenham condições reais de estudar. Como demonstram os painéis de indicadores do Censo Escolar do IBGE (Instituto Brasileiro de Geografia e Estatística),[42] apenas 25,6% das pessoas com deficiência tinham concluído pelo menos o Ensino Médio.

Foi somente dentro dessa lacuna temporal, entre os anos de 2021 e 2022, que fui capaz de racionalizar melhor a questão orçamentária, de quantos milhões seria o impacto da "ingênua e simples troca do símbolo". Dessa forma, tanto o erário quanto a iniciativa privada deveriam

42 https://agenciadenoticias.ibge.gov.br/agencia-noticias/2012-agencia-de-noticias/noticias/37317-pessoas-com-deficiencia-tem-menor-acesso-a-educacao-ao-trabalho-e-a-renda

aportar dinheiro desnecessário. Foi quando voltei a repensar em uma solução mais inteligente, menos onerosa e que pudesse perpetuar no benefício da real representatividade da causa PcD, incluindo de fato todas as pessoas com deficiência dentro de um mesmo pictograma e que, ao mesmo tempo, tivesse um baixíssimo custo no investimento orçamentário, para que a nova implementação valesse a pena e contemplasse moralmente a inclusão em um pictograma.

Notei que nenhuma pessoa comentava publicamente algo similar ao meu raciocínio, em sugerir um novo pictograma, e tampouco contra-argumentava no impacto orçamentário do pictograma da ONU. Pelo menos, não chegou até mim tal informação.

Até que algo de diferente mexeu com a minha "imaginação criativa", baseada nas linguagens corporais humanas.

Somente depois da aprovação no Senado Federal, com o Projeto de Lei nº 2.199/2022, foi que realmente consegui olhar a VERDADEIRA FACETA POR TRÁS DO SIMBOLISMO (bonequinho) e realizar as verdadeiras conexões entre o ERÁRIO versus SÍMBOLO PcD ONU versus LINGUAGEM CORPORAL DO BONEQUINHO COM BRAÇOS E PERNAS ABERTAS, DENTRO DE UMA CIRCUNFERÊNCIA.

¡Eis que uma iluminação eu obtive!

¿Como é que eu não tinha conseguido visualizar com tamanha nitidez o que eu acabara de visualizar?

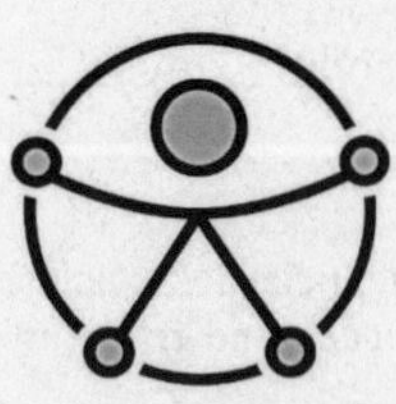

Antes de divulgar a minha linha de raciocínio, que obtive após conhecer o PL nº 2.199/2022, aprovado no Senado Federal, repare novamente na imagem do símbolo universal proposto pela ONU: A imagem possui no centro dos círculos da "cabeça", das "mãos" e dos "pés", a coloração em ciano. Na imagem, mantivemos em preto e branco mesmo.

Como citei, tive uma visão que eu jamais havia conseguido obter naqueles anos todos e só depois da pré-aprovação no Senado Federal é que consegui entender o verdadeiro significado por trás da linguagem corporal do bonequinho. Solicitei ajuda ao ChatGPT para que o sistema pudesse reproduzir algumas imagens que eu iria ditar ao *prompt* na sequência, já que o meu ilustrador sumiu do mapa (risos) e não pôde me ajudar nessa missão de ilustrar os meus pensamentos. Vale dizer que o ChatGPT reproduz imagens gratuitamente, basta estar "logado" (conectado).

Vamos lá. Dei o primeiro comando simples e direcional.

"ChatGPT, por gentileza, desenhe dois bonequinhos em uma atração circense. O primeiro bonequinho será um arremessador de facas, e o segundo bonequinho será o alvo e estará amarrado em uma roda. Os braços deverão estar abertos e as pernas também deverão estar abertas."

Em alguns instantes, o ChatGPT gerou a seguinte imagem:

Dei o segundo comando simples e direcional.

"ChatGPT, por gentileza, desenhe dois bonequinhos em um aeroporto. O primeiro bonequinho será o funcionário, e o segundo bonequinho será o alvo e estará com os braços e pernas abertas, para que o funcionário o reviste com o detector de metal."

Em alguns instantes, o ChatGPT gerou a seguinte imagem:

Dei o terceiro comando simples e direcional.

"ChatGPT, por gentileza, desenhe dois bonequinhos em um lugar qualquer. O primeiro bonequinho será o assaltante, e o segundo bonequinho será o alvo e estará com os braços e pernas abertas, em ato de rendição, enquanto o assaltante comete o crime."

Em alguns instantes, o ChatGPT gerou a seguinte imagem:

Dei o quarto comando simples e direcional.

"ChatGPT, por gentileza, desenhe alguns bonequinhos em um lugar qualquer. Os primeiros bonequinhos serão policiais, e o segundo bonequinho será o alvo e estará com os braços e pernas abertas, em ato de rendição, enquanto os policiais fazem a revista."

Em alguns instantes, o ChatGPT gerou a seguinte imagem:

Gostaria de deixar aqui expressa a minha opinião de que essa ilustração da ONU chega a ser ofensiva, pois ridiculariza as pessoas com deficiência e não imprime nada de positivo. Uma pergunta, para começar: **¿quem em sã consciência permanece em qualquer lugar com braços e pernas abertas?**

Todas, exatamente todas as cenas em que eu me lembrei quando alguém está com braços e pernas abertas, são situações constrangedoras.

¿Será mesmo que essa é a representação que a comunidade das pessoas com deficiência realmente deseja associar à sua imagem, remetendo a situações de tanto constrangimento?

Além do mais, vale lembrar que essa ilustração com o bonequinho infantilizado, com dois braços abertos e duas pernas abertas, com todos os membros, está ainda mais longe de representatividade do que estava o símbolo do cadeirante. Uma das obviedades é que muitas pessoas não possuem membros inferiores e/ou superiores, e/ou não possuem membros e apenas o tronco, já anulando três tipos de pessoas com diferentes deficiências de membros. A quarta é que as pessoas que precisam fazer o uso da cadeira de rodas não conseguem ficar em pé sozinhas.

Se ambos símbolos (pictogramas) não representam todas as pessoas com deficiência, há algumas alternativas a serem realizadas:

- Deixar tudo como está: o símbolo do cadeirante representando todas as pessoas com deficiência, e pintar nas vagas destinadas a elas, por exemplo: "PARA TODAS PcD", estilo a vaga de idoso em que está escrito por extenso a palavra "IDOSO". Porque onde há mais problemas de comunicação é, de fato, nas vagas de estacionamento, onde muitas pessoas, até aquelas com alguma deficiência, creem que as vagas são destinadas apenas para as pessoas com mobilidade reduzida e as que precisam fazer o uso das cadeiras de rodas. Todas as PcD têm direitos EQUÂNIMES DENTRO DA LEI BRASILEIRA DE INCLUSÃO.

- Realizar o levantamento em relação aos custos ao erário e realizarmos o levantamento de quanto custaria trocar todas as placas e pinturas em vagas, e quanto custaria ao erário inserir apenas o " D+", no símbolo do cadeirante já existente.

- Existem algumas alternativas, por exemplo, para não haver a necessidade de realizar a troca de todas as placas pelos 5.669 municípios mais o Distrito Federal, incluindo entes públicos e privados. Bastaria desenvolvermos um selo com padronagem, estilo as placas de sinalização PNE, um gabarito. Podemos criar um ADESIVO para colar por cima das placas, dentro do limite das especificações do símbolo do cadeirante, ou até mesmo pintura com tinta acrílica de baixo odor e alta durabilidade, utilizando um gabarito do "D+".

- Há uma outra alternativa, que seria criar um marcador de ferro, estilo que antigamente se utilizava para marcar gados (atualmente é proibida essa prática). Esse marcador de ferro também viria acompanhado de um gabarito e na posição correta. O perito faria a marcação na coloração branca para contrastar com o tom de fundo azul, igual à coloração branca do bonequinho sentado na cadeira de rodas.

Dessa forma, gastaria muito menos do que com a troca de todas as placas e a repintura das vagas.

E para que isso aconteça, caso aprovado (obviamente, faríamos testes antes, para saber se na prática essa ideia funcionaria bem e se esteticamente ficaria correto), precisaríamos alterar o art. 5º da Lei nº 7.405/1985.[43] Vide Lei nº 7.853/1989:

> Torna obrigatória a colocação do "Símbolo Internacional de Acesso" em todos os locais e serviços que permitam sua utilização por pessoas portadoras de deficiência e dá outras providências.
>
> Art. 5º O "Símbolo Internacional de Acesso" deverá ser colocado, obrigatoriamente, em local visível ao público, não sendo permitida nenhuma modificação ou adição ao desenho reproduzido no anexo a esta Lei.

43 https://www2.camara.leg.br/legin/fed/lei/1980-1987/lei-7405-12-novembro-1985-367964-publicacaooriginal-1-pl.html

Observe: **"não sendo permitida nenhuma modificação ou adição ao desenho reproduzido no anexo a esta Lei".**

Por isso, devemos, em conjunto com os poderes Executivo, Legislativo e Judiciário, bem como empresas especializadas nesse tipo de mão de obra, testar a ideia central de marcação a ferro nas placas, criar adesivos com padrões adequados, ou a pintura nas placas, e identificar qual seria o melhor tipo de adesivo para colar nas placas, ou o uso de tintas acrílicas, e, assim, efetuar o levantamento do custo ao erário. Desse modo, podemos de uma única vez revogar o art. 5º da Lei nº 7.405/1985, bem como o PL nº 2.199/2022.

Após escrever a introdução deste capítulo e pesquisar por quase uma semana para tentar localizar alguma planilha orçamentária dos custos levantados para a nova mudança do símbolo, me lembrei que eu poderia pedir ajuda (risos) em vez de "bater cabeça sozinha".

Fui conversar com a Dra. Maria Dulce, assessora parlamentar de Otto Filho. Ela me instruiu em algumas questões que perguntei e logo me indicou a assessora legislativa da Câmara dos Deputados, a Dra. Cláudia Mognatti.

Na sequência, encaminhei mensagem à Dra. Cláudia me apresentando e explicando o cerne do assunto e a Dra. Cláudia Mognatti respondeu prontamente:

Segue nosso diálogo via *WhatsApp*:

Dra. Cláudia: Boa tarde! É um prazer falar com a senhora! Espero que esteja bem. Estou à disposição para contribuir com o seu trabalho e dirimir as suas dúvidas.

Eis que perguntei só a fim de esclarecimento questões burocráticas, para compreender melhor e também passar informações ainda mais precisas a você que está lendo este capítulo.

Dra. Cláudia: O processo legislativo brasileiro é bicameral, ou seja, a proposição inicia a sua tramitação na Casa iniciadora e, posteriormente, é apreciada na Casa Revisora.

No caso em tela, o projeto iniciou na Câmara dos Deputados.

Passou pelas comissões temáticas e posteriormente foi deliberado em plenário.

Na Casa Revisora, nesse caso no Senado Federal, ele seguiu o despacho daquela Casa e chegou ao plenário com três sugestões de emendas.

Essas emendas foram aprovadas, com isso, o projeto retornou à casa iniciadora para que os parlamentares possam deliberar a respeito das emendas do Senado Federal.

Veja, a Câmara dos Deputados vai deliberar apenas as mudanças propostas pelo Senado.

Ratificando as mudanças ou não, a matéria seguirá para sanção presidencial.

Posso lhe encaminhar as emendas aprovadas.

Assim saberá o que foi alterado no texto que saiu da Câmara.

Fiz questão de escrever, assim fica fácil se quiser relembrar algo.

Autor: Deputado Áureo Ribeiro (do PL nº 2.199/2022)

Observe que já foi designada relatora na Comissão de Defesa das Pessoas com Deficiência.

Depois vai à Comissão de Constituição e Justiça e, por fim, plenário.

Catherine: ¿Os relatores são convocados através de sorteios?

Dra. Cláudia: Não, quem designa é o presidente da comissão. Quando o parlamentar tem interesse no tema ele pede a relatoria. Mas a decisão é sempre do presidente.

Catherine: E aí, a minha terceira dúvida, e basta tá (risos)? Não quero te ocupar muito. A minha terceira dúvida é uma das dúvidas mais importantes na questão de planilhas orçamentárias. ¿Como eu vejo a planilha orçamentária que fizeram para este projeto de lei? ¿Por quê? Porque assim, ok, o símbolo muita gente não concorda e tal, e tal e tal..., mas vamos supor que realmente esse símbolo vai ficar imperado. A gente vai ter que trocar todas as placas de sinalizações, placas de sinalizações em edificações, de trânsito, então, em vias públicas, a gente vai ter que pintar todas as vagas... eu estou falando a gente, no sentido de governo federal. ¿Tá? Não estou colocando aqui a iniciativa privada, eu estou falando o sentido União (Federal) mesmo. A gente vai ter que pintar todas as vagas de estacionamentos de creches, escolas, hospitais, juizados, tribunais, no país todo, ¿né? E ali (no PL nº 2.199/2022), tem uma determinante, se não me falha a memória, no artigo 4º, que diz que tem até três anos depois da aprovação, ¿né? Os entes da federação e os entes privados, têm até três anos para se adequarem. Então nesses três anos vão ter que criar toda essa mudança nos 5.570 municípios no país. ¿A gente consegue visualizar essa planilha orçamentária dos gastos públicos, quanto que vai onerar a nossa a reserva de dinheiro para essas trocas?

Dra. Cláudia: Bom, em relação aos custos ao erário, temos dois órgãos competentes para estimar os custos. Um é o próprio Executivo, Ministério da Economia ou a Consultoria de Orçamento da Casa. Existem alguns casos que não é possível estimar, mas isso os consultores da área podem avaliar com propriedade. Nesse caso, entendo que terá despesa para todos os entes: federal, estadual e municipal. Vamos fazer assim. Na segunda-feira, posso conversar com a consultoria a respeito.

Catherine: Perfeito, Dra. Cláudia. Tendo esse assunto mais próximo da realidade orçamentária que será prevista, já podemos ter uma alusão.

Dra. Cláudia: E sendo possível, posso formular uma solicitação de estimativa de impacto.

Catherine: ¡Perfeito! Por gentileza, faça isso.

Dra. Cláudia: Espero ter esclarecido as suas dúvidas. Fico à disposição.

Passou sábado, domingo, e na segunda-feira encaminhei mensagem à Dra. Cláudia perguntando se ela me autorizaria publicar nosso diálogo e ela autorizou.

Na quarta-feira encaminhei outra mensagem perguntando quanto tempo de prazo teria para fazerem o levantamento dos custos ao erário e a Dra. Cláudia me respondeu:

Dra. Cláudia: Boa noite, Dra. Catherine. Conforme combinado, fiz o pedido na segunda-feira. Regimentalmente a consultoria tem 30 dias para responder, mas o prazo depende da demanda deles e da complexidade do estudo. [...] assim que a resposta chegar, encaminharei para a sua apreciação.

Agradeci e expliquei que, com esse tempo de 30 dias, teria que fechar a pauta deste capítulo sem uma informação próxima de alguma estimativa, ao menos, e, de igual forma, reforcei o agradecimento.

Apresento as três emendas modificadas pelo Senado Federal que voltaram para a Câmara dos Deputados apreciar, emendas essas que a Dra. Cláudia me encaminhou:

SENADO FEDERAL

PARECER Nº 40, DE 2025 – PLEN/SF

Redação final das Emendas do Senado ao Projeto de Lei nº 2.199, de 2022 (nº 7.750, de 2017, na Casa de origem), do Deputado Aureo Ribeiro.

A **Comissão Diretora**, em **Plenário**, apresenta a redação final das Emendas do Senado ao Projeto de Lei nº 2.199, de 2022 (nº 7.750, de 2017, na Casa de origem), do Deputado Aureo Ribeiro, que *estabelece a utilização do Símbolo Internacional de Acessibilidade; altera a Lei nº 7.405, de 12 de novembro de 1985; e dá outras providências. Senado Federal, em 29 de abril de 2025.*

Senado Federal, em 29 de abril de 2025.

ANEXO DO PARECER Nº 40, DE 2025 – PLEN/SF

Redação final das Emendas do Senado ao Projeto de Lei nº 2.199, de 2022 (nº 7.750, de 2017, na Casa de origem), do Deputado Aureo Ribeiro.

Estabelece a utilização do Símbolo Internacional de Acessibilidade; altera a Lei nº 7.405, de 12 de novembro de 1985; e dá outras providências.

EMENDA Nº 1 (Corresponde à Emenda nº 1 – CDH)

Dê-se à ementa do Projeto a seguinte redação:

Altera a Lei nº 7.405, de 12 de novembro de 1985, para estabelecer a utilização do Símbolo Internacional de Acessibilidade.

EMENDA Nº 2 (Corresponde à Emenda nº 2 – CDH)

Acrescente-se ao Projeto o seguinte art. 2º, numerando-se o atual art. 2º como art. 3º e renumerando-se os artigos subsequentes:

Art. 2º Dê-se à ementa da Lei nº 7.405, de 12 de novembro de 1985, a seguinte redação:

Torna obrigatória a colocação do "Símbolo Internacional de Acessibilidade" em todos os locais e serviços que permitam sua utilização por pessoas com deficiência.

EMENDA Nº 3 (Corresponde à Emenda nº 3 – CDH)

Dê-se ao art. 4º do Projeto a seguinte redação:

> Art. 4º Caberá ao Poder Executivo regular a substituição das atuais placas de sinalização, bem como atualizar o material de referência e de ensino relativo à sinalização de estacionamentos regulados.

Esta página foi gerada para informar os signatários do documento e não integra o documento original, que pode ser acessado por meio do QR Code.[44]

Assinam eletronicamente o documento SF255231117380, em ordem cronológica:

1. Sen. Davi Alcolumbre 2. Sen. Laércio Oliveira 3. Sen. Humberto Costa 4. Sen. Eduardo Gomes 5. Sen. Daniella Ribeiro 6. Sen. Styvenson Valentim

Por sorte minha e de toda a causa das pessoas com deficiência e dos pares vinculantes, na segunda-feira, 23 de junho de 2025, recebi mensagem da Dra. Cláudia Mognatti com a informação encaminhada pela Comissão Orçamentária: Acompanhe:

44 Emenda disponível em: https://legis.senado.gov.br/autenticadoc-legis/5716198855

INFORMAÇÃO TÉCNICA

TEOR DA SOLICITAÇÃO: A pedido do Deputado Otto Alencar Filho, solicito os bons préstimos da Consultoria de Orçamento desta Casa, no sentido de informar a estimativa de impacto orçamentário e financeiro do PL nº 2.199/2022 (Nº Anterior: PL nº 7.750/2017) que, Dispõe sobre a utilização do símbolo internacional de acessibilidade; modifica a Lei nº 7.405, de 12 de novembro de 1985, e dá outras providências. A proposição foi aprovada na Câmara dos Deputados e foi submetida à apreciação do Senado Federal, como o texto foi alterado, a matéria retornou a esta Casa para apreciar as três emendas da Casa revisora.

SOLICITANTE: Deputado OTTO ALENCAR FILHO

AUTOR: Fidelis Antonio Fantin Junior - Consultor de Orçamento e Fiscalização Financeira da Área Poderes de Estado, Representação, Justiça, Segurança Pública, Defesa, Mulheres e Direitos Humanos

Este documento se destina a alertar sobre inviabilidades jurídicas ou técnicas para o atendimento ao que foi solicitado.

A par do texto do PL nº 2.199/2022, e considerando 1) que a responsabilidade pela instalação ou publicação do referido símbolo é compartilhada por diversos atores, como União, estados, municípios e pessoas físicas e jurídicas, dependendo do local; **2) que há dificuldade de previsão razoavelmente precisa, em razão justamente desse compartilhamento de responsabilidade entre diversos agentes;** 3) que a aplicação de tais símbolos por parte do poder público já é algo previsto orçamentariamente; e 4) considerando ainda que o objetivo principal desta solicitação é avaliar os aspectos de adequação orçamentária e financeira, manifestamos nosso entendimento da forma abaixo descrita.

A utilização do símbolo internacional de acessibilidade está associada a trabalhos de manutenção constante, e as despesas dela decorrentes normalmente previstas nos orçamentos dos órgãos responsáveis. Além disso, levantamentos preliminares de valores de meios para exibição de tal símbolo não são de valores elevados, devendo isso ser associado também ao fato de que as dotações para tais despesas normalmente são de caráter discricionário.

Ou seja, numa situação como essa, entendemos plausível considerar que as despesas decorrentes da medida serão executadas conforme as disponibilidades orçamentárias e financeiras dos respectivos órgãos responsáveis nas diferentes esferas governamentais. Por sua vez, a implicação sobre entidades privadas não é analisada sob esse aspecto.

Nesse sentido, o nosso entendimento sobre a matéria, no que diz respeito à adequação orçamentária e financeira, é de que o projeto poderia ser plausivelmente enquadrado como adequado e compatível com a legislação aplicável, mesmo sem a apresentação de estimativas de gasto.

Brasília-DF, 18 de junho de 2025.

FIDELIS ANTONIO FANTIN JUNIOR
Consultor de Orçamento e Fiscalização Financeira

¿POR QUE É TÃO IMPORTANTE AO MENOS UMA ESTIMATIVA ORÇAMENTÁRIA?

Veja bem, no Projeto de Lei nº 2.761-C/2015, protocolado pelo senhor Arthur Virgílio Bisneto (*In memoriam*):

I - RELATÓRIO

Vem ao exame desta Comissão o Projeto de Lei nº 2.761-C/2015, de autoria do ilustre Deputado Arthur Virgílio Bisneto, que objetiva autorizar a pessoa jurídica tributada com base no lucro real a deduzir do imposto sobre a renda devido, em cada período de apuração, trimestral ou anual, 50% dos salários de empregados que ultrapassem os limites previstos no art. 93 da Lei nº 8.213, de 24 de julho de 1991. Conforme registra o autor, a Lei nº 8.213, de 1991, estabeleceu de forma inovadora a exigência de que as empresas com cem ou mais empregados preencham de 2% a 5% de suas vagas com pessoas reabilitadas ou portadoras de deficiência. Assim, a proposição tem o cunho de ampliar os benefícios já alcançados trazendo maiores estímulos à inclusão de beneficiários reabilitados ou pessoas portadoras de deficiência no mercado de trabalho.

Projeto louvável. ¿Verdade?

Em outras palavras, **o projeto de lei visava beneficiar todas as pessoas com deficiência, oferecendo mais oportunidades de trabalho. Com o estímulo de dedução fiscal em 50% sobre os salários dos empregados, as empresas também seriam beneficiadas.**

Mas, sempre tem que ter um "mas"..., Mas, o **ERÁRIO (Fazenda) NÃO GOSTOU DISSO NÃO. ¿POR QUE SERÁ?**

Observe:

Agosto de 2017 – DIÁRIO DA CÂMARA DOS DEPUTADOS – Terça-feira 15h25[45]

Por fim, e não menos relevante, cumpre destacar que o Novo Regime Fiscal instituído pela Emenda Constitucional nº 95, de 2016, alçou parte das

45 https://imagem.camara.gov.br/Imagem/d/pdf/DCD0020170815001380000.PDF#page=322

disposições da LDO e da LRF acima transcritas à hierarquia de comando constitucional, ao estabelecer no art. 113 do ADCT: Art. 113. **A proposição legislativa que crie ou altere despesa obrigatória ou renúncia de receita deverá ser acompanhada da estimativa do seu impacto orçamentário e financeiro.**

Nesse contexto, a iniciativa em tela, ao representar uma ampliação no valor dos benefícios já concedidos, **acarreta níveis mais elevados de renúncia de receita tributária, sem que tenham sido informados o valor de seu impacto orçamentário** e as medidas de compensação cabíveis. Nesses termos, **é forçoso reconhecer que a proposição não pode ser considerada adequada e compatível sob a ótica mais restrita da adequação orçamentária e financeira**, ficando, assim, prejudicado o exame do mérito, em acordo com o art. 10 da Norma Interna – CFT, o qual assim dispõe: Art. 10. Nos casos em que couber também à Comissão o exame do mérito da proposição, e for constatada a sua incompatibilidade ou inadequação, o mérito não será examinado pelo Relator, que registrará o fato em seu voto. Por todo o exposto, **VOTO PELA INADEQUAÇÃO E INCOMPATIBILIDADE FINANCEIRA E ORÇAMENTÁRIA DO PROJETO DE LEI Nº 2.761, DE 2015, E DO SUBSTITUTIVO APROVADO PELA COMISSÃO DE DEFESA DOS DIREITOS DAS PESSOAS COM DEFICIÊNCIA.** Sala da Comissão, em 28 de junho de 2017. **Deputada GORETE PEREIRA Relatora III - PARECER DA COMISSÃO A Comissão de Finanças e Tributação, em reunião ordinária realizada hoje, concluiu unanimemente pela incompatibilidade e inadequação financeira e orçamentária do Projeto de Lei nº 2.761/2015** e do Substitutivo da Comissão de Defesa dos Direitos das Pessoas com Deficiência, nos termos do Parecer da Relatora, Deputada Gorete Pereira. Estiveram presentes os Senhores Deputados: Covatti Filho – Presidente, Carlos Melles – Vice-Presidente, Alexandre Baldy,

Alfredo Kaefer, Andres Sanchez, Benito Gama, Edmar Arruda, Edmilson Rodrigues, Enio Verri, Fernando Monteiro, João Gualberto, José Guimarães, Júlio Cesar, Laercio Oliveira, Leonardo Quintão, Luciano Bivar, Luciano Ducci, Luiz Carlos Hauly, Miro Teixeira, Pauderney Avelino, Paulo Henrique Lustosa, Professor Victório Galli, Simone Morgado, Soraya Santos, Yeda Crusius, Celso Maldaner, Eduardo Cury, Fausto Pinato, Félix Mendonça Júnior, Giuseppe Vecci, Helder Salomão, Hildo Rocha, Jerônimo Goergen, João Paulo Kleinübing, Jorginho Mello, Keiko Ota, Lucas Vergilio, Marcelo Álvaro Antônio, Marco Antônio Cabral, Mauro Pereira, Newton Cardoso Jr., Paulo Teixeira, Vaidon Oliveira e Vinicius Carvalho. Sala da Comissão, em 9 de agosto de 2017. Deputado COVATTI FILHO Presidente.

Por isso, para concluir o meu raciocínio, **se não houver a apresentação ao menos de uma estimativa orçamentária, não podemos deixar que o PL nº 2.199/2022 seja aprovado.**

Ademais, devemos também repensar:

¿É esse mesmo o símbolo que vai representar TODAS AS PESSOAS COM DEFICIÊNCIA, OU ESTAMOS COMPRANDO UMA NARRATIVA UTÓPICA PROMOVIDA PELA ONU DE "UNIÃO E MOVIMENTO DAS PESSOAS COM DEFICIÊNCIA" COM UM SÍMBOLO QUE NÃO REPRESENTA AS PESSOAS COM DEFICIÊNCIA, QUE IRÁ TRAZER AINDA MAIS UM GASTO SEM A REAL MENSAGEM DE INCLUSÃO?

Para responder a essa pergunta, é necessário entender que a mensagem que querem passar adiante de "UNIÃO E MOVIMENTO DAS PESSOAS COM DEFICIÊNCIA" na convivência humana não reflete o que é proposto quando se adota um símbolo de um bonequinho infantilizado dentro de um círculo, para expressar o inexpressável. Digo isso porque quando usamos uma FÓRMULA, ESSA FÓRMULA SE TORNA UMA REGRA, para validar o conceito. Por exemplo, para resolvermos uma equação matemática, da física, da biologia, da genética, até do preparo de um alimento, usamos uma fórmula já testada e validada.

Se um(a) perfumista conseguiu encontrar o grupo correto das moléculas odoríferas durante o processo industrial para a produção de determinada fragrância, a fórmula deverá ser respeitada à risca, porque se uma gota a mais de determinado composto for adicionado, o resultado final já não é mais o mesmo. Isso vale até mesmo para a receita de um bolo ou de um prato X. Se a pessoa, de repente, tenta substituir um ingrediente por outro, ou adiciona mais ou menos de determinado ingrediente, o resultado pode ser completamente diverso daquele proposto na receita original.

Entendendo esse conceito de FÓRMULA versus RESULTADO, devemos relembrar da história antiga de quase 500 anos, quando o famoso Leonardo Da Vinci desenhou o *Homem Vitruviano*:

Essa ideia expressa por Da Vinci está baseada em um dos textos do antigo arquiteto romano Vitrúvio (80-70 a. C.-15 a. C), que relacionou as medidas e o desenho do corpo humano com a arquitetura. Em seu tratado de arquitetura, Vitrúvio expôs suas teorias sobre as proporções humanas, que afirma que a proporção ideal de uma figura humana deve entrar em um círculo e em um quadrado.

"Se um homem fica de costas, com as mãos e pés estendidos e um par de compassos centrados em seu umbigo, os dedos de seus dois pés e das mãos tocarão a circunferência do círculo desenhado", disse Vitrúvio.

"E assim como o corpo humano produz um contorno circular, também será possível encontrar uma figura quadrada a partir dele."

Leonardo utilizou duas formas perfeitas — o quadrado e o círculo — que historicamente simbolizavam a Terra e o Paraíso, respectivamente, e colocou o homem no centro.[46]

Repare na reportagem da BBC, explicando novamente o que expliquei a respeito da FÓRMULA. A forma deve ser espelho da fórmula, bem como acontece na dupla hélice do nosso DNA, e o RNA mensageiro, ao espelhar a cópia e essa cópia é mal feita, alguma anomalia genética acontece, como aconteceu comigo no éxon 2 do gene HS6ST1, como expliquei no Capítulo 28. Por isso, é de extremo mau gosto usar a imagem do Homem Vitruviano como base simbólica para representar pessoas com deficiência em suas diversas formas. A ONU associar esse símbolo - uma figura idealizada com proporções estéticas consideradas "perfeitas" - e reduzi-lo à representação de um bonequinho, ainda que em nome da inclusão, revela uma escolha infeliz, além de contraditória. Entra século e mais séculos, e a mesma imagem da perfeição estética como padrão na sociedade ainda persiste, e eu como modelo internacional que fui, sei bem como isso era uma fórmula a ser seguida à risca.

Porém, quando olhamos para o lado estético/físico de muitas pessoas com deficiência, jamais podemos usar a fórmula de padrão da imagem do "HOMEM VITRUVIANO", porque são observações díspares. Muitas pessoas que nasceram com a condição do nanismo, por exemplo, não possuem os padrões estéticos do homem idealizado de "Vitrúvio". Reitero, o mesmo ocorre com pessoas que nasceram sem alguns membros do corpo, inferior ou superior, ou, ainda, que tenham nascido sem

46 https://www.bbc.com/portuguese/geral-50208301

nenhum deles, ou, que tiveram um ou mais membros amputados, em decorrência de um acidente ou por causa de uma doença.

São esses alguns exemplos que permito expor, para trazer luz a um debate com abertura intelectual realista e humana. Porque, se ficarmos elucubrando que a imagem do bonequinho infantilizado da ONU sugere movimento de liberdade de expressão e dita que a pessoa com deficiência não se resume à própria deficiência, estaremos sempre patinando no propósito do enfrentamento de barreiras arquitetônicas e atitudinais enfrentadas, sim, por PcD, ao invés de lidarmos com a PRÓPRIA REALIDADE, mesmo que de forma individualizada para cada PcD.

Não adianta propagarmos uma teoria de narrativa inventada e romantizada, porque a fórmula que a ONU usou é a cópia da fórmula do “Homem Vitruviano” e isso é indiscutível. O que a ONU fez foi só adaptar um texto com o intuito de forçar um convencimento barato e satírico. Muitas pessoas não conseguiram perceber o que há por trás dessa narrativa, porque em geral aceitam tudo sem questionar. E como tantos gostam de nomear preconceitos e discriminações contra pessoas com deficiência com o substantivo “capacitismo”, vou aqui, utilizar do mesmo substantivo e afirmar que a ONU foi CAPACITISTA AO ASSOCIAR O CONCEITO DAS PESSOAS COM DEFICIÊNCIA AO HOMEM VITRUVIANO, DESCREDIBILIZANDO A LUTA PcD. Observe que mantiveram até mesmo o CÍRCULO. Uma verdadeira cópia.

O símbolo proposto como logomarca pelo Departamento de Informações Públicas da Organização das Nações Unidas (ONU), em que revelam querer passar uma informação para "simbolizar a esperança e a igualdade de acesso para todos" é de um deboche tremendo.

Cá entre nós, simbolizar esperança em ter todos os membros em perfeita proporção para muitas dessas pessoas com deficiência, além de ilusório, é ofensivo. Não tem como. Trazer igualdade de acesso a todos tampouco reflete na imagem do bonequinho e não traz nenhum elemento visual para compor o argumento. Na realidade, é uma maquiagem disfarçada de "argumentos fofos" para mascarar a sátira de que muitas pessoas com deficiência jamais poderão ser como as demais, que podem ser esteticamente "perfeitas".

E o discurso de que as pessoas com deficiência poderão ser o que elas quiserem também é utópico e infantil, porque, como já descrevi em parágrafos anteriores, eu, Catherine, com a deficiência sensorial olfativa, JAMAIS, repito, JAMAIS PODEREI ATUAR COMO PERFUMISTA, BOMBEIRA, QUÍMICA, SOMMELIER... em contrapartida, tendo compreendido essa realidade por mim mesma, entendo e tenho discernimento de que, em contrapartida, posso exercer muitas outras atividades profissionais que não exijam o sentido do olfato direta ou indiretamente, ainda que sua ausência pudesse trazer prejuízos a mim ou a outrem. Eu não posso negar essa minha realidade, senão, seria uma pessoa ignorante e estúpida, que vive no mundo da fantasia. Eu tenho que ter noção da minha realidade, assim como muitas outras pessoas precisam ter noção da realidade delas, até mesmo para se candidatarem a uma vaga laboral. Não se pode mentir sobre a própria realidade. Até porque as adaptações arquitetônicas devem atender à necessidade específica de cada pessoa. Pode até soar rude o que acabei de expressar, porém melhor parecer rude do que ser lunática e acreditar em contos.

Portanto, meu posicionamento é que, para que a real inclusão socioeconômica ocorra, tanto no âmbito da sociedade quanto no empresarial, é preciso levarmos a sério as questões e lidarmos, de forma transparente, com os reais problemas e as reais soluções. Senão, como sempre digo, teremos muitas pessoas só aceitando discursos "fofos e oportunistas" para lucrarem com a causa, mas mudanças que realmente sejam valiosas ficarão nos esboços.

Entendida a necessidade de apresentação de planilha orçamentária e os motivos pelos quais o símbolo da ONU não deve ser sancionado, é importante frisar que, a partir da releitura dos dados de pessoas com deficiência, desde o censo demográfico do IBGE de 2010 até meados de 2019, houve significativas mudanças nos dados e no modelo de como avaliar as pessoas com deficiência.

A nota técnica de avaliação da linha de corte ocorre em nível de avaliação internacional, a partir do Washington Group on Disability Statistics, em tradução livre, Grupo de Washington sobre Estatísticas de Deficiência.

Por isso, em muitas reportagens encontraremos números muito díspares de quantas pessoas com deficiência existem no Brasil. Conforme especificado em 2010 em muitos canais de acesso à informação, o número era de, aproximadamente, 45 milhões. Já em 2023, encontramos um número que parece bem inferior ao anterior, somando 18,6 milhões de pessoas.[47] Isso porque, como citado, foi a partir da nova nota técnica de avaliação na linha de corte proposto internacionalmente, que as referências tiveram modificações em questionários, parâmetros e medidores para que as pessoas pudessem responder e ser avaliadas, sendo que

47 https://www.gov.br/mdh/pt-br/assuntos/noticias/2023/julho/brasil-tem-18-6-milhoes-de-pessoas-com-deficiencia-indica-pesquisa-divulgada-pelo-ibge-e-mdhc

os parâmetros principais partem de "Muita dificuldade" e "Não consegue de modo algum".

No Capítulo 35, por exemplo, em relação à Campanha promovida pela cidade de Curitiba, publicada em 21/12/2017, o número mencionado de pessoas com deficiência no Brasil faz referência ao censo de 2010.

Confesso que eu tinha dúvida e tentava entender de todas as maneiras essa diferença numérica significativa. ¿Como em 2010 o número era cerca de 45 milhões e, de repente, caiu drasticamente para 18,6 milhões de pessoas?

Depois de muito pesquisar, encontrei a resposta que, por fim, preencheu a lacuna e sanou minha dúvida, e que é provavelmente a dúvida de muitas outras pessoas. O Sr. Cláudio Panoeiro, à época Secretário Nacional dos Direitos das Pessoas com Deficiência, em entrevista concedida no dia 4 de abril de 2022 ao Poder360,[48] explicou e referenciou a mudança na contagem liderada pelo Grupo de Washington sobre Estatísticas de Deficiência. Colhida essa informação, consegui entender perfeitamente a raiz do raciocínio, desvendando-se, assim, o mistério que pairava entre os números tão díspares de pessoas com deficiência no Brasil.

48 https://www.youtube.com/watch?v=8PXRyMSUZoI&t=470s

CONSIDERAÇÕES FINAIS

¿Se eu imaginaria que conseguiria tantos progressos ao me autonomear PORTA-VOZ OFICIAL DA ANOSMIA?

¡SIM!

Por mais presunçoso que possa parecer, sim, eu sabia que conseguiria tudo o que consegui até o presente momento, porque eu projetei cada passo. O primeiro passo foi me curar de mim mesma, ou seja, do preconceito que eu carregava dentro de mim por ter nascido diferente das demais pessoas, e o fardo que eu carregava da autopiedade. Passada essa fase primordial da cura foi que comecei a organizar toda a operação estratégica, tática e operacional do assunto ANOSMIA, sempre amparada da companhia da minha intuição, que me guiou no presente, que me guiou para analisar o passado e que me guiou para construir um novo futuro. Foi analisando o meu passado que consegui entender porque era necessário agir e comecei a rascunhar minha história pessoal. É claro que, em um primeiro momento, depois de registrar uma parte mais consistente no diário, sabia que ia ser difícil e que teria que transpor muitas barreiras e fincar bandeira em nome da causa da anosmia no Brasil.

Não dependia de mais ninguém, dependia unicamente de mim para, inicialmente, me autodescobrir como pessoa na minha totalidade, buscar informações e sair do campo da ignorância, que era o medo de conhecer o meu diagnóstico. Quando me senti realmente preparada para lidar de frente com o assunto foi que me autonomeei porta-voz da anosmia, no ano de 2018. Porque queria contribuir significativamente comigo mesma e, porventura, com a população que sofre com essa deficiência sensorial. Percebi que estava indo no caminho certo desde sempre, e mesmo depois que a ANOSMIA passou a ser reconhecida como sintoma preditor durante o contágio viral na pandemia causada pelo vírus SARS-CoV-2, estranhei a resistência dos nossos governantes em aprovar logo as minhas teses para os projetos de leis, porque estamos lidando com o maior capital humano: ¡VIDAS!

Mesmo com a resistência de terceiros me testando, não desisti bem antes da missão, porque muitas pessoas insistiam para eu continuar, mesmo eu querendo "jogar a toalha no chão". Investimento alto que fiz em todas as searas da minha vida. Abdiquei de muitas coisas para continuar na missão e, por sorte, encontrei pessoas queridas, inteligentes e que me apoiaram demais nessa jornada, mesmo com os desgastes inerentes que muitas vezes se apresentaram.

Eu tinha certeza que tudo que eu pensava conseguiria realizar e iria dar certo, como deu, ¡porque eram coisas nobres! Porque não basta apenas determinação e discursos vazios, os discursos precisam vir acompanhados de soluções reais e racionais, além de deter uma dose extra de humanidade e senso de justiça.

Agora, o que realmente eu não consigo garantir é o que vai acontecer daqui para frente, se as pessoas com deficiência irão assumir as responsabilidades que este livro exige. Não consigo prever quantas, das quase 19 milhões de pessoas, estarão participativas para realizarem as reais mudanças. O que não consigo prever é se os líderes das bancadas partidárias irão de fato retirar da comissão temática os dois projetos de leis que Otto protocolou para serem votados. Não consigo prever nem mesmo se as leis federais serão sancionadas. Por isso, reafirmo, tudo o que pude fazer e que estava ao meu alcance, ¡eu fiz com maestria!

Como disse, não poderia prever se os projetos de leis seriam apreciados de fato pelos governantes e, por sorte, um deles foi, conforme citado em "A cereja do bolo". Já temos muitas pessoas na sociedade apenas apontando os erros e nunca contribuindo com soluções. Eu sempre busquei por soluções e dessa vez não poderia ser diferente. Muitas pessoas com deficiência reclamam demasiadamente e apontam a lei como única válvula de escape. ¿Essas pessoas estão se esforçando para contribuir de verdade com as pessoas que já vêm pavimentando o caminho?

Não adianta criar pautas como: as pessoas com deficiência não podem ser nomeadas PESSOA PORTADORA DE DEFICIÊNCIA ou PESSOA DEFICIENTE. Caso isso ocorra, SANTO DEUS, alegam "capacitismo". Isso é uma tremenda perda de tempo, pois eu, por exemplo, que nasci com a anosmia, carrego no meu código genético a deficiência sensorial olfativa, ou seja, eu porto a deficiência. ¡A pessoa com deficiência é deficiente! Agora, o que não pode, por óbvio, é o distrato ou o cerceamento de direitos e oportunidades, porque alguém possui uma deficiência. Aí sim passa a ser criminoso, e tem que ser analisado caso a caso se X conduta é de fato criminosa ou não.

Enfim, o que quero salientar aqui é que vejo muitos desgastes na sociedade por pequenezas, como essa de que apenas o termo "pessoa com deficiência" pode ser utilizado... O que aconteceu, na prática, foi que a Convenção Internacional sobre os Direitos das Pessoas com Deficiência aboliu os outros dois termos (PESSOA PORTADORA DE DEFICIÊNCIA ou PESSOA DEFICIENTE) porque presumia-se no imaginário coletivo que, ao assumir-se "portador", a pessoa deficiente poderia contaminar outra pessoa. Em outras palavras, de que a deficiência seria contagiosa, o que é uma inverdade. Penso que aboliram o termo "pessoa deficiente" porque as pessoas com deficiência não queriam ser vistas como um peso para seus familiares e para a sociedade, querendo que os outros também vissem nelas outras competências, e não apenas a ausência que já têm.

Quero reafirmar que ficar debatendo se o termo certo é pessoa com deficiência, pessoa deficiente ou portador de deficiência é uma discussão motivada por pura desinteligência, e que não vai levar ninguém a qualquer lugar, é uma perda de tempo. Acredito que pautas mais importantes são as que devemos nos debruçar se quisermos uma real inclusão social e econômica, como as inúmeras que já contribuí nos bastidores da vida real, que contei aqui, e outras que apresentei pela primeira vez, esmiuçadas neste livro.

Vou dar um exemplo prático: imagine uma pessoa que reclama que em alguns lugares públicos e privados as empresas não possuem elevadores ou banheiros adaptados. Reclama e exige dos outros, mas se formos lá auditar a própria residência do(a) reclamante, 90% das pessoas com deficiência não conseguem realizar as adaptações necessárias para se autoprover. Se morar em uma casa de sobrado, com dois pavimentos, que precisa da instalação de um elevador, ou até mesmo a reforma para adaptar o banheiro, provavelmente irá alegar que lhe falta verba, pois tudo custa muito dinheiro, e custa mesmo. Mas vejamos:

Se está na lei a obrigatoriedade do cumprimento da norma ABNT NBR 9050 para adequação da acessibilidade a edificações, mobiliário, espaços e equipamentos urbanos, deveríamos começar a fazer o pente fino a partir da vivência da própria pessoa com deficiência. Porque ela deve ser seu primeiro exemplo e ser o exemplo para que os demais entes da sociedade civil e organizada, bem como os organismos públicos, se mobilizem e façam cumprir a lei da acessibilidade nos espaços públicos e privados com acesso de circulação geral...

Como a realidade é outra, cobra dos demais todas essas exigências disciplinadas nos dispositivos legais, na égide da Constituição Federal e na Lei Brasileira de Inclusão da Pessoa com Deficiência. Embora ativa em cobrar dos demais, não consegue suprir as próprias necessidades. Então se está na lei e ela mesma não consegue dar o primeiro passo, ela passa a infringir a lei, e então a pergunta que fica é: ¿Como exigir exemplo da próxima pessoa se nem a própria pessoa consegue ser o próprio exemplo?

Por esse mesmo motivo é que consultar os dispositivos das leis é fundamental. Esse é um dos objetivos do porquê escrevi o livro, além de expor minhas ideias, exponho a realidade e ajudo a solucionar, às vezes com aquilo que já existe. É uma espécie de mentoria ao mesmo tempo. Pessoas de baixa renda que precisam adaptar suas residências, seja alugada ou própria, devem buscar a **Lei nº 11.888, de 24 de dezembro de 2008, que:**

> Assegura às famílias de baixa renda assistência técnica pública e gratuita para o projeto e a construção de habitação de interesse social e altera a Lei nº 11.124, de 16 de junho de 2005.

Utilize fundamentalmente o art. 4º, §2º: "Em qualquer das modalidades de atuação previstas no *caput* deste artigo deve ser assegurada a devida anotação de responsabilidade técnica."

Essa informação é valiosíssima, pois assegurará e ajudará todas as pessoas com deficiência a suprirem suas necessidades arquitetônicas dentro de suas residências, facilitando, assim, na melhora significativa da sua qualidade de vida. **¿Viu como o que parecia uma bronquinha se transformou em solução?**

*

¡Refletir! Este é um verbo poderoso e que poucas pessoas têm a coragem de pôr em prática. É somente refletindo que conseguimos avançar. Portanto, faça parte da promoção das ajudas mútuas para ser ajudada. Seja gentil com os demais, antes de só reclamar. Foi por esse motivo que lutei desde sempre pelas pessoas com deficiência, pelos empresários e pelo poder público, porque se uma dessas partes faz uma péssima gestão, é a população que sofre. Para que a população saia do assistencialismo governamental, temos que propor soluções realistas, como propus para a reforma do art. 93 da Lei nº 8.213/1991, para a classe das pessoas com deficiência, para que o Executivo, o Judiciário e o Legislativo aceitem que façamos esse projeto-piloto experimental, após trazermos as empresas para testar a concepção do projeto proposto.

Porque, senão, a pergunta sempre será a mesma, todos os anos que passarem:

¿Quem em sã consciência, se pudesse, enfrentaria deslocamento e pressão de entrega de trabalho eficiente em uma empresa por apenas um salário mínimo, sendo que a ajuda governamental é o mesmo montante com o Benefício de Prestação Continuada (BPC)? Se quisermos mudança, sejamos a mudança, por isso o teto do salário deve começar com 2 salários-mínimos. Agora, conforme propus na mudança para que os empresários possam ajudar nas tecnologias assistivas de todas as PcD empregadas, mesmo com a iniciação do salário-mínimo, vale a pena buscar um trabalho. E daí, sim, eu vou administrar essa empresa do plano diretor que desenvolvi a reforma da Lei de Cotas, no qual estarão elencadas todas as empresas de mais de 100 funcionários, e com a minha governança garanto que em uma década o cenário será de fato promissor para todos os pares.

Agora, voltando ao assunto anterior:

¿Se eu conseguia imaginar tamanhas obras importantes que realizei sozinha, e outras tantas ao lado de tanta gente potente, desde o dia da primeira página escrita do meu diário até o dia da publicação do livro, se isso demoraria?

Sinceramente, eu nem previ uma meta temporal, porque eu ocupei o meu tempo dispondo dos meus dias, pensando em cada etapa de propositura para tantos avanços que consegui, até nas questões mais abertas, envolvendo mais pessoas com deficiência. Embora seja legítimo as pessoas com deficiência exigirem melhorias, eu me perguntava:

¿Será que elas estão verdadeiramente preocupadas em apoiar os projetos de pessoas como eu, que dediquei cada segundo da minha vida durante sete anos seguidos, ou só querem mesmo reclamar e exigir algo que elas mesmas desistiriam no passo seguinte, por ser muito trabalhoso? Realizar planos diretores, como eu fiz, custou também a mim, minhas reservas financeiras, porque até o presente momento eu me dediquei dia e noite para ter um modelo de negócio escalável e, pelo visto, consegui.

O Brasil é um dos países que mais oneram seus cidadãos e empresários, com os altos valores cobrados dos impostos e o funcionalismo da máquina pública. O total de pessoas empregadas no setor público, cerca de 13 milhões, é quase equivalente ao número total de pessoas com deficiência, que somam quase 19 milhões, sendo que a maior parte delas está desempregada.

Pensando ainda no tempo... É como se para algumas pessoas, mais de cinco anos escrevendo um livro pudesse soar demasiadamente muito tempo, mas, para outras pessoas mais sérias, é o tempo necessário para que uma empresa possa se validar no mercado profissional ou uma faculdade ser concluída. Como expliquei, o livro custou a mim esses sete anos inteiros para ser escrito, de 2018 até ser lançado, em 2025. Porque como eu mesma o intitulo, é um livro VIVO. Tão vivo que, no início de fevereiro de 2025, tive que atualizá-lo com a vitória da chancela governamental na 1ª etapa votada pela Câmara dos Deputados sobre o Projeto de Lei nº 2.473/2022, que você já conhece, concedendo o direito de as pessoas com deficiência adquirirem sua Carteira de Identidade Nacional na forma gratuita e vir a ser uma lei federal, batizada de **"Lei Catherine Vecchi"**.

As histórias foram acontecendo de forma orgânica, e durante cada etapa avançada eu conseguia mais pessoas comigo na causa. Com o passar do tempo é que as ideias também foram surgindo e foram sendo lapidadas por mim, aceitas por pessoas que acreditavam na causa da anosmia e por parte das pessoas com deficiência, que conseguiam, por fim, entender por que o assunto não é somente direcionado ao público-alvo, e sim a todas as pessoas, com ou sem deficiência.

Ademais, consolidar tudo o que consolidei prova que o meu legado é mais do que sólido, é primoroso; ao menos tenho boas histórias com muitas vitórias para contar. Tomar decisões tão assertivas por uma boa causa, que se ampliou por si só para tantas outras boas causas, foi resultado de confiar na imagem que eu projetei em minha mente e de outras mensagens que recebi durante minhas noites de sono ou acordada, que foram postas no meu coração.

Tomei minha decisão e trabalhei fielmente, dia e noite, sem cessar, sempre comprometida com os bons resultados. Eu comecei aprendendo a selecionar as sementes, o solo e onde eu as plantaria até que germinassem e essa foi a fusão moldada. ¡Uma visão holística, eu diria! Internalizei e realizei boas obras, sozinha e com muitas outras lideranças de sucesso com nobres corações, e algumas dessas pessoas são os meus amados pais, Carlos Dulcimar e Cleamara Terezinha, que estiveram comigo em todos os meus momentos, tanto das vitórias quando das minhas dúvidas, dos meus choros. Estavam sempre presentes, mesmo quando tomei rasteira de algumas pessoas gananciosas nos negócios ou na vida pessoal. Eles estiveram comigo em todas as etapas e me aconselhavam quando eu precisava de apoio externo e/ou financeiro. Eu me sinto tão felizarda por tê-los como meus pais e da maneira como me criaram e me guiaram na vida.

E o mais legal de tudo isso é que começou a aparecer uma quantidade de pessoas boas em meu caminho, consolidando e sendo protagonistas dessa incrível história, na qual o objetivo principal é o de cuidar de vidas humanas, do meio ambiente e da alma da humanidade. E que fique bem claro: pessoas mal intencionadas não têm chances ao nosso lado. Por isso, agradeço eternamente aos já citados no livro, como Otto Alencar Filho e a sua assessoria técnica, Maria Dulce e Fábio. À Cláudia Mognatti, assessora legislativa no gabinete da Câmara dos Deputados, e à Norma Ayub. Em especial, agradeço ao meu mentor, Allan Barros – você sabe o quão importante e fundamental foi desde o início, para que essa missão realmente reverbere ao mundo, atraindo mais mentes célebres para nosso projeto, assim como a sua equipe. Agradeço também ao Dr. Moacir Porciúncula, que ajudou mamãe para eu chegar ao mundo; aos meus médicos o Dr. Sang Yun Sin e Dr. João Bosco de Oliveira; ao otorrinolaringologista Dr. Ronaldo Carvalho e a toda sua equipe, por trazerem a cura da anosmia para alguns pacientes habilitados para a operação e por ter aceitado o meu convite para realizar o prefácio. Por fim, agradeço a minha filha de alma, Marie, pela sua existência, graciosidade e senso de justiça desde pequenininha, minha alma gêmea. Agradeço a Deus, à Nossa Senhora e ao Espírito Santo por me agraciarem com meu primogênito, que foi concebido em março de 2025. Benício, mamãe te ama.

Encontrei no meio da jornada ainda mais ânimo para seguir o caminho do bem, como eu sempre fiz.

LEMBRE: NÃO EXISTE MONOPÓLIO NEM ESCALA DA DOR

Portanto, sejamos gentis uns com os outros o máximo que pudermos, e façamos o nosso melhor com qualidade e respeito.

Finalizo com alguns pensadores reconhecidos mundialmente:

Steve Jobs uma vez disse: “Você não consegue ligar os pontos olhando para a frente; só consegue ligá-los olhando para trás. Então você tem que confiar que os pontos se ligarão algum dia no futuro. Você tem que confiar em algo – seu instinto, destino, vida, carma, o que for. Esta abordagem nunca me desapontou, e fez toda diferença na minha vida”.

Wayne Dyer uma vez disse: "Quando você muda a maneira como olha para as coisas, as coisas para as quais você olha mudam".

Citei aqui duas personalidades contemporâneas, que resumem perfeitamente a vida em si só, e cada pessoa tem uma história para contar.

Além do mais, meus pais sempre me ensinaram o seguinte lema de autoria do poeta José Martí: "Ser culto para ser livre."

Eu contei a minha história.

¿Conta a sua para mim?

PROVÉRBIOS 8: ELOGIO À SABEDORIA

"¡Escutem! A Sabedoria está gritando: a Compreensão está chamando em voz alta. A Sabedoria está no alto dos morros, na beira da estrada e nas encruzilhadas dos caminhos. Está na entrada da cidade, perto dos portões, gritando: Eu estou falando com todos vocês e faço um pedido a todos os moradores da terra.

¿Você é jovem e sem experiência? Aprenda a ser prudente.

¿Você é tolo? Aprenda a ter juízo.

Escutem, pois digo coisas importantes; tudo o que eu digo é certo.

O que eu digo é verdade, pois odeio a mentira. Tudo o que afirmo é verdadeiro; nada do que falo é enganoso ou falso. Para a pessoa que tem compreensão, tudo é claro; tudo é fácil de entender para quem é bem informado. Aceite os meus ensinamentos em vez de prata e o meu conhecimento, em lugar de ouro puro.

Eu sou a Sabedoria; sou mais preciosa do que as joias. Tudo o que você deseja não pode se comparar comigo. Eu sou a Sabedoria; tenho compreensão, conhecimento e juízo. Temer o SENHOR Deus é odiar o mal.

Eu odeio o orgulho e a falta de modéstia, os maus caminhos e as palavras falsas. Faço planos e os ponho em prática; tenho inteligência e sou forte. Eu ajudo os reis a governarem e os governantes a fazerem boas leis. Os governadores governam com a minha ajuda, e também todas as autoridades e pessoas importantes da terra.

Eu amo aquele que me ama; e quem me procura acha. Tenho riquezas e honras, prosperidade e justiça. O que eu ofereço vale mais do que o ouro fino e é melhor do que a prata mais pura. Eu ando no caminho da honestidade e sigo os passos da justiça, dando riqueza aos que me amam e enchendo as suas casas de tesouros.

O SENHOR Deus me criou antes de tudo: antes das suas obras mais antigas. Eu fui formada há muito tempo, no começo, antes do princípio do mundo. Nasci antes dos oceanos quando ainda não havia fontes de água. Nasci antes das montanhas, antes de os morros serem colocados nos seus lugares, antes de Deus ter feito a terra e os seus campos ou mesmo o primeiro punhado de terra. Eu estava lá quando ele colocou o céu no seu lugar e estendeu o horizonte sobre o oceano. Estava lá quando ele pôs as nuvens no céu e abriu as fontes do mar, e quando ordenou às águas que não subissem além do que ele havia permitido. Eu estava lá quando ele colocou os alicerces da Terra. Estava ao seu lado como arquiteta e era a sua fonte diária de alegria, sempre feliz na sua presença – feliz com o mundo e contente com a raça humana.

¡Agora, moços, escutem! Façam o que eu digo e serão felizes. Aprendam o que é ensinado a vocês. Sejam sábios; não abandonem esses ensinamentos. Aquele que me ouve será feliz: aquele que fica todos os dias na minha porta, esperando na entrada da minha casa. Pois quem me encontra, encontra a vida, e o SENHOR Deus ficará contente com ele. Mas quem não me encontra prejudica-se a si mesmo; todos os que me odeiam amam a morte."

Fonte: Bíblia Sagrada.

Composto em Abhaya Libre, Antonio e Gentium Plus, e impresso na Printi,
em papel offwhite 80g/m², em outubro de 2025.